"一带一路"沿线国家语言、文化、文学研究专辑

西安外国语大学亚非学院学术基金资助

西安外国语大学亚非学院成立二十周年献礼

亚非语言文化研究　第四辑

西安外国语大学亚非学院
《亚非语言文化研究》编委会　编

编 委 会 主 任：马福德　杨　瑞

编委会副主任：李　佳　唐雪梅　陈泽华

执 行 主 编：唐雪梅

编　　　　委：（以姓氏笔画为序）

马吉德　王根民　孙金秋　刘同清

刘志峰　邸益芳　宋　姣

中国出版集团有限公司

世界图书出版公司

西安　北京　上海　广州

图书在版编目（CIP）数据

亚非语言文化研究. 第四辑／西安外国语大学亚非学院《亚非语言文化研究》编委会编. —西安：世界图书出版西安有限公司，2024.1

ISBN 978－7－5232－1086－4

Ⅰ. ①亚…　Ⅱ. ①西…　Ⅲ. ①文化语言学—亚洲—文集　②文化语言学—非洲—文集　Ⅳ. ①H0－05

中国国家版本馆 CIP 数据核字（2024）第 041748 号

书　　名	亚非语言文化研究　第四辑
	YAFEI YUYAN WENHUA YANJIU DISI JI
编　　者	西安外国语大学亚非学院《亚非语言文化研究》编委会
责任编辑	赵芷艺
出版发行	世界图书出版西安有限公司
地　　址	西安市雁塔区曲江新区汇新路 355 号
邮　　编	710061
电　　话	029－87214941　029－87233647(市场营销部)
	029－87234767(总编室)
网　　址	http://www.wpcxa.com
邮　　箱	xast@wpcxa.com
经　　销	新华书店
印　　刷	陕西龙山海天艺术印务有限公司
开　　本	787mm×1092mm　1/16
印　　张	20
字　　数	310 千字
版　　次	2024 年 1 月第 1 版
印　　次	2024 年 1 月第 1 次印刷
国际书号	ISBN 978－7－5232－1086－4
定　　价	68.00 元

前　言

季羡林先生曾书写"德行言语，敦睦天下"来号召以言传德，通过语言来促进中外文化交流与沟通。西安外国语大学亚非学院的教师始终不忘初心，坚持以言传德，以推动和平为主旨，用自己所学与所研究致力于中外人文交流。

亚非学院历经二十余年的发展，成立的十一个外语专业在新时代的召唤中一如继往、砥砺前行。《亚非语言文化研究 第四辑》承载着学院教师对自己所授、所研的感悟与心得，继续践行习近平新时代中国特色社会主义思想，以"立足西安、服务西北、辐射全国、面向世界"的情怀，将自己的教学与科研紧密结合，为培养家国情怀、创新精神、国际视野和跨文化交际能力，并能服务于"一带一路"建设急需的稀缺人才助力。

学院自成立至今，始终秉承着"面向学术前沿、面向国家重大战略需求、面向国家和区域经济社会发展"的教学与科研理念，培养出了一大批服务于"一带一路"建设的工作者，推出了多篇有关亚非语言、文化、文学以及区域与国别等方面的学术研究成果。本论文集亦是如此。本书汇集了韩国语、阿拉伯语、印地语、泰语、土耳其语、波斯语、乌尔都语、印尼语、马来语、斯瓦希里语等不同语种师生对自己专业的研学成果，其核心目的仍是着力推动学院教学与科研的高质量发展。

长期以来，亚非学院的教师始终以自身的语言专长为媒介服务于国家

1

和地方建设,深知作为高校教师的自己用语言讲好中国故事,传播好中国声音是新时代赋予语言、文化、文学教授者和研究者的使命,学院教师将不负此使命,尽自己所能培养出优秀的服务国家战略的人才,尽自己所学研究出与对象国文化、文学等相关的优质学术成果,为推进学院持续深入发展尽绵薄之力。

本论文集收录了学院教师在授课之余撰写的多篇有关亚非语言、亚非文化、亚非文学与亚非教学方面的研究成果,是每位研究者对所学、所授和所研究内容的自我认知与心得。文中难免有不足,还望同人惠赐指正,以期共勉!

《亚非语言文化研究》编委会主编

唐雪梅

2023 年 9 月于西安外国语大学

目 录

CONTENTS

亚非语言

亚非文化

亚非文学

亚非教学

亚非语言

阿拉伯语标准语为通用语的基本原则与认同特点

——以海湾阿拉伯国家为例

唐雪梅

（西安外国语大学 亚非学院）

【摘要】语言与政治、经济、文化、军事甚至与国家安全均有着紧密的关联，语言更是民族身份、个人身份以及国家尊严的体现，是国家意识的核心之一。阿拉伯语标准语是阿拉伯民族建构，民族意识增强的基石，其语言功能已渗透在阿拉伯人的政治、经济、文化等领域，是维护国家安全的有效工具之一。本论文就海湾阿拉伯国家阿拉伯语标准语做为通用语的基本原则和认同特点进行阐述，以分析语言对国家群体和安全的重要性。

【关键词】阿拉伯语标准语；海湾阿拉伯国家；基本原则和认同特点

【作者简介】唐雪梅，教授，双硕士，硕士研究生导师。研究方向：阿拉伯语语言学、文学、区域国别学。

【基金项目】教育部人文社会科学研究一般项目（项目编号：17YJA740047）的阶段性研究成果之一。

一、引 言

"海湾"（Gulf）一词是指今天的"波斯湾"或"阿拉伯湾"。海湾国家泛指海湾八国，即沙特阿拉伯、巴林、卡塔尔、阿联酋、科威特、阿曼、伊拉克和伊朗，而海湾阿拉伯国家则是指除伊朗之外的上述 7 个阿拉伯国家，其中，前 6 个是"一带一路"沿线国家，素以蕴藏丰富的石油而闻名于世，被誉为"世界石油宝库"之地，也是海湾阿拉伯国家合作委员会成员国，亦称：海湾合作委员会，简称：海合会（GCC）。海合会是中东地区整合度较高的区域性组织，面对危机，其成员国之间相互"抱团取暖"，从而加大海湾国家在该地区的权重。

在海合会成员国中属沙特土地面积最大，其他五国的国家总面积为42.5 万平方公里。这些国家土地面积小，但能源富有，在国家安全方面，更多借助西方力量尤其寻求美国给予安全保障。二十世纪九十年代以后，在伊拉克入侵科威特的海湾战争结束之后，阿曼、卡塔尔、巴林、阿联酋和科威特先后与美国签署了《防务合作协定》，允许美国使用本国的军事基地。目前，美国在海湾各国均有军事基地。在经济方面巴林、卡塔尔、阿曼、沙特、阿联酋和科威特的"经济自由度"在中东北非地区（NENA）17 国中均位居前列。这表明海湾国家与西方形成一种不对称的经济相互依赖。同时，海湾国家大部分海外资产也投向西方市场。据估计，海湾国家"主权财富基金"（SWFs）大约有 6000 亿 – 10000 亿美元，其中 60% – 85% 投向欧美市场，特别是美国和英国。因此，海湾国家与西方经济休戚相关。①

早在 15 世纪末，16 世纪初，荷兰、西班牙、法国等欧洲列强角逐海湾，海湾地区长期被不同国家殖民，英国更是后来者居上。1600 年，随着

---

①Gawdat Bahgat，"Sovereign Wealth Funds in the Gulf States：AnAssessment"，p. 33，http：//www2. lse. ac. uk/government/research/res-groups/Kuwait/research/papers/sovereignwealth. aspx.（登录时间：2022 年 8 月 12 日）

英国东印度公司的成立，阿拉伯半岛东西两侧的海湾和红海是英国通往包括印度在内的东西方殖民地的必经要道，有着极其重要的战略地位。[①] 在与诸多的殖民者在海湾地区角逐的过程中，英国最终以其势力、实力和特权，取代了其他殖民国家，确立了在海湾地区的绝对地位。英国利用"分而治之"的政策，利用海湾阿拉伯人和各部落之间的矛盾，将海湾各国控制在自己的掌中。19 世纪，英国入侵阿拉伯半岛[②]，逐渐确立了英国在海湾地区的霸权地位。海湾的阿联酋、巴林、卡塔尔、阿曼和科威特沦为英国殖民；随着海湾各国发现石油资源，在各国石油开发的最初，获得的石油收入主要来自英、美等国石油公司和海湾各国签订协定所规定的土地租金和每开采 1 吨石油应缴纳的税款[③]，由于英、美对海湾石油的垄断，使得应该受益的海湾各国在二十世纪五十年代才获得石油带来的福利，这一历史原因也是导致长期以来英语在海湾各国被广泛使用的原因之一。随着石油的不断开采，世界各地与石油、石油副产品加工相关的机构、公司和个人纷纷涌入海湾，来自埃及、伊拉克和黎巴嫩等国的阿拉伯人纷纷涌入海湾，阿拉伯人民之间加强了相互的联络与沟通。

二、阿拉伯语标准语为通用语的基本原则

第二次世界大战后，海湾乃至整个中东地区的阿拉伯人民反帝反殖民，争取民族解放斗争的呼声达到高潮，英国在海湾的垄断地位不断动摇。与此同时，丰富的石油也令美国垂涎，开始在海湾进一步渗透扩张，从而使英、美之间在海湾的角逐白热化。海湾各国人民更是揭竿而起，反帝反殖民的呼声一浪高过一浪，为捍卫国家石油权益和民族解放独立，阿

①《中东国家史·海湾五国卷》，彭树智主编，北京：商务印书馆，2007 年，第110 页。

②英国于 19 世纪入侵阿拉伯半岛，把这片土地分为汉志和内志。1924 年，内志酋长阿卜杜勒·阿齐兹·伊本·沙特统一了阿拉伯半岛，1932 年 9 月，沙特成为独立的国家。

③《中东国家史·海湾五国卷》，彭树智主编，第 160 页。

曼、卡塔尔、巴林、科威特和阿联酋的人民无法忍受国家利益被剥离，为使国家走上现代化发展进程，通过一系列的革命斗争，最终使英国撤离海湾。1961 年 6 月，科威特独立；1971 年 8 月巴林独立；同年 9 月卡塔尔独立；1971 年 12 月由七个酋长国（阿布扎比、迪拜、沙迦、阿治曼、富查伊拉、乌姆盖完和哈伊马角）组成的阿拉伯联合酋长国宣布独立，摆脱了英国长达百余年的殖民，建立了民族独立的国家，但英、美长期以来遗留的殖民影响一直保留至今。

而今，我们所了解的海湾各国不仅石油、天然气资源丰富，且已走向了政治体制的不断转型，且海湾阿拉伯各国之间在意识形态、语言和政治制度方面具有共同性。不仅如此，这些国家还有一个共性特点在于人口稀少，劳动力匮乏，外籍人口比率高达 70% 以上，基本属移民化国度。这些外籍人口中除来自埃及、巴勒斯坦、约旦、叙利亚和当地的阿拉伯劳工以外，更多来自印度、巴基斯坦、孟加拉、伊朗、菲律宾、马来西亚、印度尼西亚的非阿拉伯外籍劳工。基于此，确立国家主体语言，正确处理各种语言之间的关系，化解语言矛盾是这些国家一直面临的问题。

海湾各国对阿拉伯语通用语地位的确定原则首先是国家宪法对该语言地位、重要性的官方明确。正如科威特（1962 年）、卡塔尔（1970 年）、阿联酋（1971 年）、巴林（1972 年）、沙特（1992 年）和阿曼（1999 年）均颁布了宪法、临时宪法或基本法。正如海湾各国宪法明文规定阿拉伯语为国家官方语言，其中心语地位不可动摇。但相关的语言政策相对滞后，主要是由于这些国家曾长期受殖民主义者的殖民政策以及外族（奥斯曼土耳其）的统治。

1927 年，当沙特阿卜杜拉·阿齐兹国王与英国签订《吉达条约》才标志着沙特阿拉伯王国的诞生。1932 年 9 月 23 日，阿卜杜拉·阿齐兹国王颁布了统一沙特阿拉伯王国各地区的诏令，建立了全国统一的行政机构和管理制度，国家正式命名为"沙特阿拉伯王国"，9 月 23 日也被定为沙特阿拉伯王国独立日，相对稳定的国家环境使得政府才有时间就语言的使用政策进行一系列的规范与制定。确切地说，沙特自 1927 年起时就陆续规定在不同领域语言的使用政策，首先要求在司法和商业领域必须使用阿拉伯语，重视阿拉伯语，遵守其语法规则，保留阿拉伯语标准语的表达风格；在司法领域要求使用阿拉伯语进行裁决，若一方出庭者不使用阿拉伯语，必须任命一名翻译，辩护词、裁决书等均必须使用阿拉伯语。二战以后，沙特政府颁布了近200余条的语言政策法规，要求社会各个领域均按此执行，其主旨均在强调国家对阿拉伯语的重视。沙特在1992年颁布的国家基本法第一条之规定："沙特是伊斯兰国家，具有完全独立主权，伊斯兰教是其宗教，宪法以《古兰经》和圣训为其执行依据，阿拉伯语是本国语言，首都是利雅得。"该法律依据明确了阿拉伯语为国家官方语言的语言政策。

海湾的阿联酋、卡塔尔、巴林、阿曼和科威特政府对阿拉伯语的语言政策与沙特政府如出一辙，均在国家宪法中做了明确规定。就海湾阿拉伯国家的语言政策，当代阿拉伯语言学家法斯·费赫尔博士认为的那样："阿拉伯国家的语言政策与规划是复杂的问题，无法得到具体的阿拉伯语的语言政策，也无法了解保护阿拉伯语的前期语言规划。阿拉伯语是面临着语言使用方面的危机，他认为必须普及阿拉伯语更广泛的使用，有效地解决语言的双重性、语言与身份认同等问题不仅在当下的语言课堂实现，而是对7世纪以来的阿拉伯文化遗产的进一步发扬光大，以此来解决除语言是国家母语，民族语言之外的语言与社会、语言与国家主权，国家在语言决议中作用的重要性，以及语言与经济发展的关系等问题。"

阿拉伯语是阿拉伯民族的语言，其在不同国家的使用现状受到研究者关注，更多语言学家希望按宪法规定的该语言是国家官方语言的国家和人民能够付出更多的努力使该语言得到有效地保护和长足的发展和使用，能够被世界更多人认可和接受。在了解海湾各国的语言政策时，很难找到梳理清晰的明文（除了国家宪法的明文规定以外），更多是语言研究者撰写的就有关阿拉伯语的使用现状危机的文章和发表的个人焦虑与期望实施的措施。从国家层面更多看到的是各国在国家宪法中明确了阿拉伯语官方语言的地位，具体语言在社会中的应用和保护措施，各国均有所不同，但有一点共性或值得肯定的是海湾阿拉伯各国对阿拉伯语母语的认同与喜爱，在全球化时代，各国依据国家政治、经济、商贸等发展特点努力为阿拉伯语的推广、普及、国际化以及走向世界而做着积极的努力和必要的行动。

阿联酋宪法第一章第七条明文规定，阿联酋的官方语言是阿拉伯语，是在宪法层面明确了实行单一官方语言的国家，从而使阿拉伯确立为政府所有机关应用的语言，是行政、司法、新闻媒体、商业合同、教育以及文化产业的使用语言。但阿联酋的现实社会中由于数量庞大的外来人口，使得阿联酋在单一语言政策的框架下，在不断加固阿拉伯语地位，鼓励广泛使用阿拉伯语的同时，允许英语和方言的使用，从而形成了"二元化"的语言政策，这在一定程度上冲击着阿拉伯语，尤其在高等教育领域，来自政治层面的阿拉伯化的语言使用宗旨并不能完全替代英语或减弱英语的使用，日常生活中方言的使用也是不断上升。鉴于阿拉伯人也是通过受教育才开始学习阿拉伯语标准语，也就是说只有受过高等教育的阿拉伯人才能操有地道正宗的阿拉伯语，这使得阿拉伯语标准语与方言之间也出现了裂痕。时至今日，在阿联酋的大部分高校、行政或社会领域，英语的使用与阿拉伯语的使用形成了平等地位甚至英语的使用量会远远高于阿拉伯语，这也更清晰的体现了西方文化对阿拉伯文化的冲击。针对此类的冲击，许多阿拉伯学者进行了一系列的研讨与呼吁，正如语言是民族身份的象征，呼吁以此来保留阿拉伯文化的本质与属性。

科威特在 1948 年的《国籍法》中明确规定了阿拉伯语是国家官方语言，通晓阿拉伯语是获得科威特国籍的条件之一。但科威特自 20 世纪 50 年代末，其传统农业经济向以石油经济为核心的多样化经济发展模式转变的阶段中，许多周边的阿拉伯人如：伊拉克人、约旦人和巴勒斯坦人大量涌入，伴随着国家石油财富的不断增长和经济环境的改变，非科威特人口比例不断攀升，直至 1959 年《国籍法》颁布之际，非科威特人口约占当时科威特总人口的三分之一。[1]

与此同时，科威特外来劳动力人口比率也不断上升，达到总人口的

---

[1]参见：Brad K. Blitz and Maureen Lynch，Statelessness and Citizenship，p. 175；Anh Nga Longva，Walls Built on Sand：Migration，Exclusion，and society in Kuwait，Oxford：Westview Press，1997，p. 50.

81.3%。在 20 世纪 90 年代，非科威特人口总数达到 25 - 30 万人。外来的非科威特籍的阿拉伯人的方言与多使用英语为媒介的其他外来人口冲击着科威特本国人对阿拉伯语的使用，成为科威特构建现代国家和整合公民社会过程中的"遗产"与外来移民不断混入的"混合体"，并在历史演变中不断复杂化，使得阿拉伯语的使用在一定程度上受到了冲击与制约，尤其在日常的社会生活中，不同的方言起到主导作用，阿拉伯语更多只体现在高等学府的授课过程以及日常的宗教生活中。

卡塔尔于 1971 年摆脱英国殖民而宣布独立，其国土面积狭小，人口不足 200 万，外来人口达到 80%，其石油、天然气资源丰富。因此，卡塔尔是世界上人均 GDP 最高的国家之一。卡塔尔官方语言是阿拉伯语，但英语也是卡塔尔使用最多的语言之一，此外，还有乌尔都语、孟加拉语和马来语等其他语言。正如海湾其他各国那样，外来人口是海湾阿拉伯各国的重要特征，除了人口数量的差异以外，海湾各国的发展中，外来人口均占有较大比例，由于曾经受到英国长期殖民，英语也是该国使用最普遍的语言之一。随着时代的发展，英语的应用变得更为普遍，尤其在对外开放程度不断放开的情况下，阿拉伯语和英语在经济、商务、新闻、教育与旅游等领域中的使用尤为重要。

在海湾六国中，沙特和阿曼在阿拉伯语的使用方面具有相似性，国家宪法明文确定了阿拉伯语的官方语地位。同样，阿拉伯语在全社会的普及率与使用率相比于其他海湾国家是最高的。经过对社会层面与普通民众的交谈调研中足以清晰地彰显阿拉伯语使用的广泛性，尽管这些国家的普通民众也使用方言，但阿拉伯语的使用普遍存在于政治、经济、文化、教育以及日常生活细节中。究其主要原因在于国家对传统文化的保持与延续，以及外来人口比例相对较低，第二外语——英语的使用平台受限，其使用面相对狭窄。

由此，可以明确的是海湾各国在国家律法层面是明文规定阿拉伯语是官方语言的政策，其规定原则有法可依。那么，在社会各领域的使用状况也就是说该语言的使用现状究竟如何？对阿拉伯语是通用语的认同特点究竟体现在哪些方面？

三、阿拉伯语标准语为通用语的认同特点

语言规划是具有能动意识的人在特定的领域进行语言选择。目前，对于语言规划还没有学术理论，只有一些基本依靠社会语言发展的研究。按照奥兰多关于语言的未来和相近的世界语言规划（1997）的报告，乐观估计全球化很可能将会创造更多的语言轴心，围绕几个将会成为 21 世纪中期大语种的语言，那就是汉语、印度语/乌尔都语、英语、西班牙语和阿拉伯语。

今天，阿拉伯语标准语仍是海湾阿拉伯国家的官方语言，以其通用语的地位占据海湾各国的正式场合、广播、电视、新闻、媒体、教学和书面用语。虽然该语言以其独特且复杂的词型变化和句式表达被认为是世界上最难掌握的语言之一，但其传承的固有的语法结构体现了该语言应有的科学规则与可循的规律，一直保持了该语言应有的活力。

海湾阿拉伯各国均有着共同的语言、宗教信仰和共同的政治制度，19世纪后期，海湾各国沦为英国的保护国，直至 20 世纪 20 年代，尚无明确国界的划分。在 20 世纪 40 年代起，这些国家才开始了独立国家的建设。在建设初期，每个国家均又遭遇了一系列诸如部落、民族和领土纠纷等困难与挑战。在 1981 年 5 月，海湾这五国与沙特阿拉伯共同建立了海湾阿拉伯国家合作委员会，统一了货币、共同市场和经济一体化等一系列问题，就语言层面，各国律法明文规定阿拉伯语为其官方语言。

受海湾方言①和英语的冲击，阿拉伯语标准语在海湾地区的使用状况的确不容乐观，正逐渐远离一些高校、公司、工厂、出版领域以及公共场所。譬如在教育领域，阿拉伯语标准语在海湾地区并非是所有课程的教学用语，英语仍保持其第一外语的身份；在行政领域，英语与阿拉伯语标准语并行，各种正式文件均以阿英双语发布。全球化时代的通信手段促使更

---

①方言是指在不同阿拉伯国家中，阿拉伯语标准语与他民族语言经过融合，不断变异所形成的语言变体。

多的阿拉伯年轻人热衷于学习英语、法语等外语，而忽视母语，甚至不会或不愿讲阿拉伯语标准语，也不关注它在世界语言中的地位，在这种境况下的阿拉伯语标准语教学发展更是微乎其微，如同英语一样，只有受过高等教育的人才能流利的讲阿拉伯语标准语。

鉴于阿拉伯语标准语是西亚和北非 22 个阿拉伯国家共同使用的官方工作语言，被世界上约 4 亿人口作为第一语言使用；1974 年被列为联合国第六种工作语言之一，被规定是阿拉伯各国的官方语言，也应是教育、广播、电视、报纸和杂志等新闻媒体的语言。但在实际的社会环境中该语言的现状已经引起海湾各国的重视，在阿拉伯语标准语的推广使用中付出努力积极调整，以促进阿拉伯语标准语的使用普及。时至今日，殖民国家的语言对阿联酋、巴林、卡塔尔等国的影响甚大。

与此同时，这些国家都属于新兴国家，在其建设与发展中，有许多他国或他民族的人口参与其中，当地本土文化遭到外来文化不断冲击时，使得阿拉伯语在这些阿拉伯国家中的使用状况每况愈下，英语、乌尔都语、孟加拉语等非阿拉伯语在一定程度上被使用，但这些语言只能达意、难以表情，只能通事、难以通心。欲表情、通心，则需用该地区人民的通用语即阿拉伯语标准语。鉴于一些语言学家的积极呼吁，海湾各国也意识到阿拉伯语是阿拉伯民族与文化本质的载体，是海湾各国团结统一的标志，且阿拉伯语语言本身的发展推广与国家政治倾向、教育状况、国家安全、国家与国际关系等有着紧密关联。因此，即使各国在语言政策的制定与规划方面仍很欠缺，但为推广阿拉伯语，提升阿拉伯语在海湾各国的使用率和阿拉伯语标准语的振兴方面也在努力尝试。

20 世纪 60 年代，随着泛阿拉伯主义在阿拉伯世界达到顶峰，主张将阿拉伯国家政治、语言、文化、宗教与历史遗产相统一，这虽促进了阿拉伯国家的独立，但却使得阿拉伯语的维护和推广被搁置在正式的法律条约中，正如独立后的各国宪法明文规定阿拉伯语标准语是国家正式官方语言，是广播、电视、报纸、杂志等官方领域使用的语言，也是建构与阿拉伯民族相关的历史、宗教、文化、传统和习俗的语言，但相关的语言维护的政策确并不显见。

阿拉伯语标准语是阿拉伯民族团结和身份认同的纽带，也是该民族共同体的象征。为保护并促进与国际社会的接轨，目前海湾各国推行了国际通用语言政策，即"阿拉伯语标准语＋海湾方言""阿拉伯语标准语＋以英语为主的主流外语"为主的二元化语言政策，积极着手制定有效的语言政策来保护和推广阿拉伯语，其中阿拉伯化的呼声愈来愈高涨。沙特国王阿卜杜拉·阿齐兹国王积极制定律法，服务阿拉伯语；号召对新的语言身份认同观进行深入研究；多次召开旨在深入探讨有关教育、语言与身份问题的研讨会；制定机制支持阿拉伯语标准语的媒体资源和节目；建立专业术语平台等举措推进阿拉伯语标准语的使用。

卡塔尔早在建国之初颁布的《卡塔尔临时宪法》第一条中明文规定卡塔尔国家的官方语言是阿拉伯语，1987年，卡塔尔内阁第九号决议再次规定所有部委和其他政府机构在办公和发表国家声明时必须遵守使用阿拉伯语的原则，在必须使用外语的情况下也要以使用阿拉伯语为第一语言，外语为第二语言。

卡塔尔大学文学院阿拉伯语系举办了有关"语言政策在阿拉伯国家的现状与展望"的第五届国际语言会议，其主旨在于制定阿拉伯语语言政策与立法，加强阿拉伯语的使用，该会议由卡塔尔外交大臣阿卜杜拉·勒曼·阿勒萨尼主持召开。与会代表有来自卡塔尔全国各高校和语言服务机构以及沙特、约旦和埃及等不同阿拉伯国家高校的阿拉伯语系主任、教师和语言研究者。会议期间讨论了语言政策与宪法立法、阿拉伯国家语言政策的一些范例、语言政策与全球化的挑战以及语言政策与阿拉伯语现状等议题。与会学者指出，如果语言政策强大，运行有效，有助于增强母语认同感，语言安全一定要通过官方途径和律法手段加大对语言的支持才会具有一定的战略意义。

各国都认识到如果没有可供参考的语言法，所有国家政府机构及非政府机构在政策决策时会出现语言混乱的状况，从而威胁国家的统一、主权、安定以及和平。基于此，提出语言法来鼓励阿拉伯国家和组织制定法律规章和政策，规范语言的现状并为规范语言奠定基础，从而为个人、社会、阿拉伯各国乃至整个阿拉伯世界谋福利。因此，在2006年，再次明细了阿拉伯语语言法所包括的各类问题的多项条例，重视国家语言环境的规范，明确民族语言使用中国家需承担的责任，明确了阿拉伯语翻译机构的作用。该项法律包括了一些与外语媒体、科技文化和工商业机构的相关条例。同时，也涉及规范语言环境的条例和因文化差异而出现的不同方言的相关条例，以及有关外语在中高等院校使用的条例并规定了其在教学中的角色。

制定这一法律是为了保护阿拉伯语的独一性，确定阿拉伯语区别于其他语言的特点。各国法律明文规定，公民都应该学习阿拉伯语，履行自己的宗教义务并从事社会活动。

国家层面的阿拉伯语保护法，很大程度上有助于加固阿拉伯语标准语的通用语地位。2013 年，卡塔尔谢赫·穆扎·本·纳赛尔为支持阿拉伯语标准语的学习，使阿拉伯语在科研和经济领域发挥更大作用，决定建立世界阿拉伯语复兴组织，并于 2013 年 3 月 17 日开始启动这一国际项目，该项目第三条例明确说明了其目标和主旨在于：鼓励阿拉伯语领域的研究发展，并鼓励在该领域运用现代科技；支持阿语外语互译，支持科技术语阿拉伯化；鼓励有利于复兴阿拉伯语及使用阿拉伯语的民间及社会的学术倡议；致力于通过发展搜索引擎电子辞典归档数据文件的技术来促进阿拉伯语在计算机领域的发展。

2015 年 1 月，召开了世界阿拉伯语复兴组织第三次会议，会议同意在卡塔尔出台阿拉伯语保护法。该组织主席在演讲中提到，此项法律是为了增强阿拉伯语在企业行政方面的作用，以发达国家的尝试为榜样，此外也是为了避免外语剥夺阿拉伯语主权，避免与阿拉伯语竞争。

阿联酋在近几年也多次召开语言大会，其主旨在于倡导阿拉伯化，通过会议强调阿拉伯语是阿拉伯国家的建国基础，泛阿拉伯主义已体现在国家宪法与体系中，条例也已明文规定阿拉伯语是官方及政府机构的通用语。与此同时，表示用外语教学是违背宪法之规定，也危及了阿拉伯国家的统一与安定，是对国家主权独立、统一和国家文化的内部挑战。此外，还提出阿拉伯语的使用问题是一个涉及国家安全、关乎国家纯净的问题，一些当地及政府机构有意削弱阿语、将其边缘化、使其被排除在外或使其失去原有地位的行为都是错误的。会议也强调重视翻译、科研、文化、技术和工业等相关方面的成果，以缩小阿拉伯语与科学、知识、技术、现代工业之间与日俱增的差距，警示一旦差距变大将会给阿拉伯国家带来灾难，应该尽快制定律法加以制约。但我们也深知，语言政策与规划的制定或完善不能只通过这些会议，而需要一些语言政策的支持，通过政策落实，努力使标准语与街头语言日益趋同。

令人诧异的是，海湾阿拉伯各国付出长久努力制定了之前提到的保护阿拉伯语的法律，付出了努力，花费了精力、时间和财力，取得了一定的成绩与效果，但在一些阿拉伯国家仍不乐意出台这一特殊法律，一些阿拉伯学者有意在语言政策上持中立的态度，且已有的语言政策不包括评价其自身及效果和国家对于出台语言法及语言宗教法的承诺，因为语言规划的话题将揭示出阿拉伯国家通用语言法的效力及其不足，不仅如此，还会阐述语言政策和语言规划到底有什么关系？是直接的关系，还是两者没有直接关系？其实语言规划必须附属于语言政策，将通用语写入国家宪法意味着国家的教育、行政、媒体以及其他领域都必须使用该语言，任何个人、集体、企业以及政府的公共福利事业如果违反宪法中对于官方语言明文规定的条款，会被认为不尊重国家和国家主张，将会对他们采取必要的措施和进行严厉惩罚。决策者及语言规划者有责任落实国家语言政策，包括制定政策，实施语言战略计划等。语言规划就相当于精确地划定了语言运用的框架，既确定了如何进行母语教育，又确立了其他语言在教学中的作用，甚至包括对广告牌使用的文字、街道广场使用的语言等方面的限定。

世界上有许多国家都已明确认识到语言规划的重要性，深知母语教学的崛起能够减少文盲且帮助民众获得权利和就业机会；也认识到对母语的重视是提升国家政治、经济和社会力量的重要手段。海湾阿拉伯各国同样也认识到这一点，沙特、卡塔尔认识到必须采取必要措施，将母语复兴作为国家首要任务，其他各国也在努力为阿拉伯语标准语提供一个有利的环境，为其提供所需支持，资助语言培训机构，要求所有机构构建合理使用母语的新意识，在众多使用母语的中央和地方各种场合，在国家法律、宗教律法、教学、媒体、生活语言等各个社会领域中使用该语言等取得了一定的成效。正如调研发现，沙特利雅得沙特国王大学近年来选择用英语做为授课语言课程的学生人数在下降，而选择阿拉伯语授课课程的学生数量在不断增长，2020年英语授课的专业主要有医学系、药学系、口腔系、数学系、科学系、建筑系等；语言系、文学系、法学系等用阿拉伯语授课。

四、结　语

阿拉伯国家语言问题的反思并不是人们所想的那样，一些阿拉伯国家在宪法中规定了教育使用的语言，一些国家在宗教律法中规定了教学语言，还有一些国家并没有规定教学中的语言。无论有没有在法律中规定教学语言，阿拉伯国家的很多地方都使用着政治语言以外的其他语言作为教学语言。海湾各国应努力将母语作为所有学科的教学语言，成为大学招生的先决条件，并保证对阿语交流的人才需求；进一步明确外语在私立、公立学校和大学教育中的地位。但在海湾的阿联酋、巴林等国家仍可以看到在教育领域英语的主导地位，主要由于经济与服务行业严重依赖外籍员工，从而使得英语成为该区域主要通用语之一。可见，语言是仅次于宗教，是一种文化的人民区别于另一些文化的人民的要素。[1]

在海湾各国的高等教育中，许多课程都采用英语或法语授课，"语言正在被重新组合和重建，以使之与文明认同和文明界线相一致。随着权利的分散，使用本土语言而引起的混乱蔓延开来。"[2] 英语在海湾国家的广泛使用有时甚至超过阿拉伯语标准语的使用率。

相比其他国家有关明确的语言政策与规划的制定，海湾国家和地区仍缺乏敏感的语言意识，阿拉伯语标准语的使用更多是基于国家宪法规定和来自宗教层面对阿拉伯语标准语的保护，正如伊斯兰教经典《古兰经》是

---

①塞繆尔·亨廷顿.文明的冲突与世界秩序的重建［M］.周琪等译，北京：新华出版社，2009，第49页。

②同上，第43页。

阿拉伯语标准语，一直以来，《古兰经》本身对阿拉伯语标准语词汇的丰富，阿拉伯语一直存在与延续起着重要的保护作用。因此，如何纠正现有的语言使用现状，普及阿拉伯语标准语的使用是除沙特和阿曼以外的其他海湾国家未来更需要重视的问题。

参考文献

[1]［沙特］阿伊莎·阿布杜·拉赫曼.我们的语言与生活［M］.北京：知识出版社，1991.

[2]［埃及］阿布杜·贾瓦德·马哈茂德.地区方言与英语束缚下的阿拉伯世界语言现状［J］.阿联酋战略观点，2014（5）：122－124.

[3]北京外国语大学国家语言能力发展中心.卡塔尔新时期的语言政策［R］.世界语言战略资讯.

[4]［以］博纳德·斯波斯基.语言政策［M］.张治国译.北京：商务印刷馆，2011.

[5]戴曼纯.国别语言政策研究的意义及制约因素［J］.外语教学，2018（3）：6－9.

[6]王辉."一带一路"国家语言状况与语言政策［M］.北京：社会科学文献出版社，2015.

[7]纳忠.阿拉伯通史［M］.北京：商务印刷馆，1997.

[8]王蕾.阿拉伯各方言区的语言特征及其成因［J］.阿拉伯世界研究，1991（4）：43－46.

[9]［美］塞缪尔·亨廷顿.文明的冲突与世界秩序的重建［M］.周琪等译.北京：新华出版社，2009.

[10]赵世举.语言与国家［M］.北京：商务印书馆.2015.

[11]詹姆斯·温布兰特.沙特阿拉伯史［M］.韩志斌 王泽壮 尹斌译.上海：东方出版中心，2009.

[12]中国社会科学院民族研究所等编.国家、民族与语言－语言政策国别研究［M］.北京：语文出版社，2003.

意象图式理论下波斯语介词"به"的语义和翻译研究

焦璐婷　尹晓澳

（西安外国语大学　亚非学院）

【摘要】在语言学中，介词属于功能词（function words），它没有实际的词汇意义，只有语法意义，发挥语法功能。而语法对于正确理解句子、篇章，有着极为重要的作用，同时对精准翻译也有很大影响。重视介词的翻译，有助于提高翻译的准确性。运用意象图示理论分析波斯语介词"به"的指向作用，根据不同的应用场景对介词的翻译方式进行相应的调整，进而达成精准翻译的目的。波斯语词类广泛，对波斯语的词类研究需要从具有代表性和普适性的波斯语词汇入手。因此，本文选取了波斯语中使用频率较为高的波斯语介词"به"进行研究，以期得出实用的结论为后续的波斯语翻译以及波斯语词类研究提供新的思路和方法。

【关键词】波斯语介词、意象图式理论、空间范畴、非空间范畴

【作者简介】焦璐婷，讲师，硕士。研究方向：波斯语语言文学、伊朗文化；尹晓澳，西安外国语大学2019级本科毕业生。

一、引　言

介词作为小词，尽管有着很高的使用频率，但却一直被人所忽视，而贸然地忽略或省略介词势必会造成语法错误。波斯语介词有着复杂的语

义，如何根据语境甄别、选择正确的含义，对翻译的准确性至关重要，特别是在翻译中，会影响两种文体的转换，造成歧义。

波斯语中介词的作用不仅仅只是起到连接的作用，它还承担着理清句意顺序，连贯句子表意的作用。运用意象图式理论来研究波斯语介词，可以更好地对介词的含义进行划分、归类，构建出波斯语介词的意义导向图示，更好地理解波斯语介词的运行机制。任何翻译实践都是对理论知识的检验，为其开阔认知广度，体现学术价值，便可得到对知识双向的印证，引导今后的翻译实用化、专业化、学科化，带来更多角度的翻译理解，让翻译更精准。

选取波斯语介词"ﺑﻪ"作为研究、分析的对象，一是因为他们是波斯语中使用频率较高的词语，具有应用普遍性，方便进行理论拓展，对其他介词进行分析；二是"ﺑﻪ"的用法较为多样，可以从多角度、多层次进行探究、对比，从而获得较高实用性的理论成果。

二、理论基础

（一）意象图式理论

"意象图式"最早由认知语言学专家 Mark Johnson 和 George Lakoff 于 1980 年提出。他们认为其产生于个体经验所形成的概念系统，人们和客观世界交往中所形成的种种概念就是"图式"，属于一种基础的认知结构。Johnson 指出意象图式处于动态之中，是对感知和感觉运动的不断再现；当人们与外部事物发生各种关系时，就会在大脑中形成的各种样式。① 换句话说，意象图示是大脑梳理关系形成的一种途径和方式。Oakley 认为意象图示是对感知经验的精炼和重新描述，目的是把空间结构映射到概念结构。此外，还形象地将意象图示比作空间和时间经验的"蒸馏器"。

语言学家王寅在《认知语言学》一书对意象图式一词进行了更加详

---

①张振宁.意象图式视域下介词"with"的翻译策略［D］.山西大学，2020.

细、具体的定义："人们在与客观外界进行互动性体验的过程中获得意象图式，它可根据心理学常讨论的感觉、知觉和表象（或心象）来解释，这三者的递进关系就表示了人们认识世界初始阶段的一般规律。感觉和知觉都是以存在当前事物为基础的，而表象（或心象，为心智图像［Mental Image］的简称，也约等于意象）则指在没有客观事物的情况下留在人们头脑中的印象，即在无具体事物存在于现场时人们依旧能够通过想象唤起该事物的意象，是感觉和知觉的心智表征。图式则是指人们把经验和信息加工组织成某种常规性的认知结构，可以较长期地储存于记忆之中。Lakoff 和 Johnson 所说的'意象图式'，是指人类在与客观外界进行互动性体验过程中反复出现的常规性样式，它们主要起意象性抽象结构的功能。"①

综上所述，我们可以将意象图示简单地理解为：人通过自己在现实世界中的实践（身体经验），对这些经验进行概括总结，形成意识，从中抽象出概念；当人们遇到类似情形时，就会唤醒自己的内部概念，回忆起当初的经历，构建联系，形成场景画面用来应对新的情形，即：现实体验—意象图式—概念—联系，这个程序进行解释。

（二）意象图式分类

Lakoff 主要论述了 7 类意象图式：容器、始源—路径—目标、连接、部分—整体、中心、边缘、上下、前后，并以此为出发点提出了形式空间化假设。Croft & Cruse 曾将 Johnson 和 Lakoff 所论述的意象图式概括为七个大类：（1）空间（上下、前后、左右、远近、中心—边缘、接触）；（2）等级（路径）；（3）容器（容纳、内外、表面、空—满、内容）；（4）力量（平衡、对抗、强迫、制止、成为可能、阻碍、转移、吸引）；（5）整体/多样（合并、集合、分裂、重复、部分—整体、物质—可数、连接）；（6）辨认（匹配、添加）；（7）存在（移动、封闭空间、循环、目标、过

---

①王寅.认知语言学［M］.上海外语教育出版社，2002.

程）。① 针对波斯语介词"ﺑﻪ"的高频用法，本文主要采用路径图式、容器图式、连接图式三种图示方法进行分析。在分析过程中对这三种图式将会从空间范畴和非空间范畴两方面进行展开。

1）路径图式（Path Schema）：

$$A \longrightarrow B$$

图1　路径图式图解

图像显示，从一点向另一个点移动，有起点（始源），终点（目的），前往方式（路径），产生位移变化。然而这种路径既有抽象的、又有具体的。在由A点向B点移动的过程中，可能伴随出现空间、状态、属性的变动，具有明确的指向性，呈线性运动。

概念：主语宾语俱全，具有明确的指向性，发生变动、变化，具有路径方式。

举例："他从家走到了学校。"在这里"家"是始源起点，"学校"为终点目的，我是一个移动的点，从家向学校移动，运动轨迹是一条明确的线性轨迹，这一类就属于路径图式的空间范畴；"为了提高成绩，他努力学习。"在这里"他"是起点，"提高成绩"是终点，"努力学习"是路径，这属于路径图式的非空间范畴；

2）连接图式（Link Schema）：

$$C \longrightarrow D$$

图2　连图式图解

连接图示实则可以理解为人际关系、社会关系、物质之间的连接。若C连着D，则C可能会受到D的影响、控制或依赖D。其特征具有对称性，如C连着D，则D就连着C，相互作用、相互连接，具有相互的关系。

举例："他抓着书"，"他"是施动者，"书"是受动者，他抓着书，同样地，书被他抓着，两者有接触、连接，这属于连接图式的空间范畴；"他是我的哥哥。"中他与我属于兄弟关系，有着联系，这属于连接图式的非空间范畴关系。

---

①王寅.认知语言学［M］.上海外语教育出版社，2002.

3）容器图式（Container Schema）：

图 3　容器图式图解

容器就是一个封闭、整体的概念，你可以身处其中，内外、进出是辨别容器图式的有效方式。容器图式是两种个体是包含关系，即某物在某物之中。如图所示，若 F 在 E，则 E 包含 F。

举例："我在教室里读书"，"教室"就是容器，这属于容器图式的空间范畴；我进入了他的视野，这里的"视野"也是一个容器，属于容器图式的非空间范畴。

三、从意象图式理论的角度分析"به"的翻译方法

根据上述的三种意象图式，从空间范畴和非空间范畴两方面对波斯语介词"به"展开分析。其中，空间范畴可以分为相邻、相背两种位置关系（相邻位置关系：在同一条件下，双方不断趋近、处于对方周围或是双方相互依存、影响；相背位置关系：在同一条件下，双方相互背离，向着不同方向发展）；而非空间范畴可以分为方式、逻辑、对比三种层次关系。

（一）空间范畴

例 1：او به طرف من انداخت.

译文：他朝我的方向看了一眼。

主语"او"的目光进行了位置的迁移变化，从一点移向另外一点，进行线性运动。以说话人为支点，发现"او"的目光是不断靠近说话人，并且最终抵达到说话人身上，所以这属于空间范畴的相邻位置关系。根据路径图式分析，"他"是起点，"我"是终点，"看"是路径，有明确指向性。"به"表示动作发出的方向，可译为"朝、向"。【直译】

例 2： **تو آن کتاب به من دادی.**

译文：你把那本书给了我。

在这个例子中，一共有三个点，一个是"تو"，一个是"کتاب"，还有一个是"من"。"کتاب"从"تو"到"من"的手中，站在"تو"的视角，"کتاب"逐渐离"تو"越来越远，属于空间范畴的相背关系；而站在"من"的视角来看，"کتاب"离"من"越来越近，这属于空间范畴的相邻位置关系。根据路径图式分析，"تو"是起点，"من"是终点，"آن کتاب دادی"是路径，有明确指向性。因此"به"可译为"给"。【直译】

例 3： **او به گروه ما ملحق شد.**

译文：他加入了我们的小组。

以"گروه"为支点可以，"او"从外部进行移动最终进入组中，与"ما"一起形成一个组，所以属于空间范畴的相邻位置。根据容器图式分析，"گروه"为容器，主语"او"进入到"گروه"这个容器中。在这里"به"的含义可以理解为"到、去"，"他加入到我们的小组"，但是就与实义动词"ملحق شدن"（加入）的意思重叠，所以没有进行翻译，而是直接将它融入动词之中。【省译】

（二）非空间范畴

例 4.1： **من این نامه را به چینی نوشتم.**

译文：我用中文写了一封信。

例 4.2： **این خانه به دست آن کارگران ساخته شد.**

译文：这所房子是由那些工人建造的。

在例 4.1 中主语"من"使用中文进行信件的书写，根据意象图式分析，主语"من"借助中文完成书写的动作，从未完成的状态到写出一封信，从无到有，属于非空间范畴的方式层次，同时，有着明确的线性指向性，因此属于路径图式。在这个例子中的"به"对动作完成具有帮助作用，借助于"به"之后相应的物品才使得动作圆满达成，因此都应译为"使用"。【直译】

例 4.2 根据连接图式分析，工人建造了房子，房子被工人所建造，房子（خانه این）和工人（به دست آن کارگران）相互联系，属于建筑物与建筑者的关系，两者之间存在相关的联系。这里的"به"可以译为"由……（人）用……（工具）完成"。同时调整了句式以及删除部分与动词意义重叠的词，从主谓宾变成主系表结构，删去了工具使用的表达，如若直译："这所房子由那些工人们用手建造完成。"虽然符合原文直译的意思，但是翻译得却是不够优雅，不符合中文说话习惯。【转译、省译】

综上所述，以上三个例子均属于波斯语介词"به"的非空间范畴方式层次的用法，同时这也是"به"的非空间范畴中的高频用法，需要仔细比对，才能找出差别，使翻译精准。

例5：به نظر من، شما باید بروید.

译文：在我看来，您应该去。

根据上述容器图式分析，"به نظر من"是一个容器，这句话的使用语境是征询意见，"به نظر من"是将征询对象所疑惑的事情纳入"من"的思维考量之中，从主语"من"的大环境出发，"من"将自己的想法与"تو"的想法进行对比，从而提出建议，属于对比层次。这里的"به"可以译为"根据、按照……（看法、情况）"，但是按照汉语习惯进行了加工，译为了"在我看来"。【转译、直译】

例6.1：این نوع سیب به شیرینی قند است.

译文：这种苹果像糖一样甜。

例6.2：این کار به شما مربوط نیست.

译文：这事和你无关。

例6.1和例6.2都将主语（این نوع سیب، این کار）为 A 部分，表语（شیرینی قند، شما）为 B 部分，A、B 两者紧密相连，有 A 才能对 B 进行进一步的刻画描写，都属于连接图式。（例6.2需要放在具体语境，比如：有人来干涉你干某事，你会说"这事和你无关"，正因为有人来干涉，与说话人产生交谈关系，所以属于连接图式）。

在例6.1中，说服人用糖的甜度与苹果的甜度进行了比较，所以才会说：这种苹果像糖一样甜，所以属于对比层次；在例6.2中，说话人对比了"تو"与"این کار"的相关程度，做出结论，所以也属于对比层次。在这两个例子中，"بـ"的意思都可翻译成和，但是却不是表达并列的意思，而是对比，为了符合中文说话习惯，而进行了一些翻译上的优化。例6.1 在翻译时要进行转译，如若直译：这种苹果是和糖的甜，看起来怪异，读起来拗口。所以进行了转译：将"和"转译成"像……一样"；而例6.2 并没有违反中文说话习惯，所以采取直接翻译的方式。【转译、直译】

例7：به کمک دوستان، من آن کار را انجام دادم.

译文：在朋友的帮助下，我完成了工作。

根据上述连接图式分析，"به کمک دوستان"为 A 部分，"من آن کار را انجام دادم"为 B 部分，因为 A 的存在致使 B 的完成，是因果逻辑关系，所以属于逻辑层次。在这里"بـ"可以译为"由于、因为"。本例中，采用了"在……下"的译法，一是与后面的"کمک"进行合译，二是更符合汉语的用法习惯，让翻译也更为流畅通顺。【分译、直译】

（三）翻译方法的归纳

通过以上实例的分析，一共用到了直译、转译、省译、分译四种方法。通过下表进行比对、总结，对波斯语介词"بـ"的常见用法以及特殊用法进行分析。

波斯语介词"بـ"的翻译方法总结

例子	图示类型	图示分类	句中词义	是否具有明确指向性	翻译方法
例1	路径图式	空间——相邻位置	朝、向	是	直译
例2	路径图式	空间——相邻、相背位置	给	是	直译
例3	容器图式	空间——相邻位置	到、去	是	直译
例4.1	路径图式	非空间——方式	使用（语言）	否	直译
例4.2	连接图式	非空间——方式	由……（人）用……（工具）完成	否	转译、省译

续表

例子	图示类型	图示分类	句中词义	是否具有明确指向性	翻译方法
例5	容器图式	非空间——对比	根据、按照	是	转译、直译
例6.1	连接图式	非空间——对比	像……	否	转译
例6.2	连接图式	非空间——对比	和	否	直译
例7	连接图式	非空间——逻辑	由于、因为	否	分译、转译

波斯语介词"به"，它具有非常强的指向性、方向性（如：例1、例2、例3、例5）。它的指向作用在波斯语中运用得最为广泛，因此在它具有明确的方向指向性的时候（如：给、对、向、朝着、到、和、根据），句子通常较为简单（主谓宾结构），并未有多余的修饰补充成分存在，因此在翻译时可以实现字句落实，使用直译法就能进行较为准确的翻译，但同时要注意介词义是否与动词义相重叠（如：例4.2），发生重叠进行省译。

"使用"是"به"的相对高频使用的含义，多为修饰、补充说明的作用（作为方式状语），并不具备指示方向的作用（如：例4.1、例4.2）。但是例4.2是一个特殊的存在，它在句中不仅起着修饰的作用，还含有动词的意义，在翻译时介词义若与动词义相重叠，也进行省译处理。

例6.1、例6.2、例7中的"به"都是在起到联系、连接的作用，从意象图式方面看也是这样。例6.1根据汉语习惯以及句义进行了转译的处理，例6.2字句落实进行直译处理。例7同例6.1一样，进行了分译，需要从两方面进行翻译含义的选择，不同的是第一条判断判断与例6.1相反：一是与它后面出现句子有意义连接关系（如：因果关系），有逗号作为隔断；二是"به"后面为名词或名词短语。且例7中的句子并非作为插入语，而是原因状语。

与前面的例子不同，例5是个相对特殊的例子。例5中的"根据、按照"的意义，需要进行两方面的判断才能确定：一是与它后面出现句子并无意义连接关系（如：因果关系），有逗号作为隔断；二是"به"后面为名词或名词短语。因此，例5的句子要进行分译，作为一个插入语，在句中出现。

四、结　语

意象图式是人们通过对具有相似关系的多个个例反复感知体验、不断进行概括而逐步形成的一种抽象的框架结构，是介于感觉与理性之间的一个重要环节；是积聚在一起的知识单元，是构成心智的基本元件，是认知能力的一种表现形式；也是形成句法构造、获得意义的主要方式，是一个抽象的语义原则。随着认知的发展，它还可以不断根据新信息来扩充或修正已建立起来的图式，或再建新图式，为其后的信息处理提供了基础。意象图式具有体验性、想像性、抽象性、心智性、动态性等特征，对于建构范畴、形成概念、分析隐喻、理解意义、进行推理等具有不可或缺的重要作用。① 透过意象图式理论，我们可以找到功能词在句子中扮演的角色，理解它发挥作用的机制。正所谓"一图胜千言"，通过图示的方法，我们可以清晰、直观地看到句子成分所发挥的作用，对理解句子大有裨益。在理解之上做翻译，只有对文段有精确的理解才可以做好翻译。

从意象图式理论的角度出发，对介词在句中的语法意义进行分析，以期获得一些波斯语翻译方面的技巧和心得。本文在收集资料、参考文献、对比分析例句时，深感翻译一途并非是简单的"对齐"，更不是单纯的"单词译出"。源语和译语之间天差地别的行文顺序，源语与译语的使用者的文化背景、说话习惯，这些都对翻译起到了阻碍。翻译需要译者对原文的精准把握，方能将正确的意思用恰当的语言传达给读者。在对例句的翻译方法进行分析时，更是觉得翻译方法并不可以"一招鲜吃遍天"，往往需要多种方法综合使用，才能达到"信、达、雅"的翻译标准。对于翻译的学习，我们不可以一味地"填鸭式"学习，去背、记大量的单词、语

---

① 王寅. 什么是认知语言学［M］. 上海外语教育出版社：外语学术普及系列，201106. 197.

法、例句。语言是在不断发展，我们永远也不可能背完所有的单词，而翻译也并不是简单的"背记——输出"。因此面对层出不穷的语言现象，只有理解语言的产生机制才可以从容应对。这也是本文运用意象图式理论对波斯语翻译进行研究的原因。

参考文献

［1］北京大学东方语言文学系波斯语教研室.波斯语汉语词典［M］.北京：商务印书馆，1981.

［2］陈晓湘，许银.意象图式理论对多义介词 On、Over、Above 习得作用的实证研究［J］.外语与外语教学，2009（09）：18 - 23.

［3］董博.浅析意象图式［J］.边疆经济与文化，2012（12）：171 - 172.

［4］汉斯·尤格·施密特.认知语言学导论（第二版）［M］.上海：复旦大学出版社，2009.

［5］胡壮麟.语言学教程（第五版）［M］.北京：北京大学出版社，2017.

［6］莱考夫，约翰逊.我们赖以生存的隐喻［M］.浙江：浙江大学出版社，2015.

［7］李福印.意象图式理论［J］.四川外语学院学报，2007（01）：80 - 85.

［8］李敏敏.意象图式教学对于习得二语介词'to'的作用［D］.东南大学，2015.

［9］陆俭明.构式与意象图式［J］.北京大学学报（哲学社会科学版），2009，（03）：103 - 107.

［10］王寅.认知语言学［M］.上海：上海外语教育出版社，2002.

［11］王寅.什么是认知语言学［M］.上海：上海外语教育出版社，2016.

［13］张振宁.意象图式视域下介词"with"的翻译策略［D］.山西大学，2020.

［14］赵小玲.波斯语汉语翻译教程［M］.广东：世界图书出版广东有限公司，2014.

［15］George Yule. The Study of Language Sixth Edition. Cambridge University Press，2016.

［16］Victoria Fromkin，Robert Rodman，Nina Hyams. An Introduction to Language Ten Edition. Wadsworth Cengage Learning，2014.

现代土耳其语语句歧义现象的特征、类型及成因分析

——基于转换生成语法 X – 阶标理论

刘云泽　　王博然

（西安外国语大学　　亚非学院）

【摘要】歧义是一种普遍存在于各种语言中的现象，在转换生成语法框架下，利用树状图将现代土耳其语中具有代表性的三类歧义句进行可视化分析，这些现象包括，表层结构上词汇因素造成的语句歧义、指代歧义或书写相近造成的语句歧义、结构层次区分理解不同引发语句歧义；土耳其语形成歧义现象的原因可以归纳为四大因素：一词多义、组成成分的词类、层次构造因素、显性语法因素；消解或减少歧义的方法有四大类，词义理解和词义解释的准确性、构词与词类表达的语法规范性、层次结构与语法结构的合规性以及显性因素注释解读的合理性。

【关键词】转换生成语法　X – 阶标理论　土耳其语　语句歧义

【作者简介】刘云泽，助教，在读博士。研究方向：土耳其语言文学；王博然，学士。研究方向：土耳其语言文学。

一、引　言

转换生成语法（Transformational-Generative Grammar）是一种语言学理论，由美国语言学家诺姆·乔姆斯基（Noam Chomsky）于20世纪50年代

提出。该理论的目的是揭示人类语言能力的本质及其在个体语言习得过程中的作用（Chomsky，2014）。它试图阐明语言的内部结构，即语法是如何组织和表达的（Chomsky，1956）。其基本思想是所有语言的句子都可以由一小组基本的底层结构（Deep structure）生成，这些底层结构通过一系列的语法转换操作转换成表层结构（Surface structure）。其中，底层结构是一种抽象的语法结构，描述了单词如何组合成短语和句子，而表层结构则是由底层结构通过一系列的转换操作生成的实际句子。其中转换是将一个底层结构转换成一个表层结构的语法操作，包括移位、删除、替换等（Chomsky，2002）。歧义是自然语言处理中一个重要的问题，是指一句话可以被理解为多种含义，歧义句在不同语言中普遍存在，且其产生原因也多种多样。

X-阶标理论（X-bar）是一种属于生成语法的短语结构语法（Kornai，Pullum，G. K，1990）。作为它转换生成语法的中心组成部分，乔姆斯基通常被认为是 X-阶标理论的代表人物，除此之外，其他语言学家包括雷·杰克朗多夫（Ray Jackendoff）和约翰·范德奥维拉（Johan van der Auwera）对 X-阶标理论进行了进一步的发展和完善，但其发展仍然与乔姆斯基的工作密切相关，并且在塑造短语结构和自然语言语法研究方面具有影响力。X-阶标理论提供了一种分析和描述短语结构的方式。该理论中认为短语结构由一个中心词（Head）和其它成分组成，这些成分围绕中心词形成一定的层级结构，如 XP、YP、ZP 等，其中 XP 为短语结构的最高层级，通常由一个或者多个修饰语组成，该层级的语法功能是确定一个完整的短语结构，并确定该短语的句法类别；YP 是 XP 的一个子层级，通常由一个限定语和一个 XP 组成，该层级的语法功能是确定短语的特定限制；ZP 是 YP 的一个子层级，通常由一个中心语和一个或多个修饰语组成，该层级的语法功能是确定短语的特定修饰（Koppman，H. J.，1984）。

在该理论中，树形图（Tree Diagram）是一种常用的工具，用于表示句子的结构和转换过程。树形图可以很清晰地展示句子的组成和语法结构，以及不同的转换操作是如何作用于句子的。在树形图中，句子从根节点开始向下延伸，节点表示单词、短语和句子。句子的不同成分（如主语、谓语、宾语等）以不同的标记来表示，节点之间通过连线表示语法关系。树形图还可以用于表示句子的底层结构和表层结构之间的转换关系。通过在底层结构和表层结构之间画出相应的树形图，可以更清晰地展示转换过程，了解不同的转换规则是如何作用于句子的（Harris，Zelling，1951）。通过分析底层结构、表层结构和转换操作，可以描绘出一种语言的语法结构，进而了解语言的生成和转换规则，以及语言习得过程中人类如何运用语言。随着理论的不断丰富以及研究的不断深入，现代语言歧义研究开始朝向语用、社会语言学、脑科学等新兴领域，跨语言歧义对比也逐渐走入研究视野。

　　本研究采用转换生成语法作为理论基础，利用树状图分析土耳其语中的歧义句的表层结构、深层结构以及生成路径；针对案例中的每一个歧义句，通过树状图展示它们的短语结构和成分之间的关系，进而推导出该句子的深层结构；比较现代土耳其中语言中类似句子的结构差异，解释现代土耳其语歧义现象产生的原因。

二、土耳其语语句歧义现象的类型与特征

　　土耳其语，属于阿尔泰语系 - 突厥语族 - 乌古斯语支，是一门典型的黏着语（Agglutinative Language）。黏着语是一门通过在名词、动词等词根上不同的屈折词缀（Inflectional affix）或派生词缀（Derivational Affix）来表达具体的语法功能的语言。

（一）土耳其语词缀系统的语言学术语表达

词缀按照黏着的对象可以大致分为名词可接的词缀和动词可接的词缀，名词常由以下部分构成：

1. 名词词干（Noun Stem）；

2. 复数词缀（PL） - lEr；

3. 格（CASE）：宾格（OBJ） - （y）I，属格（GEN） - （n）In，

与格（DAT）-（y）E，位格（LOC）-DE，从格（ABL）-Den，伴随/工具格（POS）-ilE，5.关系词（REL）-ki，需要注意的是该后缀仅添加到领属格或位格后缀之后。需要注意的是名词中的所有元素，除了（1）名词词干，都是可选的。

动词的构成则更为复杂：

1. 动词词干（Verb Stem）；

2. 派生词缀：反身态后缀（REF）-In，相互态后缀（REC）-Iş，使动态后缀（CAU）-DIr，被动态后缀（PAS）-IL。同时需要注意的是：反身态后缀和相互态后缀是互相排斥的；这些后缀几乎可以任意组合，但必须按照指定的顺序出现；使动态后缀可以在一些情况下重复使用；

3. 不可能词缀（ABLE NEG）-（y）E 和否定词缀（NEG）-mE。否定可以单独出现，也可以与不可能相结合，例如：gelmiyorum "我不来"，gelemiyorum "我不能来"。

4. 时态后缀。对于一个有限动词，时态后缀是必须存在的。土耳其语中一共有五种时态：宽广时（AOR）-Ir，进行时（PROG）-Iyor，过去时（PAST）-DI，过去叙述时 -mIş 以及将来时（FUT）-（y）EcEk。时态系统中特别引人注目的是过去肯定时和过去叙述时的对比。过去肯定式用于描述演讲者亲眼目睹的事件，而过去叙述式用于演讲者通过报道或推断所知道的行动。

5. 情态后缀：愿望式（OPT）-（y）E，必然式（NEC）-mElI，条件式（CON）-sE。这三种情态后缀只能在表示特定情态的情况下使用。

6. 助动词。有四个后缀可以添加到动词和非动词谓语中。它们包括：过去 -（y）DI，怀疑 -（y）mIş，条件 -（y）sE，副词性 -（y）ken。怀疑助动词 -（y）mIş 在语音、句法和语义上与过去叙述时态 -miş 有所区别。当演讲者希望表达对陈述的真实价值的怀疑、不确定或惊讶时使用。

7. 人称。对于有限动词形式来说，人称词缀是强制的。构成有限动词的最小要素是词干、时态和人称。土耳其语中存在六个人称，分别为第一人称单数（1. SG）Ben，第一人称复数（1. PL）Biz，第二人称单数（2.
SG）Sen，第二人称复数（2. PL）Siz，第三人称单数（3. SG）O，第三人
称复数（3. PL）Onlar。

在以下的分析过程中，当提及词缀名称时，将使用括号中的英文缩
写，例如：

Sen nerede çalış-ıyor-sun?

你　在哪里　工作 – PROG 2. SG

"你在哪里工作?"

（二）表层结构上词汇因素造成的语句歧义

在单一语境中，某些词缀会产生歧义。例如：

（1）anne de

（1a）anne de

妈妈　也是

（1b）anne de

妈妈　叫 – IMP 2. SG

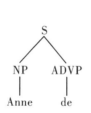

"妈妈也是（这样）"

图一：深层结构（1a）

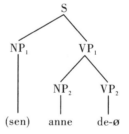

"（你）叫妈妈"

图二：深层结构（1b）

通过树状图可以看出两个相同的表层结构拥有迥然不同的深层结构。
（1a）中的"de"作为副词，表示"也是"，而（1b）中的"de"为动词
"demek"的第二人称命令式形态，表示"（你）叫"。深层结构（1a）在
生成表层结构的过程中，NP 与 ADVP 并不存在明显的语法转换操作，只进
行了横聚合，而深层结构（1b）在生成表层结构时，VP 也进行了复杂的
语法操作，其中命令式语法将动词"demek"尾缀"– mek"脱落，并添
加第二人称命令式后缀 ø，生成了"de"。两个相同的表层结构在单一语境

下，可能会产生歧义。需要注意的是连词 de，由于元音和谐等规则，该连词拥有多种形式，但只有当其形式为"de"时，才有可能与"demek"的第二人称命令时形式产生歧义。

（2）başlar

（2a）baş – lar　　　　　（2b）başla – r

头 – PL　　　　　　　　开始 – AOR 3. SG

在（2a）中，"baş"表示"头，头部"，"– lar"表示复数后缀，表示"头的复数"，在转换生成语法的框架下"başlar"实际是区别于"baş"单独作为词汇出现，可以作为直接成分嵌入句法结构。而（2b）生成表层结构的过程中，宽广时态将"başlamak"的尾缀"– mak"脱落，并重新赋予"– r"作为其后缀，最后生成了"başlar"，表示"（某事）开始"。需要注意的是当且仅当在独立语境下，即句中其他补充信息不足时，且başlamak 后接在宽广时第三人称词缀时，才可能会与复数词缀 – lAr 产生歧义。

（3）yıkandı

（3a）yıka-n-dı　　　　　（3b）yıka-n-dı

洗 – PAS-PAST　3. SG　　洗 – REF-PAST 3. SG

在（3）的动词词根为"yıkamak"表示"洗"。在（3a）中生成表层结构时，词根"yıka –"后接被动态后缀"– n"，表示"被洗"，而（3b）中的词根"yıka –"后接反身态后缀"– n"，以及过去式第三人称单数，表示"他/她自己发出洗的动作"，即"他/她洗"。两者从相同的词根生成表层结构的过程中发生了不同的语法转换操作，但在操作过程中所添加的后缀为同一形态。当句中无其他补充信息时，可能会导致不同的理解。

以上三例歧义产生的原因为：表层结构中的词汇和词缀与语法转换操作后生成的表层结构形态相同。（1）中的副词"de"作为独立的词汇出现，可以作为直接成分参与嵌入句法结构；而"de"也可以为动词"de-mek"在经过语法转换后生成的结构；（2）的情况与（1）类似，"başlar"既可以作为独立词汇直接嵌入句法结构，又可以在语法转换过程中生成不同时态结构，两个不同的过程生成了具有相同形态的表层结构；（3）中相同的词根，经过不同的情态语法转换操作后生成了具有相同形态但不同含义的表层结构。

在某些情况下，一些词汇的多义会导致歧义。例如：

（4）O-nun cin ol-duǧ-un-u düşün-dü-m.

那 – GEN cin 是 – NOM①-3SG-OBJ② 认为 – PAST-1SG

"我以为那是杜松子酒/恶魔。"

（4）的深层结构可以表示为"［S［NP（Ben）］［VP［VP düşündüm］［C［NP cin］［VP oldu]]]]"。由于"cin"同时拥有"恶魔"和"杜松子酒"两个义项，在深层结构中，两者在嵌入结构后均可以生成有意义且符合句法规则的组合，即"cin"在固定的深层结构中形成了关于这两个义项的纵聚合。故（4）可以解释为"我以为那是杜松子酒"或"我以为那是恶魔"。

（5）O gitar çal-dı-ø.

他 吉他 çal-PAST-3SG

（5）的深层结构可以表示为"［S［NP O］［VP［NP gitar］［VP çaldı]]]"。动词"çalmak"同时拥有"偷盗"，"弹奏（乐器）"等多个义项，在嵌入深层结构后均可以生成符合语义规则的组合，即构成了多个义项的纵聚合。故（5）既可以理解为"他弹了吉他"，也可以为"他偷了吉他"。

（6）Balıkçı banka-ya gid-iyor-ø.

渔夫 banka-DAT③去-PROG④-3SG

（6）的深层结构为"［S［NP Balıkçı］［VP［NP bankaya］［VP gidiyor]]]"。名词"banka"在嵌入深层结构后，通过纵向组合来生成符合语

---

①NOM：领属词缀

②OBJ：宾格

③DAT：向格

④PROG：进行时

义规则的组合，可以解释为"渔夫正在去银行"或者"渔夫正在去河堤"，两个含义均符合句法规则和语义逻辑。

以上三例歧义产生的原因均为同一个词汇具有多个义项。在深层结构中，不同语义在有限的语境下形成了符合句法规则和语义逻辑的纵聚合。

在某些情况下，一些词汇的词性会导致歧义。例如：

（7）Uyanık kadın-ı kandır-abil-eceğ-in-i söyle-di.

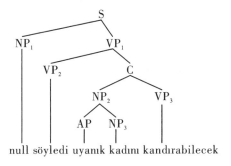

清醒的　女性-OBJ/3. SG POSS①

图三：深层结构（7a）

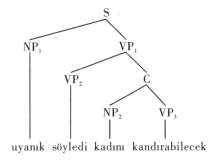

欺骗-ABLE②-NOM-3. SG POSS-OBJ　说-PAST

图四：深层结构（7b）

（7a）可以表示为："［S［NP null］［VP［VP söyledi］［C［NP［AP uyanık］［NP kadını］］［VP kandırabilecek］］］］"。在生成表层结构的过程中"uyanık kadını（清醒的女性）"作为一个整体，及物动词"kandırmak（使某人上当）"在语法转换操作中使其生成了带有宾格标记"－I"的"kadını"，二者在横向聚合后生成了小句CP。在下一步语法转换操作中，CP率先进行移位，转移至动词"söylemek"之前，同时及物动词"söylemek"使得CP转化生成带有宾格标记的"kandırabileceğini"，最后生成了符合语法规则表层结构。由此可以看出"uyanık kadını"为偏正结构，"uyanık"为形容词修饰"kadını"，且无论在表层结构还是深层结构中均未发生明显的语法操作。

---

①POSS：领属词缀

②ABLE：能动式

深层结构（7b）可以表示为："［S［NP uyanık］［VP［VP söyledi］［C［NP kadını］［VP kandırabilecek］］］］"。在生成表层结构时，"kandırmak"使得"kadın（女士）"生成带有宾语标记的"kadını"，并且使之与自己发生横向聚合形成小句 CP。在下一步语法转换过程中，CP 同样发生移位操作，移动至"söylemek"之前，生成了带有宾语标记的"kandırabileceğini"，最后生成了符合语义逻辑和句法规则的表层结构。由此可以看出，"uyanık"和"kadın"在深层结构中并没有直接的联系，而是分别作为两个整体，其中"uyanık"作为名词，承担主语的角色，而"kadın"则位于小句 CP 中担任"kandırmak"的宾语。

（8）İhtiyar adam-ı daha önce bir yer-den hatırla-dığ – ın-ı söyle-di.

年老的先生 – OBJ 之前 一个 地方 – ABL① 记起 – NOM-3. SG POSS-OBJ 说 – PAST

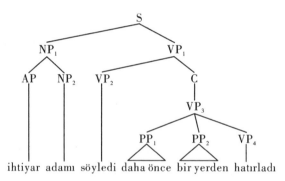

图五：深层结构（8a）

深层结构（8a）可以表示为："［S［NP［AP ihtiyar］［NP adamı］］［VP［VP söyledi］［C［VP［PP daha önce］［PP bir yerden］［VP hatırladı］］］］］"。在生成表层结构的过程中，"İhtiyar adam（老先生）"作为一个整体，及物动词"hatırlamak"在语法转换操作中使其生成了带有宾语标记的"İhtiyar adamı"，横向聚合后生成了 CP 小句。在进行下一步语法转换操作之前，CP 小句移动至"söylemek"前，随后及物动词

---

①ABL：离格

"söylemek" 使得 CP 小句中的 "hatırladı" 发生名词化操作，并使其附加宾语标记，最后生成了 "hatırladığını"。由此可以看出 "İhtiyar adam" 在生成过程中其内部结构并未发生改变，而是作为整体出现在表层和深层结构中，其中 "İhtiyar" 作为形容词修饰名词 "adam"。

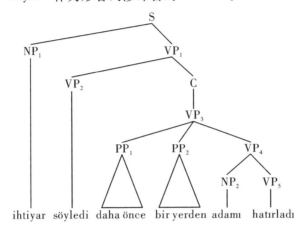

图六：深层结构（8b）

深层结构（8b）可以表示为："［S［NP ihtiyar］［VP［VP söyledi］［C［VP［PP daha önce］ ［PP bir yerden］ ［VP［NP adamı］ ［VP hatırladı］］］］］］。"在生成表层结构的过程中，及物动词 "hatırlamak" 在语法转换操作中使 "adam" 带上宾语标记，并使之形成更高一级的 CP 小句，接下来通过移位操作，CP 小句移动至 "söylemek" 之前，CP 小句发生名词化语法操作后生成带有宾语标记的 "hatırladığını"。值得注意的是，（8b）与（8a）不同，"İhtiyar" 和 "adam" 分别参与不同的生成步骤，其中 "İhtiyar" 作为名词承担主语的角色，而 "adam" 参与 CP 小句中 "hatırlamak" 的宾语。

将以上两例产生歧义的原因为同一个词具有不同的词性。由于词性不同而参与不同的生成步骤，例如（7a）中 "uyanık" 为形容词，而（7b）中的 "uyanık" 为名词作主语；（8a）中 "ihtiyar" 作形容词，而（8b）中 "ihtiyar" 作为名词担任主语的角色。

（三）结构层次区分理解不同引发语句歧义

（1）Yaşlı kadın ve erkek

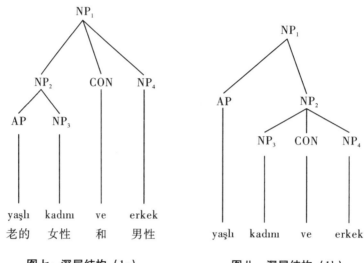

图七：深层结构（1a）　　　　图八：深层结构（1b）

深层结构（1a）可以表示为："［NP［NP［AP yaşlı］［NP kadın］］［CON ve］［NP erkek］］"。"yaşlı kadın" 作为一个整体，其中 "yaşlı" 作为形容词，表示 "年纪大的" 修饰 "kadın"，而 "erkek" 作为另一个整体，通过连词 "ve" 连接，与 "yaşlı" 无显性语法关系。在生成表层结构的过程中，"yaşlı" 和 "kadın" 首先结合构成具有偏正关系的姐妹节点，即二者位于同一个结构层次，二者形成的名词组合即 NP2 再与连词和 NP4 结合形成表层结构。

深层结构（1b）可以表示为："［NP［AP yaşlı］［NP［NP kadın］［CON ve］［NP erkek］］］"。是将 "kadın ve erkek" 作为一个整体，"kadın" 和 "erkek" 之间利用表示并列关系的连词 "ve" 进行连接，最后 "yaşlı" 作为定语修饰整个结构，形成偏正短语。在生成表层结构时，"kadın" 和 "erkek" 处于同一结构层次，互为姐妹节点，而 "yaşlı" 属于上一级节点，最后二者结合形成符合语义逻辑的表层结构。

（2）Bütün öğrenci-ler ve öğretim elemanlar-ı.

全部　学生 – PL　和　教职工 – 3. SG POSS

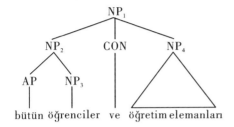 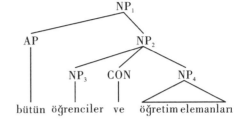

图九：深层结构（2a）　　　　　**图十：深层结构（2b）**

深层结构（2a）可以表示为："［NP［NP［AP bütün］［NP öğrenci-er］］［CON ve］［NP öğretim elemanları］］"。"bütün öğrenciler"作为一个整体，表示"全体学生"，其中"bütün"作为定语修饰"öğrenci"。在生成表层结构的过程中，"bütün"和"öğrenci"首先组合形成具有偏正关系的结构，并且二者处于同一结构层次，即互为姐妹节点，随后再通过表示并列关系的"ve"与"öğretim elemanları"连接，最后形成符合语义逻辑的表层结构。

深层结构（2b）可以表示为："［NP［AP bütün］［NP［NP öğrenciler］［CON ve］［NP öğretim elemanları］］］"。"öğrenciler ve öğretim elemanları"作为一个整体，表示"学生和教职工们"。在其深层结构中可以看出："öğrenciler ve öğretim elemanları"作为一个整体处在同一个结构层次上，互为姐妹节点，而"bütün"处于上级 NP 结构，修饰整个名词结构。

例（1）和例（2）产生歧义的原因相同，即源于形容词与名词之间的结构层次划分不同。当形容词与名词划分在同一层次时，或者不在同一层次时，其深层结构中的语义关系以及语义角色并未受到影响。在上述例子中，无论形容词和名词是否划分在同一层次上，其深层结构中的"老的"或"全部"都是形容词，用于描述其后面的名词，具有形容词的语义关系和语义角色。因此，在生成表层结构时，转换生成语法并不会受到这种结构层次的影响，仅会根据深层结构中的语义关系和语义角色来生成表层结构。

（3） Müdür yardımcı-sı-n-dan telefon bekle-diğ-in-i söyle-di.

部长 助理－3.SG-N-ABL 电话 等待-NOM-3.SG POSS-OBJ 说－PAST

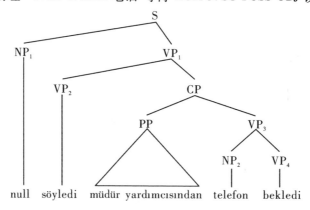

图十一：深层结构（3a）

深层结构（3a）可以表示为："［S［NP null］［VP［VP söyledi］［CP［PP müdür yardımcısından］［VP［NP telefon］［VP bekledi］］］］］"。在生成表层结构的过程中，"müdür yardımcısı（部长助理）"作为一个整体，动词"beklemek"在语法转化操作中使其生成了带有离格标记的"müdür yardımcısından"，表示动作"beklemek"由"müdür yardımcısı"发出，二者随后发生横聚合生成 CP 小句，并移动至"söylemek"前，发生名词化转换操作，最后生成带有宾语标记的形态。由此可以看出"müdür yardımcısı"参与了整个表层结构的生成过程，但其句法结构及关系并未发生改变，仍然处于同一句法平面，互为姐妹节点。

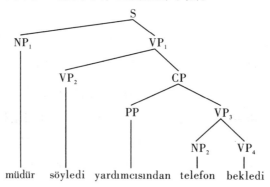

图十二：深层结构（3b）

深层结构（3b）可以表示为："［S［NP müdür］［VP［VP söyledi］［CP［PP yardımcısından］［VP［NP telefon］［VP bekledi］］］］］"。在生成表层结构的过程中，动词"beklemek"在语法转换操作中使"yardımcısı"带上离格标记，并与之组合形成了更高一级的 CP 小句，接下来通过移位操作，CP 小句移动至"söylemek"之前，CP 小句发生名词化语法操作后生成带有宾语标记的"beklediğini"。由此可以看出"müdür"和"yardımcısı"分别参与了不同的生成步骤，两者并未同一句法平面。

（4）Öğretmen oda-sı-n-dan dalgın bir şekil-de çık-tı.

教师 房间 - 3.SG-N-ABL 心不在焉的一个 形状 - LOC 出来 - PAST

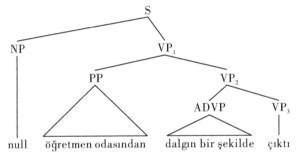

图十三：深层结构（4a）

深层结构（4a）可以表示为："［S［NP null］［VP［PP öğretmen odasından］［VP［ADVP dalgın bir şekilde］［VP çıktı］］］］"。"öğretmen odası（办公室）"作为一个整体，随后，动词"çıkmak"在语法转换操作过程中使其带上离格（ABL）"- dan"标记，生成了"öğretmen odasından"。由此可以看出"öğretmen odasından"在生成过程中一直作为整体出现并参与生成路径全过程，同时从树状图可以看出"öğretmen""odası"处于同一结构层次，互为同一节点下的姐妹节点。

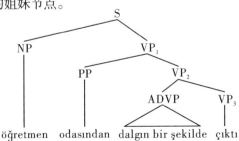

图十四：深层结构（4b）

深层结构（4b）可以表示为："［S［NP öğretmen］［VP［PP odasından］［VP［ADVP dalgın bir şekilde］［VP çıktı］］］］"。"odası（他的房间）"在动词"çıkmak"引导下发生语法转换操作，生成了带有离格标记的"odasından"，而名词"öğretmen"作为主语，不参与"odası"的转换操作。由此可以看出二者并非位于同一结构层次。

例（3）和例（4）产生歧义的原因相同，即名词与名词之间的结构层次划分不同。当两个名词划分在同一层次时，或者不在同一层次时，其深层结构中的语义关系以及语义角色并未受到影响。在上述例子中，无论二者是否划分在同一层次上，在生成表层结构时，转换生成语法并不会受到这种结构层次的影响，仅会根据深层结构中的语义关系和语义角色来生成表层结构。

（四）指代歧义或书写相近造成的语句歧义

（1）Kardeşinin hastalanması beni çok üzdü.

（1a）Kardeş-i-nin hastalanma-sı ben-i çok üz-dü.

弟弟 – 3. SG POSS-NOM 生病 – 3. SG POSS 我 – OBJ 非常 使…伤心 – PAST

"他/她的弟弟生病使我很伤心。"

（1b）Kardeş-in-in hastalanma-sı beni çok üz-dü.

弟弟 – 2. SG POSS – NOM 生病 – 3. SG POSS 我 – OBJ 非常 使…伤心 – PAST

"你弟弟生病让我非常伤心。"

在（1a）中"kardeşinin"为"onun kardeşi"，即"他/她的弟弟"，而在（1b）中"kardeşinin"为"senin kardeşin"，即"你的弟弟"。

（2）Borçlarını öde.

（2a）Borç-lar-ın-ıöde.

欠款 – PL-2. SG POSS-OBJ 支付 – ø

"你还（你欠的）钱。"

（2b）Borç-lar-ı-n-ı öde.

欠款 – PL-3. SG-N-OBJ 支付 – ø

"你还（他欠的）钱。"

在（2a）中"borçlarını"为"senin borçların"，"你的欠款"，而（2b）中的"borçlarını"为"onun borçları"即"他/她的欠款"。

（3）Bu konu hakkında ne düşündüğünü çok merak ediyorum.

（3a）Bu konu hakk-ı-n-da ne düşün-düğ-ün-ü çok merak ed-iyor-um.

这个 主题 相关 – 3. SG POSS-N-LOC 什么 思考 – NOM-2. SG POSS-OBJ 非常 好奇 – PROG-1. SG

"我非常好奇你对这个主题的看法。"

（3b）Bu konu hakk-ı-n-da ne düşün-düğ-ü-n-ü çok merak ediyorum.

这个 主题 相关 – 3. SG POSS-N-LOC 什么 思考 – NOM-3. SG POSS-N-OBJ 非常 好奇 – PROG-1. SG

"我非常好奇他对这个主题的看法。"

在（3a）中的"düşündüğünü"为"senin ne düşündüğünü"，即"你想"，而（3b）中的"düşündüğünü"为"onun düşündüğünü"，即"他/她想"。

在转换生成语法框架下，以上三者在生成表层结构的过程中，使用了不同的语法转换操作，但其生成的表层结构具有相同的形态，即两种不同的句法具有相同的形态。在土耳其语中对应的转换操作为第二人称领属词缀"– In"与宾格"–（y）I"黏着，生成"– InI"形式；第三人称领属词缀"–（s）I"与宾格标记"–（y）I"黏着，并在二者间使用"N插入"（N insertion），防止两个元音连续，最后生成"– InI"形式。在指代不明确，即没有相应的人称代词时可能会出现歧义。

三、土耳其语语句歧义现象产生的主要原因

（一）一词多义现象的语境性

一词多义是语言中一种常见现象。在转换生成语法框架下，含义是深层结构的核心，即深层结构通过转换规则使其承载将要表达的意义和逻辑

关系。而在深层结构和转换规则已经明确的情况下，决定句子明确含义的因素只能为位于句段之外的语境（Context）。当语境不能为表层结构提供有效的语义限制时，歧义现象发生的可能性将会增加。如（二）—（4）（5）（6）中同一个词语含有多个义项，在其深层结构中，固定语境下不能提供有效的语义限制，从而形成了多种符合句法规则和语义逻辑的纵聚合。

一词多义现象造成的歧义的本质在于语言的语境性。语境与词语的含义相辅相成，当词语的含义发生变化时，句子的表层结构的句法关系与深层结构中的语义关系等方面均未受到影响，即受到影响的部分应该位于词语或者句段之外的语境。同一个词汇在不同的语境下所代表的意义会发生变化，因为语境会影响人们对词汇的理解，从而产生歧义。因此，在消除此类歧义时，应当注意句段所处的语境，应该向句段中添加更多补充信息。

（二）构词表达和词类的复杂性

在转换生成语法框架下，土耳其语中一些词汇经过语法转换操作后生成的表层结构与一些固定的词汇具有相同的结构，如（二）—（1）"demek"在经过一系列转换操作后生成的结构与土耳其语中固有的词汇"de"具有相同的形态。土耳其语复杂的构词表达及其词缀系统在保证句法功能明确的同时，也增加了句段产生歧义的可能性。

一个词的不同词类可能会导致歧义的产生，其根本原因在于语言中词类的语用学特征和功能不同。不同词类的词汇在语法和语义上具有不同的特征和功能，当同一个词汇作为不同词类出现时，它们的深层结构可能会发生改变，使得句段的意义可能会发生变化，进而导致歧义的产生。例如，（二）—（8）"ihtiyar"既可以充当名词，也可以充当形容词，分别参与不同的语法转换操作，同时其深层结构也会对应发生改变，使得句段的语义发生改变。

（三）层次构造的差异与多样

（1）"Yaşlı kadın ve erkek"中，"yaşlı"与"kadın"作为整体时，二者位于同一结构层次，生成了具有偏正关系的短语，而当"kadın"和"erkek"作为整体生成具有并列关系的短语时，"yaşlı"与其生成的结构位于同一结构层次，而非与"kadın"或"erkek"其一互为姐妹节点。

在（3）"Müdür yardımcısından telefon beklediğini söyledi."中，而"müdür"和"yardımcı"组合时可以形成有意义的名词词组，而当两者不产生组合时，也可以形成符合句法规则和语义逻辑的句子

层次构造产生歧义的本质在于不同的词语、短语在语言中可以按照不同的结构组合成不同的层次结构，从而产生不同的意义。这种歧义产生的原因在于语言的结构特征，不同的句法结构和语义关系在不同的语境下会产生不同的理解，进而引发歧义。要理解和解决层次构造产生的歧义，需要考虑语言结构和语境等因素，进行合理的推断和理解，或者通过更加清楚明确的语言表达方式来避免歧义的产生。

（四）显性因素的影响

在转换生成语法框架下，（3）中词根"yıka－"经过不同的语法转换操作后，生成了带有相同形态却承载不同情态的结构，既可以表示被动语态也可以表示反身态；（2）"Borçlarını öde."中，"borç"经过不同语法转换操作后生成的"borçlarını"既可以是第二人称领属"senin"语法操作的生成结果，也可以是第三人称领属"onun"语法操作的生成结果。

由于显性语法产生歧义的本质在于同一语言结构在不同的语法规则下具有不同的解释和意义。在土耳其语中，由于其词缀丰富，使得显性语法生成的相同的语言结构可以在不同的语法框架下有不同的解释，在消除歧义的过程中可以通过增添语义信息来明确语法关系，进而消除歧义，比如将"Borçlarını öde."改写为"Senin borçlarını öde."或者"Onun borçlarını öde."使得句中的语义信息和语法关系更明确。

四、规避土耳其语语句歧义现象的基本方法

（一）词义理解和词义解释的准确性

在转换生成语法框架下，语境对于词义理解和词义解释的准确性具有重要的影响。同一词汇可能会有多种不同的含义，而这种一词多义可能会导致信息传递的混乱和误解进而产生歧义。语境可以对深层结构进行指引和约束，使其生成不同的表层结构，从而在多个义项中识别出符合语境，语义逻辑和句法规则的正确义项。例如，可以通过丰富语境增添信息从而消除歧义，（一）—（5）"Balıkçı bankaya gidiyor"可以更改为"Balıkçı para yatmak için bankaya gidiyor.（渔夫为了存钱正往银行走着）"。增加"为了存钱"这一语境信息后，"存钱"引导深层结构中的"banka"产生"银行"这一关联语义，同时引导语法规则生成更加准确的表层结构，从而消除了原句的歧义。

（二）构词与词类表达的语法规范性

构词和词类表达引起的歧义句的深层结构和表层结构一般都符合语义逻辑和句法规则，所以需要消除此类歧义时应该充分利用超句段因素。例如使用正确的停顿，可以避免由于词类表达不规范而导致的歧义和误解。在实际应用中，这种规范化的词汇表达可以提高翻译的准确性和可读性，例如在（7）中的"Uyanık"和"kadını"之间延长停顿时间，使信息接收者能过明确其语法功能和含义，提高信息识别的准确性，进而消除歧义。

（三）层次结构与语法结构的合规性

针对这类因为层次结构和语法结构产生的歧义句，可以通过通过增加或删除语言单位（如单词、短语、句子等）以及改变它们之间的组合方式来实现。具体来说，可以使用语法转换规则对深层结构进行修改，以生成新的表层结构，从而消除歧义。例如：在（4）"Öğretmen odasından dalgın bir

şekilde çıktı."中，将代词"Biri"插入深层结构的首位，同时明确"öğret-
men odası"只能位于同一结构层次，使得"öğretmen"不能承担深层结构中
的主语的角色。

（四）显性因素注释解读的合理性

显性语法产生歧义的本质在于不同语言规则下其解释和意义也会发生
改变。在生成表层结构的过程中，显性语法在语法转换过程中起主要作
用。但当显性语法生成的表层结构形态相同时，可以通过增添语义信息来
明确语法关系，进而消除歧义，例如：可以在（四）—（1）深层结构中
增加强调语法关系的人称代词从而进行消除歧义，即将深层结构中的
"kardeşinin"改写为"senin kardeşin"或者"onun kardeşi"。

五、结　论

现代土耳其语是一门典型的黏着语（Agglutinative Language），通过在
名词、动词等词根上不同的屈折词缀（Inflectional affix）或派生词缀
（Derivational Affix）来表达具体的语法功能的语言，词缀按照黏着的对象
可以大致分为名词可接的词缀和动词可接的词缀。从语法方面来看，土耳
其语中的一些句子常常使用复杂的层次结构，必然也存在大量产生歧义的
可能性。

在乔姆斯基提出的转换生成语法的框架下，利用树状图阐释了土耳其语
中具有代表性的几类歧义句的深层结构，生成路径，分析了产生歧义的原因
并将其归为四类：一词多义，组成成分的构词和词类，层次构造以及显性因
素。基于本文的分析，土耳其语形成歧义现象的原因可以归纳为四大因素：
一词多义现象的语境性、构词表达和词类的复杂性、层次构造的差异与多
样、显性因素的影响。同时，在转换生成语法框架下针对歧义的不同类型提
出消除歧义的方法，最常使用的方法是增添句段中的语境信息，通过限制语
言单位的语义范围和语境，使得语言单位只能表达相对固定的含义，除此之
外，还可以从表达者和接收者角度，在信息传递的过程中注重语境信息的传
递与接受，从根源减少歧义现象的发生。消解或减少歧义的方法有四大类，

词义理解和词义解释的准确性、构词与词类表达的语法规范性、层次结构与语法结构的合规性以及显性因素注释解读的合理性。

总之，歧义是语言中普遍存在的一种现象。通过分析土耳其语中产生歧义现象的原因，可以看出产生歧义的本质具有统一性，与普遍语法（Universal Grammar）的观点相符，即人类语言中普遍存在的语法规律和结构，并且这些规律和结构在不同语言中都有所体现，这种普遍性反映了人类语言学习和认知的普遍性。与此同时，在减少歧义现象发生的同时需要明白语境对于歧义有很好的限制和消除的功能，也正是语言的环境帮助我们消除了语言材料和话语本身所蕴藏的多义。

参考文献

［1］Chomsky Noam. Aspects of the Theory of Syntax ［M］. MIT press，2014.

［2］Chomsky Noam. Syntactic structures ［M］. Mouton de Gruyter，2002.

［3］Grünberg Teo. Anlama，Belirsizlik，Çok-Anlamlılık ［M］. Eren Gündogan，1999.

［4］Underhill Robert. Turkish grammar ［M］. MIT press Cambridge，MA，1976.

［5］Chomsky Noam. Three models for the description of language ［J］. IRE Transactions on information theory，1956，2（3）：113－124.

［6］Harris Zellig S. Methods in structural linguistics ［J］. 1951.

［7］Uçar Aygül. Türkçe eylemlerde çokanlamlılık：Uygunluk kuramı çerçevesinde bir çözümleme ［J］. 2009.

［8］李相群. 从 X－阶标理论对英语歧义现象的分析 ［J］. 怀化学院学报，2008（09）：94－96.

［9］程工. 从对歧义句的分析看20世纪的句法学 ［J］. 解放军外语学院学报，1998（03）：3－10.

亚非文化

十九世纪下半叶印地语语言身份①建构

邸益芳　吴予欣

（西安外国语大学　亚非学院，奥胡斯大学　传播与文化学院）

【摘要】语言是十九世纪下半叶印度社会和政治边界的重要标识。英国殖民政府的语言政策和印度民族资产阶级知识分子的语言推广运动，共同促成了该时期印地语语言身份从地方俗语向省级司法语言的转变。期间，殖民当局"分而治之"政策挑起的乌尔都语–印地语争论，以及近代以来印度社会宗教改革和民族主义运动的持续推进，为印地语抹上越来越鲜明的印度教色彩。两种因素施以语言议题的不断影响，既加速了印地语语言身份的建构，也为此后的印穆之争，以及二十世纪中叶的印巴分治埋下了隐患。

【关键词】十九世纪下半叶，印地语，语言身份

【作者简介】邸益芳，讲师，博士。研究方向：印度民族主义文学，印地语语言文学。吴予欣，硕士研究生。研究方向：跨文化研究。

【基金项目】本文系陕西省教育厅科研计划一般专项项目

---

① "身份"是一种对自我的本能感知或群体认知标志。参见：丁如伟、王毅，《"Identity"语义及汉译之辨析》，《上海翻译》2018年第4期，第50–55页。西方主导的传统"语言身份"（linguistic Identity）研究主要从静态的语言入手，研究个人或社群对自我的认知。本文强调印度语言身份研究中处于动态的"语言"概念，以及由语言概念变化而引起的身份演变。

"印度现代作家耶谢巴尔民族主义思想研究"（20JK0321）的部分研究成果。

一、引 言

语言是民族识别的重要特征。作为全世界语言情况颇为复杂的国家之一，印度语言身份的选择与认同往往彰显着一定的政治因素，成为衡量国家政治边界的重要准则。（Frederick Hertz，1951：86 - 87）印度独立运动期间，语言曾是民族主义者的鲜明旗帜，圣雄甘地指出英语负载的殖民象征意味，转而大力鼓励本土语言的发展，尤其支持发展印地语①，以助力于民族复兴，维护民族文化认同。印地语被作为构建共同民族历史和记忆，强化印度民族国家认同的重要语言媒介的历史，大约始于十九世纪中叶以降北印度开展的大规模的印地语语言身份建构运动。

二十世纪七十年代，学界开始着眼语言与社群身份建构，探寻十九世纪下半叶印地语身份认同在民族主义兴起和发展中发挥的作用，较为深入地探究了语言、宗教和民族主义的关系。保罗·布拉斯（Paul Brass）的"多符号一致"理论在相对完整地呈现作为省级行政语言之前印地语发展状况方面具有较大借鉴意义，其划分社群层次的方式也益于更细致地勾勒印地语群体意识的建构过程。此外，尤尔根·利特（Jürgen Lütt）、克里斯托弗·金（Christopher R. King）等学者的研究宏观地展现了该时期印地语运动的总体面貌。本文着重探讨十九世纪下半叶印地语身份意识的萌生与早期发展，以期为印度语言身份认同研究提供具体的历史视角，深化对印度语言问题的研究。

---

①本文中，"印地语"是指天城体书写的，以克里保利方言为主体的北印度主要语言。广义印地语大约出现于公元十世纪前后，是梵语逐渐衰落后在北印度出现的地方语言之一。狭义印地语是十九世纪出现的现代印地语，它在印度民族独立运动期间获得巨大发展，并在印度宪法中被规定为国语。

二、十九世纪六七十年代印地语身份意识的萌生

莫卧儿帝国瓦解后，在印度的西方殖民者中英国实力最强，1757 年普拉西战役的失败使英国东印度公司在印度的殖民统治体系得到进一步巩固。为维护殖民统治和分散反对势力，英国殖民者采取了"分而治之"的统治策略。时任莫拉达巴德（Moradabad）的驻军司令官琼·柯克（Jon Kurk）在一份文件中写到："我们的态度是尽力维护现存的宗教和种族分裂，而不是使之弥合。"（A. B. Rajput，1948：13）语言被选为殖民者人为地扩大宗教差异的首要切入口，将其塑造为身份象征，外化为暗含宗教群体意识和政治主张的辅助形式，通过教育隐性地制造并加剧语言与宗教的差异，进而实现"分而治之"的目的。这一策略的实施，以威廉堡学院（Fort William College）的建立为重要标志。1800 年 7 月 10 日，总督亚瑟·韦尔斯利（Arthur Wellesley，1769—1852）在加尔各答宣布建立威廉堡学院。这所原本旨在向印度英国官员提供各类自然科学和语言文化教育的培训机构，通过重新定义"印度斯坦语"，明确区分乌尔都语和印地语，凸显两种语言在字体和宗教文化方面的差异，为此后印地语和乌尔都语之间的竞争埋下隐患。

当时的印地语在印度各本土语言中处于弱势地位。十九世纪三十年代之前，波斯语一直是莫卧儿王朝的行政语言。此后英国东印度公司崛起，至 1857 年印度民族大起义，英语在行政语言中的地位逐渐抬升。英王接管印度之后，英语逐渐替代波斯语成为国家级行政语言。伴随印度文官制度在各地的推行，省级行政语言的规划也被提上日程。莫卧儿王朝末期北印度的既有行政语言格局，以及乌尔都语在波斯语和印度本土语言中的过渡特征，使英国殖民政府优先选用波斯语字体（纳斯塔利克字体）书写的乌尔都语作为北印度各省的行政语言，并于 1837 年颁发政令将乌尔都语确立为西北省、奥德省、比哈尔和中央邦的官方语言。这意味着，掌握乌尔都语成为进入政府部门的重要前提。一时间，北印度各大学校掀起轰轰烈烈的乌尔都语学习风潮，而使用乌尔都语较多的穆斯林群体的地位也因此在

各领域得到迅速提升。

尽管印地语和乌尔都语有着克里保利语的共同方言基础，并且在多数不识字群体看来二者近乎是一种语言，但在威廉堡学院主导的系列教材和出版物中，印地语的特征被更多地凸显为用天城体书写的语言，在殖民官员眼中，使用天城体的多数群体印度教徒也被粗略地默认为印地语使用者。显然这种关联语言与宗教的社群划分方式是笼统且不符合实际情况的，但混淆语言与字体，对天城体使用群体的申诉和请愿视而不见却是殖民统治者的有意而为。法庭或委员会等政府机构对天城体的印地语不屑一顾，认为天城体有悖于行政语言简单易懂、高效便捷的基本需要。孟加拉的萨达尔法院（Sadar Court）就曾指出，如果使用印地语或孟加拉语作为司法语言，那么用于法庭记录和审讯的时间比起使用波斯语而言至少多出三分之一。（Dayal Das，1956：103）还有法官认为，天城体的书写复杂耗时，印地语方言众多，由此带来的在阅读和理解方面的困难，影响了法庭判决的准确性，降低了案件审理的效率。

短时内，乌尔都语的蓬勃发展，以及多数穆斯林在行政语言上的先天优势，使得长期使用天城体的其他群体感受到政府职位资源被严重挤占，因为他们不得不花费额外的甚至很长的时间，以熟练掌握纳斯塔利克字体或乌尔都语。威廉堡学院肇始建构的"印地语-印度教徒，乌尔都语-穆斯林"语言身份关联在此后大众的语言选择中得到不断强化和进一步区分，印地语被描述为天城体书写的具有大量梵语词汇的语言，而乌尔都语则相应地凸显其波斯语的字体和语汇特征。与此同时，印度教改革运动的大范围开展，使越来越多的新兴知识分子开始注重印度传统宗教，民族主义意识的萌生也进一步彰显了印度教的传统。此时，乌尔都语因其所承载的伊斯兰宗教文化，被逐渐贴上外来语言的标签。而新兴的北印度民族资产阶级则开始致力于推崇天城体的印地语，试图通过大量颇具规模的天城体推广活动，引起殖民当局对印地语的重视。

十九世纪中叶的语言争论为印地语身份意识的产生拉开了序幕。1837年孟加拉副总督根据第二十九号法案在其管辖的所有地区，即孟加拉、比哈尔和奥里萨等地展开地方行政语言对波斯语的替代工作。乌尔都语成为上层社会青睐的语言选择，进而成为穆斯林文化、政治和经济优势的有力象征；而印地语则被指责为扰乱政策实施、导致行政效率低下、致使大众阅读困难的语言。尽管如此，在乌尔都语替代波斯语的决议实施后的几个月中，法院仍试图要求乌尔都语地区引入天城体。这一尝试立刻引起比哈尔大量穆斯林民众的不满，并于1838年递交两份请愿书表达抗议。第一份呼吁殖民政府继续支持伊斯兰教，在比哈尔坚持使用波斯语字体，第二份由地主和律师群体发声，责问当地政府是否有意通过废除波斯语字体攻击穆斯林信仰。包括法院官员在内的上层人士和政府职员也表达出，使用波斯语字体的乌尔都语能让他们对相关业务理解得更加透彻。1840年初，比哈尔政府进一步施加压力，下令要求任何司法官员不得在没有政府特别批准的情况下引入天城体。乌尔都语既得利益者的持续排斥和英国殖民政府的故意漠视，导致印地语在印度本土语言向行政语言发展的进程中被迫离场，但同时也激发了印地语使用者的社群意识。

十九世纪七十年代印度教改革运动的再次激发，催生了真正意义上的印地语身份意识。十九世纪之前，印度社会中并没有明确的"印度教（Hinduism）"概念，人们对宗教的理解更多地体现为念诵宗教典籍、供奉各自的神灵和举行多样的祭祀仪式。殖民官员中的一些东方学者根据自身的理解，将印度广泛多元的宗教现象统称为"印度教"，这一说法在受过西方教育影响的印度知识分子当中逐渐被接受，并被当作社会整体动员的方式，用以抵抗英国的殖民统治。"梵社"在印度教意识的进一步发展和阐释中发挥了重要作用，通过唤醒印度教徒的身份意识，大量孟加拉中产阶级受到动员，他们的印度教意识觉醒，并参与到规模日渐扩大的印地语推广活动中。1868年，阿拉哈巴德学院的一名孟加拉成员就曾提出西北诸省①的标准语问题，并明确主张使用天城体书写乌尔都语。1871年，孟加拉省副总督乔治·坎贝尔（George Campbell，1824—1892）在巡视比哈尔时发现，乌尔都语在政府公务和教学工作中仍占据主导地位，随后于1873年颁发法令，规定在某些情况下必须使用天城体书写的印地语，并要求地

①"西北诸省"指西北省、奥德省、比哈尔和中央邦。

方官员尽可能地在司法程序中使用印地语。

　　要求引入天城体的法令并未得到实施，因为次年巴特那（Patna）和帕加尔浦尔（Bhagalpur）① 的居民曾上书副总督理查德·坦普尔（Chad Temple），要求落实在法庭和政府公务中引入天城体和印地语的决议，并指责殖民政府的各种法令不应仅停留在书面公告层面。殖民政府向请愿者做出保证，并表示支持任何能够减少乌尔都语和印地语对立的举措。在殖民政府的被迫干预之外，比哈尔地区的印地语身份意识出现转机，主要是因为印度民族主义运动的持续发展。在民族主义的历史叙事中，穆斯林进入印度被描述为"入侵"，早在十三世纪他们就已经发现这个"国家"的语言是"印地语"，当地的政务运转使用天城体。这一叙述中的"国家"指的是北印度广阔的平原地区，包括哈尔省、西北省、奥德省、旁遮普和中央邦的部分地区。这里不仅是印度民族主义发展的温床，也孕育了印地语的语言身份意识。

三、十九世纪八九十年代印地语语言身份的发展

　　尽管殖民当局曾颁发在公务和法庭中承认和引入印地语的法令，民族主义知识分子的天城体推广活动有效催生了印地语身份意识，但早期比哈尔印地语运动的影响力仍非常有限。一方面参与者仅限普通的印度教徒，另一方面尚未与其他印地语省份联合起来形成较为整体的印地语身份社群。十九世纪七十年代报刊媒体上零星刊载的关于印地语的报道和文章仍致力于酝酿印地语和乌尔都语的争论。到八十年代，殖民政府在教育语言和行政语言的政策中逐渐显示出相当的一致性，加之专门致力于推广天城体的机构和团体的出现，印地语语言身份的建构发展出多元形式。位于比哈尔、贝拿勒斯等地区的一些学校开始为学生提供印地语教科书，基督教传教士开始使用天城体印地语翻译基督教宗教书籍。（袁雨航，2021：39）此外，使用乌尔都语的政府职员被高级官员任意摆布的现实处境，也导致

---

①巴特纳是比哈尔的首府，帕加尔浦尔是比哈尔邦的第三大城市。

乌尔都语学习人数的逐渐下降，相较之下，印地语学习人数反而有所增加。(C. R. King, 1994：69) 八十年代的诸多官方举措和民间因素加速了北印度的印地语身份认同进程。

1881 年孟加拉省颁发的一项法令为印地语支持者带来新的希望。该法令规定北印度所有法庭中，印地语和乌尔都语享有相同地位，诉讼者的诉状可以使用天城体印地语撰写。同时，法院必须在颁发法令、宣布判决和拟写诉讼文件时，提供印地语副本，除非当事人特意提出仅需要乌尔都语版本。1882 年，殖民政府组建负责审查印度教育进展的专门委员会，并任命威廉·威尔逊·亨特（William Wilson Hunter, 1840—1900）担任主席，该机构被认为拥有改变各地行政语言政策的能力。因此，西北省收集了超过 67,000 份支持印地语和天城体的签名寄给该委员会，派出 28 名代表出席该委员会的会议，并提交书面陈词，以争取印地语法庭语言的地位。这些代表中包括希瓦·伯勒萨德（Shiva Prasad, 1823—1895）、赫利谢金德尔（帕勒登杜）（Harishchandra, Bharatendu, 1850—1885）、赛义德·阿赫默德·汗（Syed Ahmed Khan, 1817—1898）等著名人物。各大报刊媒体对此纷纷报道并寄予厚望。

孟加拉省对印地语的支持态度，在一定程度上受到中央邦成功推广印地语经验的启示。早在十九世纪三十年代，殖民政府就曾颁发法案赋予总督权力，允许各地在司法或税收过程中使用其他印度语言取代波斯语（C. R. King, 1994：54）于是，当时在中央邦索格尔（Saugor）和奈尔普塔（Nerbudda）任职的英国官员肖尔（F. J. Shore, 1751—1834）曾收到西北省萨达尔税务局的许可，允许他在公务中引入印度斯坦语（即乌尔都语）取代波斯语作为官方语言。然而肖尔却在给司法和税务官的主动回信中坚定地论证了引入天城体印地语取代波斯语成为官方语言的合理性。这一建议意外地得到了官方许可，肖尔据此命令当地所有法院官员必须掌握天城体印地语的读写，也鼓励民众使用天城体印地语提交诉状。大约一年后，肖尔在写给萨达尔税务局的汇报中总结道，当地的印地语推广状况相当良好，近半数的法庭开始使用印地语，没有一个法官因为使用印地语而失业。(C. R. King, 1994：61) 肖尔的印地语推广实践有力反驳了人们对天城体认读困难、书写效率低下的不实认知，证明只要经过足够的练习，天城体的书写速度并不亚于乌尔都语或英语。

政府工作职位向穆斯林过渡倾斜的现实状况引发印度教徒的忿忿不平，这也是促成十九世纪八十年代印地语运动在孟加拉地区扩展的另一重要原因。乌尔都语作为西北诸省的行政、司法语言，一度出现半数以上的政府职位都由穆斯林担任的局面，而且穆斯林几乎垄断了所有高级职位。（C. R. King, 1994: 108）与此同时，印地语运动的不断壮大和印度民族主义运动的持续发展，使越来越多的印度教徒走上政府职位，这也引起穆斯林的很大不满。1882 年，加尔各答全国穆罕默德协会（National Muhammadan Association of Calcutta）提交诉状，抱怨穆斯林在政府职务中比例的大幅下降，这促使殖民政府对西北诸省的政府人员比例展开调查。结果却大相径庭，反而显示出穆斯林政府公职人数与其人口基数所占比例的巨大差异。西北诸省在册的 54130 名政府任命的印度官员中，印度教徒有 35302 人，约占 65.2%，穆斯林有 18828 人，约占 34.8%。而 1881 年的人口普查显示，印度教徒约占总人口的 86.8%，而穆斯林仅占总人口的 13.3%。（Home Department, 1886: 240, 286）

事实上，穆斯林占据大量政府职位的现象在北印度远比政府调查了解到的更普遍。1887 年贝拿勒斯印地语周刊《印度生活》（Bharat Jivan）刊登的一篇报道显示，当地的政府公务员中共有 269 名印度教徒和 267 名穆斯林，结果看似相当公平，但如果考察任职人员和人口总数的占比，就会明显发现穆斯林的优势。文章作者指出，如果按照人口比例计算，至少应有 480 名印度教徒在政府任职。此外，使用乌尔都语作为唯一的行政语言，引起越来越多印度教徒官员的抗议，他们或自觉或无意地将自身与"穆斯林－乌尔都语"的紧密关系相对应，主张印度教徒应当使用印地语，致使熟练掌握乌尔都语的印度教官员逐渐认识到自身所处的尴尬位置，一方面他们与印地语的联系越来越凸显，另一方面他们只有使用乌尔都语才能维持工作。事实上，这一群体往往是较早受到近代教育，出身富人或地主，崇尚西方自由平等精神的早期资产阶级知识分子。他们对印地语语言身份的选择和调适，反映出印地语语言身份形成过程中相对复杂的面向。

十九世纪八十年代初的印地语推广法令长期无法得到真正施行，除了穆斯林反对和英殖民政府漠视的原因以外，也有学者归咎于印度教徒的冷淡态度。（Karl Deutsch，1961：493）尽管如此，将天城体纳入行政语言和司法语言的法令也获得了另一层面的成功，即有效地强化了印度教徒对"印地语＝印度教徒"和"乌尔都语＝穆斯林"两组等式的接受，加速了此后为争取印地语司法语言地位而开展的各项运动。越来越密集的社会动员，促使印地语语言身份的建构速度逐渐赶超乌尔都语对印度教徒的同化速度。（Karl Deutsch，1961：8，22）并开启了由印地语社会精英领导的，团结更多印地语民众，有计划有规模地塑造印地语语言身份的阶段。

十九世纪八十年代起，越来越多使用印地语的社会精英开始意识到印地语身份在社会改良和宗教改革中的重要价值，印地语推广活动开始以现代社团的形式有组织地在各地开展。早期影响力较大的组织有印度教宗教改革社团"圣社"（आर्य समाज/Arya Smaja）和天城体推广协会（नागरी प्रचारिणी सभा/Nagari Pracharini Sabha），它们在该时期印地语语言身份的塑造中发挥了重要作用。1875年"圣社"由古吉拉特婆罗门达耶难陀·萨拉斯瓦蒂（दयानंद सरस्वती/Dayanand Sarsvati，1824—1883）在旁遮普创立，作为西北印度乃至北印度规模最大的印度宗教改革组织，其成员数量一度达到数十万。达耶难陀提出"回归吠陀"的口号，借用印度古代吠陀精神重建符合时代要求的全新印度教，并发起"净化运动"试图召回历史上曾改宗伊斯兰教的印度教徒。"圣社"成员将天城体书写的含有大量梵语词汇的印地语标榜为新印度教身份塑造的鲜明标识。（Lala Lajpat Rai，1992：40）此后，1893年在当时的皇后学院（Queen's Colledge）由拉姆纳拉衍·米歇尔（रामनारायण मिश्र/Ramnarayan Mishra，1873—1953）、夏默孙德尔·达斯（श्यामसुन्दर दास/Shyam-sundar Das，1876—1945）和西沃古马尔·辛赫（शिवकुमार सिंह/Shivkumar Singh，1870—1968）三人共同创立的天城体推广协会则主要借助文学活动的方式塑造印地语的语言身份。起初它只是一个印地语辩论协会，并且在最初的几个月里充满了不稳定因素。受到贝拿勒斯浓厚印度教文化氛围的熏陶，协会的目标很快调整为从语言和文字方面推广印地语。经历了发展初期的窘迫，一年后该协会成员增加至84人，包括不少学术界名人和作家，绝大多数成员是印度教徒，仅有不足 10% 的成员是穆斯林。该协会在收集珍稀手稿、出版印地语词典和百科全书、确立现代印地语标准语法、创建印地语图书馆、发行印地语报刊、编写印地语教科书等诸多方面成就显著，逐渐发展为受政府财政支持的影响力持久的印地语推广组织。

四、十九世纪末印地语司法语言身份的确立

官方语言的地位是地方语言标准化的重要激励因素之一。（C. R. King, 1994：56）十九世纪末期由天城体推广协会引领的印地语标准化进程在很大程度上服务于印地语司法语言身份的建构。天城体推广协会在发展平稳之后，在持续致力印地语文学活动的同时，也试图争取官方支持，以推进印地语地位的提升。它很快注意到八十年代以来殖民政府的两次"无效法令"，于是致函当地税务局和法庭，根据 1875 年第十九号法案和 1881 年第十二号法案，要求政府官员在公务中同时使用乌尔都语和印地语，法院传票、会议记录和税票等也需附印地语版本。面对地方政府不出意外的漠视和不予回应的态度，无奈之下，天城体推广协会成员转而向西北省和奥德省的殖民政府陈情，但得到的仍旧是轻描淡写的回复，且实际效果寥寥。1895 年西北地区新任副总督安东尼·帕特里克·麦克唐纳（Anthony Patrick Macdonald, 1844—1925）的到任给天城体推广协会带来新的希望，因为他在比哈尔就职时就曾表达过对天城体印地语的认可，这使人们开始期待麦克唐纳对西北地区印地语的发展给予支持。

天城体推广协会把握住麦克唐纳到任不久后计划前往贝拿勒斯开展巡访的机会，事先写信表示问候并试探他对印地语的态度。令天城体推广协会感到欣喜的是，麦克唐纳在回信中表达出对该协会争取印地语官方语言事业的兴趣，也表示会持续关注此事。然而 1897 年印度严重的干旱和饥荒使麦克唐纳无暇关注语言问题。副总督的回信没有明确表示反对，已经是对天城体推广协会的极大鼓舞。他们开始派遣成员前往周边 19 个地区寻求帮助，并开展印地语推广活动。期间，勒克瑙和阿拉哈巴德是印地语的推广重镇。此时，天城体推广协会的目标仅限于争取印地语的司法语言地

位，并未要求改变乌尔都语已经拥有的语言地位。印地语使用者的数量优势在各请愿书中被反复强调，希望"政府和法庭使用绝大多数人的书面文字（天城体印地语）"（C. R. King，1994：207，210，273，452）。这一陈词的证据是天城体推广协会收集的六万余份支持印地语的签名，它暗示着当时北印度印地语语言身份认同已经大规模形成。一方面，十九世纪上半叶印度西北地区副总督查尔斯·梅特卡夫（Charles Metcalfe，1785—1846）曾提出司法语言应该是大多数人民使用的语言；另一方面，印地语被证明在数量上能够代表印度多数群体的利益。在这样的背景下，天城体推广协会主张遵循多数原则使用天城体印地语，已经成为颇具说服力的要求。

默登·莫汉·马尔维亚（मदन मोहन मालवीय/Madan Mohan Malviya，1861—1946）是促成麦克唐纳改变对印地语认识的重要人物。他曾从事过印地语报刊编辑和法律工作，后投身政治领域，四次当选印度国大党主席，也是全印印度教大会（Akhil Bharatiya Hindu Mahasabha）的创始人。马尔维亚的著作《西北省和奥德省的法庭特征和初等教育》（*Court Character and Primary Education in the NWP and Oudh*）系统集中地论述了天城体印地语作为省级行政语言的合理性。书中共包含四个部分，前三部分依次论述印地语的渊源和发展、对外来语言乌尔都语的批评，以及语言问题（官方语言与人们广泛使用的语言不同）导致的初等教育缺陷，第四部分则收录了一些支持印地语的相关文件。马尔维亚的论述存在一些明显的不足，首先表现为"印地语"的概念非常模糊，这反映出当时人们对"印地语"内涵的认识尚不清晰，也反映出仅仅依据字体和宗教文化特征定义语言的弊端。其次，马尔维亚过于强调印地语作为行政语言对政府工作的影响，而忽略了大众日常生活对印地语的实际需要，这是他本人所处较高社会阶层的局限。

1898 年初，麦克唐纳接见了天城体推广协会代表团，马尔维亚作为代表团主要成员再次正面要求殖民政府提升印地语的地位，将其确立为司法语言。（Das，1990：101—103）此次会见取得的实际效果是促成麦克唐纳做出对西北诸省民众语言真实状况展开调查的决定。一时间，印地语和乌尔都语的争论成为报刊媒体讨论的焦点，大量文章和辩论见诸报端，甚至出现讨论该问题的专栏和专刊。天城体推广协会在西北诸省的街头小巷散发英文小册子，宣传天城体印地语作为司法语言的合理性，从而将印地语议题推向广大民众关切的风口浪尖，迫使西北省和奥德省不得不提前展开民间语言使用状况的调查。期间，麦克唐纳多次与省级税务局和政府进行协商。这场调查从 1899 年 7 月一直持续到 1900 年 4 月。尽管耗时漫长，但殖民政府最终于 1900 年 5 月发文承认印地语是人民的语言，它的使用范围远比乌尔都语广泛。据此，印地语被正式确立为西北诸省的司法语言，与乌尔都语享有同等地位。决议一出，引起乌尔都语使用者，尤其是穆斯林精英阶层的强烈不满，认为穆斯林的权益受到侵害，并成立乌尔都语促进会以表达对殖民政府支持印地语决策的抗议，但由于经验和资金的不足，该促进会在此后十年都未产生较大影响。

1900 年的政府决议被视为印地语运动的阶段性胜利，印地语司法语言地位的确立，大大加深了印度教徒与印地语的身份关联，大量印度教徒的印地语语言身份意识达到前所未有的高度。但不得不承认的是，十九世纪末印地语的地位并没有因此发生实质性的变化。因为这份决议中充斥着模糊的语言，"印地语"和"天城体"的术语混杂出现，这份看似权威性大大提高的决议依旧面临着效力不足的尴尬。

五、结 语

十九世纪下半叶，印度资产阶级启蒙运动引起的宗教社会改革和民族主义运动发展迅速，语言和宗教成为英国殖民者进行印度社群分化的重要符号。殖民统治者"分而治之"政策的挑拨，以及取代波斯语过程中乌尔都语在发展空间上的明显优势，印地语备受挤压的窘迫处境，共同触发了印地语语言身份意识的萌生。热衷的态度和随意的判断是十九世纪下半叶英国殖民政府在印度语言政策制定时表现出的鲜明特点。语言政策的确立和调整，取决于殖民官员的热情和印度本土力量的抵抗或支持，往往出现前后矛盾或政策不连续的弊端。即便如此，殖民政府的政策法令和北印度民族资产知识分子的推广活动依旧是形塑印地语语言身份的两条基本路径，它们不断交织，勾勒出十九世纪下半叶印地语司法语言身份的雏形。此外，印度教民族主义的持续催化，加深了印度教身份与印地语语言身份的进一步联结，而印－穆宗教身份的迥然差异也加速了印－乌两种语言身份的相互剥离。从这个意义而言，"印度教徒－印地语"关联的建构，其本质是对穆斯林统治及其文化传统对印度教文化传统同化进程的反拨。这一进程相当缓慢，直到印度社会精英阶层意识到语言论争的政治价值，利用语言身份服务于各自阵营的利益博弈，才大大加速了印地语印度教社群语言身份的形成。

世纪之交，印地语的地位从地方俗语上升为司法语言，这一变化虽被以天城体推广协会为代表的印地语精英视为巨大成功，但真正意义上的印地语语言身份尚未形成，因为这"仅仅是全部印度教徒中试图改变其他人的那一小部分人"的身份意识（C. R. King, 1994：108），并没有形成广泛的印度受教育群体的普遍认同。尽管如此，天城体推广协会及其代表的知识精英在印地语推广中所作的持续努力仍值得肯定。但不应忽略的是，这一结果在某种程度也是英国殖民者统治术的有意运作，其目的在于加剧印度教徒和穆斯林的政治权力争夺。双方不断为自身使用的语言赋值，导致原本同源语言之间的差异性被不断放大。可以说，印地语语言身份的形成，也是从其历史上更为包容的语言身份中脱离的过程，印地语运动看似取得了阶段性胜利，但从南亚社会的长期发展，尤其是二十世纪中叶印巴分裂的历史结局来看，当时对印地语语言身份的执着，显然是陷入殖民统治阴谋而不自知的一场空欢喜。

参考文献

［1］A. B. Rajput. *Muslim League Yesterday & Today* ［M］. Lahore：Muhammad Ashraf, 1948.

［2］Christopher R. King, *One language，two scripts：the Hindi movement in the nineteenth century North India* ［M］. Bombay：Oxford University Press, 1994.

［3］Das, *Meri Atmakahani*, NWP&O Gen Admin Progs, October, 1900.

［4］Dayal Dass, *Language Controversy a Century Ago*, *Indian Historical Records Commission*, Proceedings Volume XXXII, Part II. February 1956.

［5］Frederick Hertz, *Nationality in History and Politics* ［M］. London：Routledge, 1951.

［6］Home Department, *Correspondence on the Subject of the Education of the Muhammadan Community in British India and their Employment in the Public Service Generally*, SRG1, No. CCV, Home Department Serial No. 2. Calcutta, 1886.

［7］Karl Deutsch, "Social Mobilization and Political Development", *The American Political Science Review* ［J］. LV, 3. September, 1961.

［8］Lala Lajpat Rai, *A History of the Arya Samaj* ［M］. Columbia：South Asia Books, 1992.

［9］Letter from Shore to Sadar Board of Revenue, NWP Lieutenant-Government：Proceedings in the Sudder Board of Revenue Department, 2 to 16 September 1836, Range 221, Volume 79, No. 84.

［10］袁雨航. 印度现代转型中的乌尔都语身份建构研究（1857 – 1947）［D］. 北京外国语大学, 2021.

注释：

语言是19世纪印度改革家最关心的问题之一，是他们关于进步和改革的论述的基本组成部分。建立印地语作为一种公共语言，并围绕它建立一个群体（第19页）身份认同，本身就是这种关注的产物。一个国家"拥有"一种语言——bha ārtendu's nij bha ā ā，这种语言同时属于个人和社区，涵盖了所有的口头和书面实践，最终通过成为国家语言（rājbhā ā ā）和民族语言（rā rabhā ā）而获得认可，这种想法本身就是新的。这种思想，根深蒂固地存在于欧洲人关于国家统一的假设中，当应用到印度的背景下，特别是印地语的背景下，就会出现问题，因为殖民官员很快就意识到他们对分类学的热情。然而，对于印度的改革者来说，这是一种强大的吸引力：尽管他们精通并经常使用不止一种语言，但他们仍然把"一个国家，一种语言"作为一个理想和目标。①

随着莫卧儿王朝的覆灭和殖民时期语言政策的不一致，在波斯语-乌尔都语的捍卫者和印地语和 Devanagari 文字的支持者之间开始了一场旷日持久的争论：前者主张乌尔都语作为行政语言和印度穆斯林文化的连续性和卓越性，后者则强调在"公正和中立"的欧洲统治者统治下的变化空间（以及回归到"穆斯林统治"之前的更早时代，他们声称，当时印地语被广泛用作行政语言）。②

1882 年，猎人委员会（Hunter Commission）在西北诸省和旁遮普省巡回考察，"审查印度教育的进展"，为广泛而热烈的公开辩论（第 28 页）提供了进一步的机会。一百多份备忘录和数万个签名在不同的地方被提交，目击者包括当时最著名的文学活动家，如Śiva Prasād，bha ārtendu harichandra 和 Syed Ahmad Khan 爵士。③

---

①印地语公共领域，26/454
②印地语公共领域，26/454
③印地语公共领域，30/454

现代化进程中独特的"泰国性"思考

聂　雯

（西安外国语大学　亚非学院）

【摘要】东南亚各国在殖民时期都有被动式现代化的经历。泰国作为东南亚国家的一员，虽然避免了沦为西方国家的殖民地，但在整个殖民浪潮时期所受到的冲击同样非常巨大。从 19 世纪末开始，泰国为应对政治、经济、文化等方面的诸多挑战，主动追求文明化、西方化，同时又努力维持住了自身独特"泰国性"的传承。本文将通过对泰国现代化进程所面临问题及应对方法的分析，逐步呈现在此过程中所形成的独具特色的泰国性。

【关键词】：现代化进程；泰国性；独特

【作者简介】：聂雯，讲师，博士。研究方向：泰国文化。

一、引　言

1855 年英国驻香港总督鲍林（Sir John Bowring）代表英国政府与暹罗（今泰国）签订的《鲍林条约》（又称《英暹条约》）被认为是开启泰国近现代历史的标志①。回顾这一百多年的历史，现代化似乎成为其一以贯之的主题。特别是 19 世纪末 20 世纪初，随着世界资本主义步入帝国主义的

————————————

① ANDERSON B. Exploration and irony in studies of Siam over forty years［M］. Ithaca：Cornell University Press，2014：102.

阶段，西方逐渐确立了其在东南亚的殖民统治体系。包括泰国在内的东南亚各国被迫卷入世界经济体系之中，大量的资本、技术、文化、价值观等纷纷涌入这一地区。在此期间，为了建立资本主义生产方式在全球的统治地位，以利于资本家剥削国内外人民。西方殖民者在东南亚地区进行了大量的经济干预和基础建设，使正在崩溃的封建社会内部的革命因素迅速发展，"把一切民族甚至最野蛮的民族都卷到文明中来了"①。可以说，殖民者客观上为东南亚国家的现代化发展提供了物质基础。因此，有学者认为，第三世界大多数国家的现代化进程的起始，"不是独立后，而是19世纪后期或第一次、第二次世界大战后。换言之，是在殖民统治时期"②。不过马克思也指出，"殖民主义统治对被殖民国家客观上的社会改造作用，并不是西方殖民者的主要目的，也不是其自觉行动……殖民者的一切行为（破坏性的也好，建设性的也好）都是为了实现对殖民地半殖民地财富的掠夺，这样做时，伴随着人格的百般蹂躏甚至血腥的屠杀和种族灭绝"③。

泰国，作为唯一没有沦为殖民地的东南亚国家，它的现代化确有其独特之处。即人们认为尽管在过去的一百多年里，泰国在迈向现代化的过程中有了很大的变化，但泰国性（ความเป็นไทย）的本质并没有流失，而是被很好地传承下来了。虽然随着时间的推移，人们对于什么是泰国性的解释不断变化，但对其根植于传统文化的概念从未动摇。正因如此，泰国人常常自豪地认为，暹罗是一个实现了自身现代化的传统国家④。这种对传统文化的认同与自豪，与临近国家被殖民者所强加的自卑感形成鲜明对比。

泰国性作为一种身份认同，其中的"泰国"暗示着对自身传统价值体

---

①马克思，恩格斯.马克思恩格斯选集：第1卷［M］.北京：人民出版社，1972：255.

②林承节.关于殖民主义"双重使命"的几点认识［C］，北京大学历史学系.北大史学第三辑.1995：23.

③马克思，恩格斯.马克思恩格斯选集：第2卷［M］.北京：人民出版社，1972：68.

④通猜·威尼差恭.图绘暹罗：一部国家地缘机体的历史［M］.袁剑译.南京：译林出版社，2016：17.

系或文化的认同。然而，在一些西方学者的论述中，非西方的价值体系或文化往往对应的是与文明相悖的落后与蒙昧。詹姆斯·密尔（James Mill）在其著作《印度史》，这本被视为"英国驻印度官员的圣经"中明确表示，虽然某些人把印度人和印度教徒视为"一个高度文明的民族"，但他的结论却是："他们只是在文明的道路上迈出了几个小步而已。……印度文明与他所知的其他劣等文明不相上下，与中国人、波斯人和阿拉伯人极为相似，并与那些日本人、交趾支那人、暹罗人、缅甸人，甚至是马来人等此等民族同样恶劣"①。事实上，不仅是在殖民地，甚至在欧洲将落后与某些文化认同相关联的事例也不鲜见。19世纪40年代，英国政府在处理爱尔兰的经济困境时，就曾将爱尔兰的大饥荒归咎于爱尔兰人的懒惰、漠不关心和愚蠢无能。尽管饥荒导致爱尔兰饿殍遍地，时任财政部长查尔斯·爱德华·特里威廉（Charles Edward Trevelyan）却认为，"伦敦已经为爱尔兰做了可以做的一切"②。显然，让泰国人感到自豪的泰国性不等同于具有本土特色的文化认同。

虽然泰国性，这一对于"我们自身"认同的概念目前还没有一个清晰的定论，但是可以确定的是这一概念是伴随现代泰国这个国家才出现的③。而泰国的现代国家概念的发端必然离不开现代化进程。因此，对于泰国的"我们自身"认同的思考也许可以从其现代化的历史中进行。

二、"文明化"泰国

关于认同的论述分析通常可分为两个方面：共同的、内聚的积极认同以及差异的、排斥的消极认同。在今天泰国民众看来，泰国性能够被很好地传承至今，最重要的关键在于伟大的领袖（即君王）选择性地接受了西

①阿马蒂亚·森.身份与暴力：命运的幻象［M］.李风华、陈昌升、袁德良译.北京：中国人民大学出版社，2013：76－77.
②阿马蒂亚·森.身份与暴力：命运的幻象［M］，2013：90－91.
③1939年暹罗第一次更名为泰国，1945曾一度恢复暹罗旧称，1949年正式更名为泰国并延续至今。

方的好东西，即通过吸收西方的科学技术推动现代化进程，也可以视为运用"好的、正确的"非泰国性改良泰国性。最突出的例子莫过于銮披汶政府在二战期间试图"文明化"泰国的努力。

"文明"一词在泰语中本来用 อารยะ，อารยธรรม 的梵语借词表示。直到19世纪中期，ศิวิไลซ์ 这个外来词开始在泰语中出现，用以指代英文中的 civilization（文明、教化）。自此以后，ศิวิไลซ์ 被广泛使用，成为了本土化的"文明"概念和术语。ศิวิไลซ์ 一词显示出西方式的"文明化"的理念取代了泰国文化中原本的 อารยธรรม 逐渐在泰国被广泛运用和接受。

对于"文明化"的认识有一些基本的共同特征，如财富、权力、领土、一夫一妻制、性别平等、清洁程度、着装、礼节或是机械化。泰国的精英知识分子则认为，ศิวิไลซ์ 主要体现了从言行举止到物质的一系列改变，包括新马路、电力、新的政权制度、司法机构、法律，放弃穿着传统服饰和禁止嚼槟榔。事实上，这种对西方文化的追求，是为了适应被迫开放国门后现代化发展的需要。

现代化（modernization）从某种意义上来说意味着工业化，意味着更为复杂的职业结构，财富和社会流动性的增加，文化程度的提高和城市化的发展。这种发展可以是主观结果，也有可能是被动或偶然知遇的结果。从历史来看，泰国现代化的启动无疑是被动的。《鲍林条约》签订仅几个月后，西方各国就加紧对泰国原料市场的剥削。他们纷纷在曼谷设立碾米厂、糖厂、造船厂和木材厂。譬如英国的婆罗洲公司在曼谷设立商店，1858年美国公司建立蒸汽发动机碾米厂，1862年英国又建立了蒸汽发动机糖厂。随着经济发展，特别是大米贸易的扩大，泰国出现货币短缺，于是开始引入现代货币金融体系，并于1860年颁布发行了新型银质硬币的诏令。大米、柚木贸易的繁荣，西方银行家的到来，使曼谷日益发展成为一个世界性的商贸中心。与此同时，泰国统治者也逐渐意识到如果想要避免像邻国缅甸、越南那样沦为西方国家的殖民地，就不得不在社会习俗、行政、经济等方面实行改革，按照流行的西方观念将国家治理好。因此，唯有推行改革、接受西方文明，才能顺应经济社会的发展变化，从而为泰国的主权独立争取到谈判资本。从被迫打开国门开启现代化进程，到主动接受西方的文化思想，泰国通过文明化的追求实现了社会的进步。

因此，对文明化的追求不仅仅是殖民帝国压力下的自然反应，同时也是发端于精英群体，包括城市知识分子的积极行动。其目的在于保持和确认泰国的先进性，即对泰国性的改良。因此，在这些精英知识分子眼中，文明的过程不仅仅是植入或是模仿，更是一种主动的西方文明本土化①。以曼谷王朝拉玛五世朱拉隆功的改革为例。以朱拉隆功为代表的顶层精英分子通过废除奴隶制、改革行政管理机构、改革财务制度、改革军事及教育制度、兴建公益建设事业等一系列的措施，按照西方化的模式，进行了一场自上而下的社会改革，并获得了成功，为泰国的现代化发展和政权独立奠定了基础。适应现代化发展需求的社会环境，日臻完善的经济基础，使得泰国有机会与相关帝国主义国家进行灵活外交，从而幸运地躲过了被殖民的厄运。

文明化作为一种主观的思考和认识导向，是人们在意识层面上做出的有意探索。它的行进轨迹与参与主体所持有的观念息息相关，是一种建立在主观意识上的思考和改变。从这个意义上来说，"文明化"泰国的进程必然以对泰国性的认知为基础。或者可以说，正是在文明化的过程中，泰国性逐渐被清晰和认识，并被拿出来进行改造。

三、泰体西用

在应对现代化的历史挑战中，泰国本土的精英学者希望泰国能够文明化，但同时他们又拒绝纯粹的西方化，坚持泰国性，其中一个重要的表现就是要求保留佛教信仰。现代化作为一个漫长的历史进程，伴随着社会文化各个方面的变化。官僚政治逐渐发展；学习机会的增加；宗教信仰和传统习俗影响力的减弱；人与人之间的关系发生变化；社会流动增加等。

①WINICHAKUL T. The Quest for "Siwilai": A Geographical Discourse of Civilizational Thinking in the Late Nineteenth and Early Twentieth-Century Siam [J]. The Journal of Asian Studies, 2000, 59 (3): 539 - 540.

在这些变化中，对诸如泰国这些被迫卷入的国家而言，政治变革和社会转型往往最为棘手，究竟是全盘西化还是泰体西用？面对这个问题，无法绕过的两个重要元素就是政治体制和宗教信仰。本文之所以提出泰国的现代化进程是有着一定的主动和自觉性，就是因为它在整个过程中呈现出了思考和选择的痕迹。用泰国性破解转型的困境。

首先这种带有西方化色彩的改良在动因上是自主的选择，是在新世界秩序中通过对自身的重新认识而发现的道路。19世纪的暹罗是在殖民统治威胁下的一个特殊时期，现代化被认为是拯救国家的最有效方法。以前用来体现政权合法性通常通过两种方式：标榜自己的神性，鼓吹君权神授或是获取强大政权的认可。

过去的暹罗通过获取中国皇帝的认可来体现自己政权的合法性。但是到了19世纪中期，中国政权自身开始式微，曼谷王朝拉玛四世蒙固王认为中国的认可已经没有价值了，逐渐取消了向中国派遣使者的任务。在新的世界秩序中，欧洲成为新的标杆，而现代化则代替神权成为提供国家实力的源泉。暹罗选择走上追求现代化的道路，就是要用这种方式与世界发展保持同步，而不仅仅是为了逃脱被殖民的命运。

其次在现代化进程中，泰国实行的是一种自上而下的温和式的改良。改良运动的推动主体是泰国精英阶层，他们主要由被派出的留学生组成。这些人曾经周游西方列国，了解世界变化状况和洞悉泰国制度的弊端，但同时也曾受泰国传统文化的熏陶。因此由他们主持和推动的现代化，保留了君主和佛教的神圣性以及部分礼仪传统。这种选择性的改良体现了他们在推动现代化进程的同时，主动思考并充分考虑到了泰国的具体国情，谨慎考察了传统文化后，才最终做出切合实际情况及利益需求的选择。如同查尔斯·金（Charles King）所言，"没有比传承了古老认同的人更现代的了"。

此外，泰国的现代化实质暗含着对世界主流地位的向往。欧洲在泰国人的眼中是世界上先进文明和政治力量的代表，是进步和理想的一种想象模型。不管真相到底是如何，"西方"就是 ศิวิไลซ์（siwilai），是文明与进步的代名词。这个理想混合了西方在科学技术、文化思想上的先进性以及泰国人朦胧又不甚清晰的想象。这种迷恋从朱拉隆功王对欧洲的向往可以窥见一斑。他曾出访英法俄等许多欧洲国家，但只在俄国受到了热情的接待。这并不妨碍他对英国的喜爱。这位泰国国王向世人展示出了一种本土化的欧洲行事风格，一种 hybrid siwilai（混合文明）式的泰国性。

正是这种本土化的欧洲风格，这种 hybrid siwilai，显示出尽管泰国对欧洲心存无限的艳羡和向往，但仍努力将自己视作与文明的欧洲国家平等的存在。这是一种不同于东方主义或反殖民主义的西方与非西方二元对立的视角，而是两种视角的混合：对内看的东方主义视角和向外看的反殖民主义视角；殖民主义和人类学家的俯视视角和被殖民国家崇拜的仰视视角；带着焦虑的自我保护意识的视角和好奇、谦卑的视角。

这种自我认识的视角在殖民主义浪潮中是非常奇特的，却也恰恰符合泰国这个既不属于殖民者，也不属于被殖民者的国家身份。泰国历史学家通猜在自己的文章中以泰国参加世博会的例子生动地描述了这一独特的泰国性心态。

世界博览会被认为是西方文明国家展示它的优越性和非西方国家展示它的异国情调的场所。它同时也是一个具有殖民世界秩序的微缩场所。展览分为几种不同的文明水平，一种是以科学、技术和工业化为特点的，另一种是以异域风情的，尚古性昧特点的，在殖民者眼中，属于"过去"的展品。

暹罗的精英们认为参加世界博览会是展示自己的大好机会。在展位的布局上，暹罗通常会被安排在远东的独立国家中，或是次文明、半文明的国家之间。在展览中，暹罗总是着意展示自己在科技上面的进步成果。但是西方国家对于暹罗的认知已经被设定好了：尽管它不是一个野蛮落后的国家，但仍被排斥在西方文明国家之外。它们认为暹罗的展品体现了前工业时代的朴素之美①。

暹罗在世界博览会上拿到了许多奖项，然而这些奖项并不能为它步入

①WINICHAKUL T. The Quest for "Siwilai": A Geographical Discourse of Civilizational Thinking in the Late Nineteenth and Early Twentieth-Century Siam [J]. The Journal of Asian Studies, 2000, 59 (3): 542 - 543.

文明化国家的行列证明什么。暹罗在参加世界博览会这个事件上体现出了要参与到世界文明进程中的强烈意愿。也许在这个意义上，西方国家是否承认暹罗努力的成果，已经不那么重要了。

四、泰国性的均质化与少数民族边缘化

拥抱现代化，其实是泰国精英阶层在殖民主义压力下的一次自我反省和改造。它所引出的一个客观问题就是，如果需要改造势在必行，就必然会面临如何界定何为文明现代，何为落后愚昧。前文曾经指出，如果以国家为参照对象，则文明现代的标杆就是西方。但是前文无论在讨论"文明化"或者"泰体西用"，泰国性中的"泰"这一概念（世界观、民众见解、思想、行为、观念、看法）在这种表述中似乎都是均质无差别的，并不需要进一步加以阐述说明。这种认识似乎不大妥当。

通猜在《图绘暹罗》中追溯了泰国边界在 1850 年到 1910 年间痛苦而又复杂的形成过程。在他的记述中，尽管泰国不曾被殖民，但现代泰国的边界却是由殖民势力所决定的。伴随着边界确定而来的是省级行政体制改革。这场改革于 19 世纪 70 年代开始在兰纳试点，最终正式在 1892 年开始向全国各地铺开。这场由现代化的中央化机制逐步取代传统地方自治的改革，彻底打破了以往朝贡国与宗主国之间重叠的主权关系。通过改革，甚至更为暴力的军事手段，曼谷方面塑造了一种新型的关系、主权和空间。它是一种强势力量与其征服的国家间的关系，在这种新关系中，之前出现过的主权与空间的模糊性问题已经被解决了。与此同时，曼谷政权成为了泰国边界线内的集体代表，泰国性所代表的"我们"自然也囊括了边界线内的所有民众。然而这个"我们"真的能代表莱国、勐天或者兰纳？

长时间以来，我们总被民族国家的历史审视眼光所束缚，忽略了许多空间内部或者不同空间之间的历史，而这些被忽略的角落也许正需要得到我们的正视。因此当我们将目光移向泰国国家内部时，泰国性的话语也有它自己的权力关系范围。如果说泰国相对于欧洲，是一种次文明（less civ-ilized）群体的话，泰国国内边远地区的少数民族相对于城市主流群体则又是一个更小空间内的次文明群体。这种权力关系，往往暗示了一种官方或

支配性话语与从属或边缘话语之间的特殊秩序。

当主体民族掌控的核心区域已迈进现代化和文明化的门槛，并程度不等地涉足全球化的潮流时，边远地区的少数民族尚未完全迈进现代化门槛时，并因此缺乏现代化的基础，从而被界定为次文明。最终致使其流离于主流文化之外，又因无法获得足够的话语权和平等对待而变得更加边缘化。长期以来泰国国内的民族问题便是在这样的境况下产生的。

以泰北山民为例，虽然泰北山民成分复杂，内部不乏裂痕，但部族成员还是喜爱在社会结构紧密的、自己的小团体中过着和谐安定的生活①。有些少数民族虽因现代化的压力不得不改变传统的生产方式和经济生活，但上层建筑的滞后性使其文化特征和传统习俗得到保留和继承，并且那些构成本民族特征的要素依然表现得十分鲜明，因而在短期内他们不会轻易地融合到其它民族中去。以苗族为例，"中南半岛苗族社会一个十分重要的特点是：数百年来一直保持着本民族的独立性"②。苗族大约在19世纪中晚期迁入泰国，他们自称为"Hmong"，泰国人称之为"ม้ง"。据泰国社会发展与福利厅2002年的统计显示，泰国苗族共有153，955人，主要分布在泰国北部清迈、清莱等13个府的253处村落中，其人口在北部山地民族中名列第二，仅次于克伦族。③ 苗族至今仍保留着较为传统的社会组织，其对独立性的刻意保持，除环境影响外，排他心理起着决定性作用。苗人认为，"要保留和维护本民族的传统，包括生产生活方式、宗教信仰和风俗习惯等，就不能接受任何外来事物对本民族产生的作用和影响"④。然而，自20世纪60年代以来，泰国政府为增进国民团结，强化民族国家认

①珍尼·理查德·汉克斯.文化的解读：美国及泰国部族文化研究［M］.刘晓红，等译.昆明：云南大学出版社，2002：291～292.

②秦钦峙，赵维扬.中南半岛民族［M］.昆明：云南人民出版社，1990：127.

③อภิชาต ภัทรธรรม. ม้ง［J/OL］. วารสารการจัดการป่าไม้，2008，2（4）：85［2022－06－19］. http：//frc. forest. ku. ac. th/frcdatabase/bulletin/Document/Forest_ management_ journal004_ 010. pdf.

④申旭，刘稚.中国西南与东南亚的跨境民族［M］.昆明：云南民族出版社，1988：151.

同，在泰北推行了多项社会发展计划。譬如沙立·他那叻元帅（1959 – 1963）执政期间推行的入山传法计划，旨在鼓励佛教僧侣参与偏远地区社会发展，为当地民众提供宗教教育及现代化的生活工作方式，以抵制当时在山林地区盛行的共产主义运动的影响。然而，这一计划的实施结果并不理想。虽然部分村民生活确有改善，但带有强制性的信仰、语言、习俗的改变与苗族对保留维护自身传统文化的坚持背道而驰。同时，随着政府力量和资本的进入，地区内贫富不均的现象也愈发严重。这些都成为引发边远地区少数民族与政府之间矛盾冲突的导火索。

无独有偶，泰国南部的马来族也是一个与主体民族泰族差异较大的少数民族。泰国人常用"khaek"来称呼马来族，意思是客人、从别的地方来的人。最初"khaek"这个词只是对部分非泰族人的统称，后来逐渐发展为对有着特殊服饰和语言群体的专称，最终演变成为称呼马来族以及来自阿拉伯和印度的伊斯兰信徒的专用词。社会学家米谢尔·吉勤（Michel Gilquin）认为，伊斯兰教大约在 12 世纪至 15 世纪间，随印度和阿拉伯商人的贸易活动传入今泰国南部的北大年地区①。到 19 世纪至 20 世纪初，北大年王国已经成为了东南亚地区著名的伊斯兰学术和教育中心，拥有本地区规模最大和最负盛名的伊斯兰经文学校，培养了许多著名的伊斯兰学者。1902 年泰国正式宣布北大年为其领土的一部分，废除了进贡制度，苏丹制北大年王国正式寿终正寝。从此，北大年与曼谷政府之间的关系正式转变为少数民族与中央政府间的关系。然而，由于这一地区缺乏必要的现代学科教育体系，传统的伊斯兰宗教教育又无法满足当地民众的教育需求，导致当地马来族人在政治和经济领域无法与主体民族和华人竞争。在政治上被排除在国家行政体系之外，在经济上无法分享经济发展的利益和果实，从而进一步加深了民族隔阂。

为改变这一状况，泰国政府在这一地区推行了一场教育现代化的改

---

①关于伊斯兰教传入马来半岛的时间一直存在争议。有马来西亚学者和泰国学者认为早在 9 世纪伊斯兰教就进入了马来半岛。而西方学者多认为，大约在 13 ~ 14 世纪伊斯兰教才传到马来半岛。

革。这一改革以泰国主体民族的语言和价值观为核心，旨在培养泰南穆斯林青少年的泰国公民意识，增强对国家的认同与忠诚，同时弱化穆斯林社会的民族认同和权威体系。改革在客观上提升了泰南穆斯林的整体素质，尤其是世俗教育，极大地提高了当地穆斯林妇女的社会地位。同时也推动了当地的经济发展和就业，打破了传统泰南穆斯林社会封闭结构增进了民族间的相互依赖和融合。然而这种同化政策也引起了穆斯林精神上和信仰上的警惕和恐慌，并一步步演变成为与推行这些政策的政府官员间的矛盾，成为至今无解的巨大社会问题。

排斥心理是少数民族与主流民族融合的一道天然屏障，而各族语言的差异性及流行范围的相对封闭性严重影响了不同民族之间的交流，并在某种程度上成为隔绝民族文化的藩篱。这本来已经造成了少数民族与泰族的隔阂和距离感，如今作为主流民族的泰族根据自己的需要选择了现代化的道路，更是将少数民族推向了更深程度的边缘化。

少数民族的封闭性与独立性固然是泰国民族问题产生的一个缘由，但却不是主要缘由。因为少数民族的弱势地位决定了他们不是矛盾的主要方面，泰族及其主导下的政治、经济、文化体系才是矛盾出现和激化的主要因素。在此状况下，出现诸如"泰族的佛教被描绘为泰国的文化特征，而其南部的马来人及北部的山民等则被视为外来客人，在国家的政治生活中没有任何地位"① 这样的批评揶揄之声也就不足为奇了。

从这个意义上看，对"泰国性"的理解还涉及到了不同民族如何和谐共处的问题。任何一个民族国家如果在经济文化整合陷入主体民族的话语霸权，都会招致少数民族的不满和反抗。在此情况下，少数民族对边缘化的抗争确有令人同情的一面。但是，如果这种地区或少数民族的民族主义抗争趋于极端化，则会走向反面，因为维护国家主权与领土完整是一国政府至高无上的职责，它绝不会容忍民族分离主义得逞。既然经济分化和文化差异是现代化和文明化尚未得到充分发展的必然现象和伴生物，而少数民族文化与主体民族文化的融合也要假以时日，那么尽可能缩小区域间发

---

① 韦红. 战后东南亚地区民族问题的三种类型［J］. 东南亚，2002（3）：49.

展的不平衡性，并创造条件使少数民族文化最终成为多民族国家文化的组成部分，从而为少数民族摆脱边缘化困境提供外部条件，这也是政府必须担当起的职责。

五、结　语

始自《鲍林条约》的泰国现代化进程勾勒和呈现出了一段漫长时期的思考和社会转型期的阵痛。在殖民地的夹缝中，泰国始终循着一条没有向导的道路摸索前进，用自主的思考和选择决定历史走向。在这条独行的道路上，我们通过应对和处理与西方文化、本土文化、少数民族文化共处的问题来讨论"什么是泰国性"和"什么不是泰国性"。

在面对伴随现代化汹涌而来的西方文化时，泰国精英阶层采取了主动的文明化，如同初遇见聪明而又"厉害"的"他们"，仓皇应对的"我们"还略显稚嫩，只能亦步亦趋的"文明化"。之后在本土文化的取舍上，泰国显然比其他被殖民国家更有余力，能够主动地选择和保留核心的内容，让泰国性得以传承，不至于在"文明化"的过程中迷失自我。同时还能警惕泰国性自身可能存在的话语霸权问题，并且意识到少数民族与主流民族之间的不平等和舆论失语，这将成为泰国现代化进程的新任务。

这些关于泰国性的思考，体现出了现代化进程中泰国的自主、独立、谦恭和自信，为整个东南亚近现代历史增添了一抹亮色。

参考文献

[1] 阿马蒂亚·森.身份与暴力：命运的幻象 [M].李风华，陈昌升，袁德良译.北京：中国人民大学出版社，2013.

[2] 林承节.关于殖民主义"双重使命"的几点认识 [C] // 北京大学历史学系.北大史学第三辑.1995：4－23.

[3] 马克思，恩格斯.《马克思恩格斯选集》 [M].北京：人民出版社，1972.

［4］秦钦峙，赵维扬.中南半岛民族［M］.昆明：云南人民出版社，1990.

［5］申旭，刘稚.中国西南与东南亚的跨境民族［M］.昆明：云南民族出版社，1988.

［6］通猜·威尼差恭.图绘暹罗：一部国家地缘机体的历史［M］.袁剑译.南京：译林出版社，2016.

［7］韦红.战后东南亚地区民族问题的三种类型［J］.东南亚，2002（3）：49-54.

［8］珍尼·理查德·汉克斯.文化的解读：美国及泰国部族文化研究［M］.刘晓红等译.昆明：云南大学出版社，2002.

［9］ANDERSON B. Exploration and irony in studies of Siam over forty years［M］.Ithaca：Cornell University Press，2014.

［10］BAKER C，PHONGPAICHIT P. A History of Thailand［M］.3rd ed. Cambridge：Cambridge University Press，2014.

［11］WINICHAKUL T. The Quest for "Siwilai"：A Geographical Discourse of Civilizational Thinking in the Late Nineteenth and Early Twentieth-Century Siam［J］.The Journal of Asian Studies，2000，59（3）：528-549.

［12］อภิชาต ภัทรธรรม. มั่ง［J/OL］.วารสารการจัดการป่าไม้，2008，2（4）：84-97［2022-06-19］.http：//frc. forest. ku. ac. th/frcdatabase/bulletin/Document/Forest_ management_ journal004_ 010. pdf.

历史制度主义视角下印度尼西亚高等教育政策变迁研究（1975～2023）

王 群

（西安外国语大学 亚非学院）

【摘要】 近50年来，印度尼西亚现代教育尤其是高等教育事业发展迅速。文章基于历史制度主义视角，对印度尼西亚高等教育政策变迁的历史脉络进行梳理，并对政策逻辑进行结构观和历史观的分析。研究发现印度尼西亚高等教育政策变迁的根源在于旧的政策安排无法适应外部环境的变动，以至于影响到政策自身的合理性。行为者、环境和制度关系的相互推动对政策变迁有着重大影响。

【关键词】 印度尼西亚；高等教育；政策变迁；历史制度主义

【作者简介】 王群，讲师，博士。研究方向：印度尼西亚语言文学、比较教育学。

【基金项目】 西安外国语大学"重点科研基地"专项项目（20XWE09）"'一带一路'视阈下印度尼西亚和马来西亚汉语国际推广问题研究"阶段性成果。

一、引 言

1945年8月17日印度尼西亚宣告独立，从长达300年的殖民统治中解脱出来，印度尼西亚的高等教育也随之萌芽发展。独立的第一年，印度尼西亚只有两所私立高校——印度尼西亚共和国高等学校和伊斯兰大学；

1949 年和 1950 年，先后建立起两所公立高校——加查玛达大学和雅加达印度尼西亚大学；50 年代，受政治原因影响，在临时首都日惹及周边地区建立了 12 所大学，其中包括 3 所师范院校①；时至今日，印度尼西亚全境已有 3，107 所大学，其中公立大学 125 所，私立大学 2，982 所②。独立后，印度尼西亚的经济发展趋势大体向好，这为现代教育提供了一定的物质基础，同时也对现代教育的标准提出了新要求。尤其是近 50 年来，为适应社会经济政治情况的转变、对标国际领域，印度尼西亚政府多次修改高等教育方针政策，使得印度尼西亚高等教育事业发展迅速。

当前，关于印度尼西亚高等教育的研究集中在从宏观角度梳理其发展的演进历程，并总结相关的经验启示。总的看来，鲜有学者从历史制度主义的视角研究印度尼西亚高等教育政策变迁的历史演进及内在的制度逻辑。历史制度主义展示出强大的解释力，有助于探索制度变迁背后的内在规律③。因此，本文尝试运用历史制度主义分析框架，解读印度尼西亚高等教育政策的演进历程，探析历程变迁的制度逻辑，为我国高等教育政策的构建提供参考。

二、理论视角与分析框架

制度理论与人们对政治的研究一样古老④。早期的历史制度主义主张对革命、政变、民主化等重大历史事件或制度变革进入深入细致分析⑤，

---

①潘懋元. 东南亚教育 ［M］. 南京：江苏教育出版社. 1988（4）.

②印度尼西亚中央数据统计局. 2022 年全国高校大数据 ［DB/OL］. https：//www. bps. go. id/indikator/indikator/view_ data_ pub/0000/api_ pub/cmdTdG5vU0IwKzBFR20rQnpuZEYzdz09/

③刘圣中. 历史制度主义：制度变迁的比较历史研究 ［M］. 上海：上海人民出版社. 2010.

④马得勇. 历史制度主义的渐进性制度变迁理论——兼论其在中国的适用性 ［J］. 经济社会体制比. 2018（5）.

⑤Sven, S., Kathleen, T., and Frank, L., eds. Structuring Politics：Historical Institutionalism ［J］. Comparative Analysis, Cambridge. Cambridge University Press. 1992.

随后将研究议题逐渐转向政治社会稳定期的制度变迁问题。相较于理性选择制度主义与社会学制度主义,它在方法论上属于修正的个体主义,适合中观层面的中长期研究①。印度尼西亚高等教育政策作为教育事业发展中一项具体的制度安排,它与其涉及的决策机构有着结构性和历史性的关联,同时契合中观层面的中长期研究。历史制度主义的基本观点也有助于从理论层面厘清其变迁的生成逻辑。

历史制度主义的"结构观"是历史制度主义最主要的分析范式,它强调一项制度涉及的组织或主体之间的结构性关系:"历史制度主义视角下的主体行为取决于个人、环境和规则。"② 也就是说,行为者、环境和规则之间也是相互影响的。具体到印度尼西亚高等教育政策的演变,本质上属于不同行动主体围绕权力和资源配置而进行的利益博弈。同时,制度之外的因素与制度共同引发的后果也是历史制度主义视角需要观察的内容之一。在制度变迁的过程中,经济发展、社会力量、科技水平等构成了制度之外的环境因素。就制度更新的角度而言,印度尼西亚高等教育政策变迁可以纳入有关经济社会转型的整体框架中加以理解;同时,由于教育政策时刻处于外部环境的包围中,它的变迁必然受到所处环境的直接或间接的影响。尽管历史制度主义更强调制度结构和外部环境的作用,但行为者并非完全是消极、被动地适应,而是具有一定的主观能动性。因此,印度尼西亚高等教育政策的制定与行为者的观念也紧密相关。

历史制度主义的"历史观"是另一重要的研究范式。从长时段来看,制度涉及的结构性关系并不是一成不变的:环境、制度、行为者等变量会随时间的变化而产生变动,并在不同时期产生不同的分化组合。因此,本研究在参考历史制度主义基本观点的基础上,借鉴"历史脉络"的分析思路,将印度尼西亚高等教育政策变迁置于宏大的制度和社会历史文化情境

①张强.中国共产党领导干部选拔制度的百年变迁——基于历史制度主义视角的考察〔J〕.广西师范大学学报(哲学社会科学版).2021(2).

②Sven, S., Kathleen, T., and Frank, L., eds. Structuring Politics:Historical Institutionalism〔J〕. Comparative Analysis, Cambridge. Cambridge University Press. 1992.

中进行探讨，重点关注环境、制度、行为者等不同因素在特定时间节点上的组合，以及这种组合是如何促成政策变迁的。

三、"环境——制度——行为者"：印度尼西亚高等教育的历史脉络

独立后印度尼西亚的高等教育发展主要可以分成萌芽时期（1945 年 ~ 1960 年）、扩张时期（1960 年 ~ 1965 年）、调整时期（1966 年 ~ 1974 年）和迅速发展时期（1975 年至今）[①]。在萌芽、扩张和调整阶段，印度尼西亚以"建国五基"（信仰最高神、人道主义、民族主义、民主主义和社会主义）和"四五宪法"为基础，建立相关监管机构并出台了多项法律制度。如 1950 年出台《基础教育法（政府第 4 号法令）》，1961 年制定《印度尼西亚高等教育法》，1969 年成立教育发展局等。此时的高等教育制度的根本是宗教价值观和民族文化，其目的是提高学生素质，做虔诚纯洁、品德高尚、学识渊博、勤劳能干、创造性强、独立性强、有民族意识和责任心的国民[②]。1975 年后，社会和政治的变革、经济的发展等引发对高等教育的庞大需求，同时教学、科研、教师素质及教学资源等方面出现短板。于是，印度尼西亚政府开始对高等教育体制和政策进行有规划的完善。

（一）环境推进制度：《高等教育长期发展战略（1975 ~ 1985）》

苏哈托任职印度尼西亚总统后，大刀阔斧推进经济结构调整。在基本恢复国民经济常态后，连续出台了几个"五年经济发展计划"。在此期间印度尼西亚政府扩大对外开放，成功吸收大量外资，并跻身世界银行"中等收入国家"名单。此外，这一时期的民主化运动的兴起大大刺激了人民对高等教育的需求，尤其是战后生育高峰期出生的人已处于高等教育适龄

---

①方展画，王胜.印尼高等教育的发展分析 [J]. 比较教育研究.2013（1）.

②郑阳梅.印度尼西亚国家教育概况及其教育特色研究 [J].广西青年干部学院学报.2015（6）.

阶段，他们认为高等教育不再是少数人的特权，而是全社会都可以享受的福利。经济提升客观地对人才提出了迫切需求，印度尼西亚政府受西方人力资本理论影响，将人才的知识能力和技术水平视为提高劳动出产率的重要因素①。1975 年，文化教育部颁布了第一个《高等教育长期发展战略（1975～1985）》，要求高等教育服务印度尼西亚的现代化建设和经济建设。为实行"终身教育"，政府拟全面发展公立和私立大学，并希望各高校在各地区发展核心作用，"高等教育必须与地方和国家发展密切联系起来，着重强调其相关性"，此外需加强与公私部门和各个行业的合作。这一时期的制度演变取决于宏观历史环境。

社会经济发展对高等教育的总需求与政府有限的财力之间的矛盾在这一时期得以缓解。高等教育规模不断扩大，高校注册人数不断提升，尤其是私立院校，学生数量增长了近 20 倍。从国民经济的产业结构和高等教育的专业结构变化看，两者的关系趋于协调。在 GDP 分布中，工业部门占比显著提升，同期农业部门占比则明显下降。这是"新秩序"时期工业化程度提升的产物，也是高等教育普及的结果。在《战略》规划的 10 年中，理工农医方向、尤其是工程类和经济类专业成为报考热门，印度尼西亚的综合工艺学院也由最初的 4 所发展到 24 所②。

在院校体系的改革方面，《战略》引入"二元制系统（dua sistem）"，即学术型和职业型两类教育模式。与此同时，在高等教育阶段划分为三个层次，即文凭教育（diploma）、学士教育（sarjana）和研究生教育（pascasarjana）③。1978 年起实行学位教学计划和非学位教学计划，学位教学计划主要是培养高级人才和学院式的研究人才，非学位教学计划是为了让更多的青年学生有机会受到高等教育，掌握更多的知识和技能。

---

①张晓昭. 印尼的高等教育与社会发展 ［J］. 世界历史. 1992（6）.

②潘懋元. 东南亚教育 ［M］. 南京：江苏教育出版社. 1988（4）.

③Supeno Djanali. Current Update of Higher Education in Indonesia ［EB/OL］. http：//www. rihed. seameo. org/Newsand Events/current％20update/pindonesia. pdf.

（二）行为者与制度的相互推动：《公立高等院校法人实体条例》（1999）

从历史制度主义视角看，制度与行为者之间是相互作用的关系。行为主体的观念、利益或偏好会影响制度的选择，而制度的动力作用、价值判断以及匡约作用又反作用于行为主体，并决定目标形成①。80年代末到90年代初期，印度尼西亚国内总体形势良好，政府能够调动较多的公共资源投入高校建设，然而过度重视基础扩建却忽略了教学质量。于是政府推行了第二个《高等教育长期发展战略（1986~1995）》，将高等教育的发展重心转移到巩固阶段成果、提高教学质量，虽未达到预期效果，但也有较平稳的发展。1996年，政府推出第三个《高等教育长期发展战略（1996~2005）》，继续将质量作为高等教育发展的基本参考。然而，1997年金融危机致使印度尼西亚经济负增长，各类国家战略被迫搁置。1998年"五月惨案"后苏哈托下台，哈比比临危受命。与前两位军人出身的总统不同，这位有海外留学背景的高级知识分子在1999年颁布了《公立高等院校法人实体条例》（政府61号条令），明确指出公立高校需通过政府审批后转为法人实体（Badan Hukum Milik Negara），以此减少政府对公立高校的拨款。2009年，印度尼西亚政府通过了《教育法人实体法》，将法人实体概念扩展到了印度尼西亚所有的教育机构。法人实体是印度尼西亚高等教育史上一个非常新鲜的概念，它一方面强调高校具有自治法人实体地位，另一方面要求高校所属权仍归于国家。

然而，法人化未能长远地施行下去。由于性质转变为"半公立"，约有三分之一的经费需要由学校自己负担。于是学校不得不提高学费，这样的经济负担便转移到学生和家长身上。一时间，政令被视为政府欲将教育机构"私有化、市场化、企业化"，并被贴上了"资本主义化"和"新自由主义化"的标签②。最终，宪法法院于2010年3月废除了《教育法人实

①廖梦雅，邱开玉.建党百年来党政领导干部任期制的形成轨迹与优化逻辑——基于历史制度主义范式的分析［J］.理论导刊.2021（05）.

②李昭团.印度尼西亚高等教育法人化改革研究［J］.扬州大学学报.2014（6）.

体法》，取消了教育法人化。

教育法人化相关政策的推行所涉及的行为主体与制度之间存在着复杂的互动关系。首先，高校的性质定位确定了政府、高校和学生群体在法人化推动过程中的作用，这三者共同推动，又相互制衡。其次，行为者反作用于高校的性质定位的变迁。制度变迁不仅受到外部环境的影响，还包括各行为者对制度的调试、完善和捍卫。法人化的推行意在加强高校自治、减少政府支出、扩大教育规模，然而政策受众群体的最基本的经济问题却被忽视。由于不符合基本国情，这样的制度注定会被淘汰。

（三）制度断裂和路径依赖：《高等教育长期发展战略（2010～2014）》

政策是在连续又断裂的过程中逐渐发展的。历史制度主义的历史观分析包括制度断裂和路径依赖两个方面。其中制度断裂分析关键历史事件对制度变迁的影响，路径依赖分析制度延续的正常时期①。

关键节点是在历史进程中，由于外部条件不断变化、内部要素相互作用，直至引起制度发生突然性重大转变的重要时间节点或重要事件。由于受到外部环境或行为者的作用而出现根本性的变革，对制度变迁方向产生了巨大的影响。上文提及的国家独立、总统换届和学生群体对立法的抗议，均刺激了印度尼西亚高等教育性质定位不断变化、逐步丰富发展。这样的节点再一次出现在2010年：为了应对金融危机引发的政治、经济和社会结构的变化，印度尼西亚政府推出了第四个《高等教育长期发展战略（2010～2014）》，提出高等教育的目标是增强国家竞争力，以带动知识驱动型的经济增长。同时，高等教育部制定《高等教育法》作为法定基础结构，实施在政府监督、授权和服务下的高校自治模式。分权和自治的实现是一个长期渐进的过程，这一新范式的施行不仅在于解决国内的需求和矛

---

①刘圣中.历史制度主义：制度变迁的比较历史研究［M］.上海：上海人民出版社.2010.

盾，还在于应对地域和全球性的挑战。

表1　印度尼西亚研究技术与高等教育部行政管理结构示意图

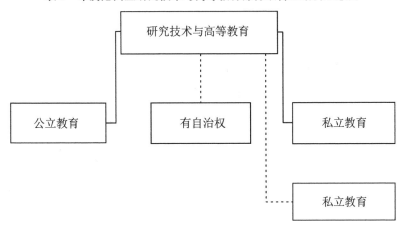

（注：实线代表直接管理；虚线代表间接管理）

　　某一制度一旦被确立就会在无形之中不断得到固化，时间越久，改变或者调整制度的难度就越大，形成路径依赖。路径依赖对制度变迁产生两方面的影响，既可以推动制度的延续，也可以阻碍制度的创新。自第四个《战略》实施以来，由于院校和社会对自治政策反响积极，高等教育逐步迈向国际化和多样化，《高等教育长期发展战略（2015～2019)》和《高等教育长期发展战略（2020～2024)》在秉持先前《战略》基本要求的基础上，强调其改革重点是加强高等教育与社会发展的相关性，提高私立高等院校的教学质量，增强国际竞争力，并促进这三方面均衡发展。调试效应是印度尼西亚高等教育政策变迁突破固化而进行变革的有效措施，使政策变迁产生极强的路径依赖，其稳定性和合理性不断得到巩固。

四、结　语

　　梳理近50年的印度尼西亚高等教育政策变迁史，可以得到三点启示：首先，外界环境对政策的产生和改革产生了巨大的推动作用。社会经济高速发展对高等教育水平提升提出了要求，高校扩建和生源扩招的政策应运而生。同时，随着外部环境的持续变动，权力关系调整与关键行为者的互相推拉使得制度变迁最终得以实现。"新秩序"后期印度尼西亚政权改革重组，稳定的一元化权力关系被打破，经济和政治给执政者带来压力的同时，也为政策改革注入了活力。转变经济发展方式的现实需要提升高等教育的地位，学生和家长对低成本教育的诉求成为了关键行为者开展设计的重要考量标准。只有达到行为者各方利益平衡时，政策改革才算成功。最后，政策需要不断调试，才可以克服路径依赖出现的顽固问题，正所谓"改革只有进行时没有完成时"①。现今《战略》建设将重心转向国际化，一方面顺应了新时代的需求，另一方面为高校自主管理提供了更多样化的渠道。

参考文献

［1］方展画，王胜.印尼高等教育的发展分析 ［J］.比较教育研究.2013（1）.

［2］李昭团.印度尼西亚高等教育法人化改革研究 ［J］.扬州大学学报.2014（6）.

［3］廖梦雅，邱开玉.建党百年来党政领导干部任期制的形成轨迹与优化逻辑——基于历史制度主义范式的分析 ［J］.理论导刊.2021（05）.

［4］刘圣中.历史制度主义：制度变迁的比较历史研究 ［M］.上海：上海人民出版社.2010.

［5］马得勇.历史制度主义的渐进性制度变迁理论——兼论其在中国的适用性 ［J］.经济社会体制比.2018（5）.

［6］潘懋元.东南亚教育 ［M］.南京：江苏教育出版社.1988.

［7］Supeno Djanali. Current Update of Higher Education in Indonesia ［EB/OL］. http：//www. rihed. seameo. org/Newsand Events/current% 20update/pindonesia. pdf.

---

① 中国共产党新闻网.习近平在主持十八届中央政治局第二次集体学习时的讲话. http：//cpc. people. com. cn/xuexi/n/2015/0720/c397563 - 27331294. html. 2012（12）.

［8］Sven，S.，Kathleen，T.，and Frank，L.，eds. Structuring Politics：Historical Institutionalism ［J］. Comparative Analysis，Cambridge. Cambridge University Press. 1992.

［9］印度尼西亚中央数据统计局.2022 年全国高校大数据 ［DB/OL］. https：//www. bps. go. id/indikator/indikator/view ＿ data ＿ pub/0000/api ＿ pub/cmdTdG5vU0IwKzBFR20rQnpuZEYzdz09/

［10］张强.中国共产党领导干部选拔制度的百年变迁——基于历史制度主义视角的考察 ［J］.广西师范大学学报（哲学社会科学版）.2021（2）.

［11］张晓昭.印尼的高等教育与社会发展 ［J］.世界历史.1992（6）.

［12］郑阳梅.印度尼西亚国家教育概况及其教育特色研究 ［J］.广西青年干部学院学报.2015（6）.

［13］中国共产党新闻网.习近平在主持十八届中央政治局第二次集体学习时的讲话 ［R］. http：//cpc. people. com. cn/xuexi/n/2015/0720/c397563 － 27331294. html. 2012（12）.

中马特殊教育发展对比研究

任寒玉

（西安外国语大学　亚非学院）

【摘要】 随着"一带一路"倡议的不断推进，中国与东盟国家的合作领域进一步拓宽。马来西亚作为东盟成员国之一，在区域的特殊教育领域发展中发挥着重要的作用。马来西亚在马六甲设立了辐射整个东南亚的特殊教育区域中心，该中心致力于推动区域间特殊教育的发展。梳理中国特殊教育的发展历程，可知中国的特殊教育在建国以来取得许多成就，但目前仍存在发展不平衡不充分的问题。对比马来西亚特殊教育的发展，可以借鉴其多样化的教育模式和施教理念。中马特殊教育发展的对比研究有利于进一步探究中马两国今后在特殊教育领域的合作方向。

【关键词】 一带一路，特殊教育，中马合作

【作者简介】 任寒玉，讲师，在读博士。研究方向：区域国别的文化与教育，中马翻译。

一、引　言

随着中国教育体系的发展和完善，特殊群体的教育也得到了社会越来越多的关注。特殊教育的发展情况能够反映国家的教育水平和社会文明程度。中国国务院印发的《国家中长期教育改革和发展规划纲要（2010 - 2020 年)》把特殊教育列为国家教育改革发展的八大任务之一，中央针对

特殊教育的发展提出三个工作要点：要求各级政府关心和支持特殊教育、完善特殊教育体系、健全特殊教育保障机制。2022 年，国务院办公厅转发教育部等部门《"十四五"特殊教育发展提升行动计划》，描绘了 2025 年初步建立高质量特殊教育体系的宏伟蓝图。随着国家对特殊教育关注度的提升，该领域的发展速度明显加快，但不容忽视的是，在特殊教育改革发展过程中仍面临许多问题和困难。马来西亚是东盟国家中在特殊教育领域发展较为领先的国家，探究中马两国在特殊教育发展中的共性和差异，有利于两国在特殊教育领域更加高效地开展双边合作，从而促进区域特殊教育事业的快速发展。

二、中国特殊教育发展情况

赵斌、张瀚文（2021）指出，中国近代的特殊教育可以分为四个阶段，分别是酝酿涵育阶段（1949 年建国前），探索起步阶段（1949 年—1978 年），快速推进阶段（1978 年—2012 年），内涵发展阶段（2012 年至今）。中国的特殊教育学校起始于清末，苏格兰传教士威廉·穆瑞（William Mur-ray）于 1874 年在北京创办了瞽叟通文馆，并创制了"康熙盲字"，这标志着中国特殊教育的开端。这一时期的盲、聋学校旨在宣传宗教，属于慈善救济性质。新中国建立后，政府把盲、聋儿童教育机构纳入了国家的教育体系。1951 年，政务院颁布新中国第一个学制文件《政务院关于改革学制的决定》，党和国家首次在政策条例中提及特殊教育。1953 年，教育部下设盲聋哑教育处，特殊教育成为国民教育体系的一部分。1978 年十一届三中全会召开后，八二宪法首次对特殊教育作出明确规定，中国的特殊教育开始全面恢复。1988 年，中国残疾人联合会正式成立，同年中国残疾人教育事业也有了纲领性文件《中国残疾人事业五年工作纲要（1988—1992 年)》。20 世纪 80 年代，受国际融合教育理念影响，中国开始了本土化的融合教育实践。自 2012 年中国共产党召开十八大以来，中国特殊教育得到快速发展，适龄残疾儿童入学率飞速增长。据教育部最新公布的全国教育事业统计主要结果显示，2021 年全国共有特殊教育学校数量多达 2288 所，特殊教育学校专任教师数为 6.94 万人，2022 年全中国特殊教育学校在校学生数为 91.9 万人①。

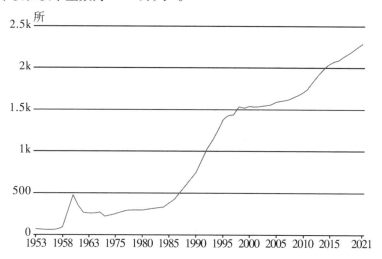

表 1.1　中国特殊教育学校数量变化折线图

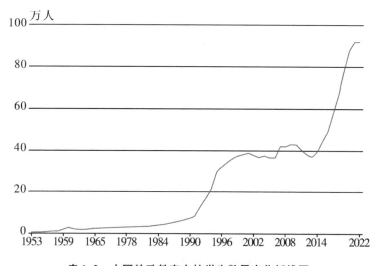

表 1.2　中国特殊教育在校学生数量变化折线图

①数据来源为国家统计局。

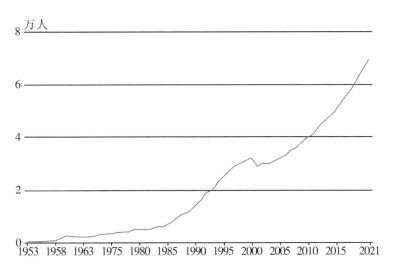

表 1.3　中国特殊教育专任教师数量变化折线图

在师资方面，新中国成立前，特殊教育的师资培养系统性不强、规范性较差。新中国成立早期，特教师资仍采用非正规的短期培训。在20世纪80年代后，中国特教师资培养发生较大改变，公立大学开始设立高等特殊师范教育专业，特教师资培训变得更加规范。在特殊教育改革的推动下，自2020年开始，中小学教师资格考试新增"特殊教育"学科，特教资格认证的考试正式纳入社会执业资格考试体系，这标志着中国的特殊教育资格考核更加开放地面向全社会，考试规模将不断扩大，其考核标准也更加规范。然而，尽管国家在特殊教育中的财政拨款力度加大，给教师发放更多津贴，鼓励更多人投身于特教事业，但目前的特教教师队伍还是呈现出数量较少、规模小的特点。

随着中国国力的不断增强和国际影响力的提升，中国也在积极推动特殊教育的国际交流与合作，由中国主办的特殊教育国际会议（ICSER）已经逐渐常态化①。近年来，中马两国在特殊教育领域也有很多互动。2009年，马来西亚马来大学举办跨地域性国际特殊教育学术会议，中国专家受邀参会。2019年，在第26届北京国际图书博览会期间，参会代表讨论了

①由中国主办的特殊教育国际会议（ICSER）旨在为国内外专家学者分享技术进步和业务经验，聚焦特殊教育等领域的前沿研究，提供国际交流的平台。

中国人教版特殊教育教材在马来西亚出版发行等议题，这是我国特殊教育培智教材首次走出国门。同年，长春大学开展教育部援外项目——"一带一路"国家友好使者计划培训项目，意图在残障学生人才培养、教育模式创新、师资队伍建设、学生就业等领域开展深度的合作与交流，共同促进中马两国特殊教育事业的发展。

三、马来西亚特殊教育发展情况

马来西亚曾长期受到西方国家的殖民，其教育体系也深受西方国家的影响，独立后的马来西亚学习西方先进的教育制度和教育理念，积极推动区域特殊教育的发展，并形成了日趋完善的特殊教育体系。马来西亚的特殊教育始于民间和宗教团体活动，在独立后特殊教育才受到政府更多的重视，逐步走上正轨，并日臻完善。宋秋英（2016）指出，马来西亚特殊教育发展大致可以分为四个阶段，即萌芽阶段（1900 年以前）、初创阶段（1900—1957 年）、发展阶段（1957—1990 年）、完善阶段（1990 年至今）。在萌芽阶段，马来西亚仍处于英属殖民地时期，马来社会有一些小型的宗教学校为穷人和残障人士开设课程教授宗教知识，这些学校大部分在农村开办。其目的在于帮扶困难群体，最低限度地培养他们的基本识字能力，以帮助社会边缘人群融入社会。在初创阶段，民间个体、残障机构以及宗教团体对特殊教育的关注与投入力度加大。1926 年，英国医学传教士在马来西亚马六甲为盲人建立了圣·尼古拉斯之家（St Nicholas Home），这是马来西亚第一所专门接受视障儿童的学校，标志着马来西亚特殊教育的开始，然而这个阶段的特殊教育还是非官方的。在 1957 年马来独立后，联邦政府将特殊教育整合到国民教育体系中，专门开设了公立的特殊学校，并力图推动非二元制的混合特殊教育模式，让特殊儿童与普通儿童一起学习。政府不仅号召全社会都积极参与支持马来西亚的特殊教育事业，同时也加大特殊教育领域的财政拨款力度。这一时期，马来西亚的特殊教育得到政府的支持、社会的关注，发展速度较快，态势良好。

1994 年，联合国教科文组织在西班牙召开的世界特殊教育大会（The World Conference on Special Needs in Education）中发表了《萨拉曼卡宣言》（*Salamanca Statement*），首次正式提出全纳教育（Inclusive Education）的理念，呼吁全世界各国广泛开展全纳教育，并为特殊教育的未来发展与完善指明了方向。马来西亚积极响应号召，1995 年设立特殊教育部门（Special Education Department，后来升级为"特殊教育厅"即"Special Education Division"）。1997 年 11 月，联邦政府内阁委员会报告通过了《教育法》，其中第 169 条法令对马来西亚的特殊教育做出了介绍和规划，法令明确规定马来西亚特殊教育事业的发展由五个联邦政府部门共同负责，分别是卫生部，妇女、家庭及社会发展部，教育部，高等教育部和人力资源部（马来语：Kementerian Kesihatan, Kementerian Pembanguanan Wanita, Keluarga dan Masyarakat, Kementerian Pelajaran Malaysia, Kementerian Pengajian Tinggi, Kementerian Sumber Malaysia）。马来西亚的特殊教育项目被划分为三类，即在视听障碍特殊学校的专门特殊教育（马来语：Sekolah Pendidikan Khas，简称 SPK）、在普通学校开展视听障碍或学习困难的融合教育项目（马来语：Program Pendidikan Khas Integrasi，简称 PPKI），还有在普通学校开展特殊学生与普通学生一起上课的全纳项目（马来语：Program Pendidikan Inklusif，简称 PPI）（Jamila 2005：10）。除了联邦政府开办的特殊教育学校①，不受政府财政拨款的私立学校也纷纷响应号召进行特殊教育改革②。随着马来西亚特殊教育的快速发展，残障儿童和特殊人群在学习期间可以自由选择职业教育或到高等学府进行学术深造，教育形式也可以根据学生的具体情况而定，培养模式多元化。自 20 世纪 90 年代开始，马来西亚特殊教育进入以全纳教育的倡导与推进为基本特点的完善阶段，教育部为残障儿童提供了更优质的服务。原有的特殊教育资源匮乏、多元学科合作缺失、特殊项目评价滞后、配套服务水平较低、流行病

①也可称为"特殊教育国民学校（Sekolah Kebangsaan Pendidikan Khas）"。
②槟榔屿州的华校崇光学校已于 2011 年首次在华校开设"特殊教育班"，这说明马来西亚特殊教育改革已经不再局限于公立学校。

学数据不足等问题成为了特殊教育的工作重心（宋秋英 2016：24）。

马来西亚特殊教育在校学生和教师数量

表 2.1　马来西亚特殊教育在校学生和教师数量

据统计，马来西亚特殊教育事业稳定发展，开设特殊教育课程的学校、在校学生和教师数量逐年增长。截至 2022 年，马来西亚开设特殊教育课程的学校共有 6499 所，在校学生 10.57 万人，特殊教育教师 1.72 万人①。

马来西亚在特殊教育发展中重视师资培养。一些公立高校和私立高校有开设特殊教育专业②的师范类课程（PISMP）。没有特殊教育学历背景的人，需要申请报读教育文凭课程（DPLI）的特殊教育课才有机会成为特教老师。除此之外，还有非全日制的特殊教育进修课程，候选人通过培训，就可获得高级特殊教育专业认证（ADISE），这个项目专门用于培训有意向从事特殊教学工作的求职者。

马来西亚也非常重视开展特殊教育领域的国际交流与合作。2008 年 3 月，在吉隆坡举办的第 43 届东南亚教育部长委员会会议（SEAMEC Conference）上，马来西亚教育部首次提出设立东南亚的特殊教育区域中心的建议，以满足区域内不同类型的残疾儿童、天才和超常儿童的教育需求。

―――――――――

①参考马来西亚教育部网页 https：//www. moe. gov. my/muat-turun/pendidikankhas/buku-data-pendidikan-khas.

②提供特殊教育学相关课程的大学有霹雳州的公立大学、苏丹伊德里斯师范大学、槟城的马来西亚理科大学、吉隆坡的国立大学等。

2009 年，委员会通过了这一提案，并在马来西亚的马六甲设置了特殊教育区域中心（Southeast Asian Ministers of Education Organization，Regional Centre for Special Education Needs，简称 SEAMEO SEN）。该中心为来自东盟成员的教育人士提供特殊教育培训课程。该中心也定期举办国际学术研讨会，致力于解决东南亚特殊教育领域的相关问题，推动东盟特殊教育事业发展。

四、中马特殊教育发展情况对比

中马两国的特殊教育发展都经历了萌芽、探索、快速发展和逐步完善的四个阶段。两国最初的特殊教育都源于宗教和教会慈善福利性质的帮扶，并不属于正规的国民教育。二战结束后，1949 年新中国成立，率先将特殊教育事业正式纳入国民教育体系。马来西亚直到 1957 年独立后，特殊教育事业才逐渐步入正轨，该领域的起步较晚，并且基础较弱。

然而，尽管新中国对于特殊教育领域的萌芽和探索比马来西亚早，但由于受到文化大革命的影响，建国后该领域的发展变得缓慢，直到 1978 年以后才有所恢复。而马来亚联邦自独立后，有了较稳定的政治环境，还受到西方国家在教育方面的帮扶，该领域一直在稳定地发展。

在推动特殊教育发展的过程中，两国都融入全球化的潮流，借鉴西方发达国家的先进特殊教育理念，并不断探索和实践，最终形成了各具特色的特殊教育体系。中国在共产党的领导下，已经构建了由中国特色的"以特殊教育学校为骨干，以普通学校特殊班、随班就读为主体，以远程教育、送教上门为补充（赵斌、张瀚文 2021：9）"等形式多样的特殊学生安置模式，中国特殊教育也走向了优质均衡的内涵式发展。马来西亚特殊教育的特点是以公立学校为主、私立学校作为补充，采用特殊学校专项教育、普通学校混合教育以及全纳教育的方式，将职业教育、高等教育与特殊教育很好地融合，其培养体系层次多样、方式多元。

基于两国在特殊教育领域公布的最新数据，2021 年中国与马来西亚特殊教育同期在校学生比约为 9.36：1，而马来西亚全国所开设的特殊教育课程的学校（包括混合学校）数量却是中国的 2.79 倍。2021 年中国特殊教育的师生比为 1：13.25，2022 年马来西亚特殊教育的师生比为 1：5.98，中国的特教师生比明显低于马来西亚的特教师生比。中国特殊教育目前依然存在学生数量多、教师需求量大的问题，急需扩充师资队伍，提升教学质量。

综上所述，尽管中国的特殊教育取得许多成就，但目前仍存在发展不平衡不充分的问题。改革开放以来，中国的全纳教育正在向"以人为本的大特殊教育"迈进，为充分保障特殊群体的受教育权利，我们呼吁全社会关心和支持特殊教育事业，不断发展和完善特殊教育。中国可以借鉴学习马来西亚在全纳教育推进中的成功举措，也可以从其特殊教育的发展中吸取经验教训。两国应该进一步加强特殊教育领域的交流与合作，通过举办国际学术研讨会、互派师生交流学习等方式，提升两国特殊教育的教学质量和教学水平，通过特殊教育的发展帮助特殊人群更好地融入社会。中国也需要在特殊教育的中外合作中大胆创新与改革，继续探索与其他国家更多新的合作方向，并在区域的特殊教育发展中贡献智慧和力量。

参考文献

［1］Jamila K. A Mohamed. Pendidikan Khas untuk Kanak-kanak Istimewa ［M］. PTS Profesional Publishing Sdn. Bhd. 2005：9 – 18.

［2］朴永馨. 庆党百年回顾中国特殊教育发展 ［J］. 中国特殊教育，2021（07）：6 – 7.

［3］宋秋英. 马来西亚特殊教育的演进历程：回顾与反思 ［J］. 世界教育信息，2016，29（16）：15 – 17 + 24.

［4］赵斌，张瀚文. 建党一百年来中国特殊教育发展成就 ［J］. 中国特殊教育，2021（08）：7 – 12.

［5］大马槟州首所华校"特殊教育班"开课 创华校先河 ［EB/OL］.

中国新闻网 https：//news. sina. com. cn/o/2011 – 01 – 07/095721776286. shtml，2011 –01 –07.

　　［6］马来西亚特殊教育数据 Buku Data Pendidikan Khas ［EB/OL］.马来西亚教育部网 https：//www. moe. gov. my/muat-turun/pendidikankhas/ buku-data-pendidikan-khas.

　　［7］特殊教育在校学生数量、教师数量、学校数量［EB/OL］.艾媒数据中心网页 https：//data. iimedia. cn/page-category. jsp？ nodeid = 13752263.

从泰国数字化转型看东盟网络安全战略

邱晓霞

（西安外国语大学　亚非学院）

【摘要】泰国是东盟国家中高速走向数字化经济的代表国家。数字化转型为泰国在内的东盟国家带来发展机遇的同时也伴随着巨大的挑战，在数字化转型过程中，新兴技术的发展和应用导致网络安全威胁问题层出不穷。数字化转型需要大量的网络安全技术和相关配套人才机制支持，而东盟国家在网络安全方面的发展还跟不上数字化转型的脚步。本文从泰国数字化转型的角度，尝试分析东盟网络安全战略特点和未来发展方向。

【关键词】数字化；东盟；网络安全

【作者简介】邱晓霞，讲师，硕士。研究方向：泰国区域国别研究、泰语语言文学。

一、引　言

泰国是东南亚地区重要的数字经济体之一。根据 We are social 2023 年数字报告，泰国互联网用户数量为 6121 万，占总人口的 85.3%，居世界第 34 位。2016 年，泰国提出"工业 4.0 战略"，这是执政党巴育政府提出的未来 20 年泰国国家经济社会发展战略目标。工业 4.0 战略旨在通过创新和技术手段发展高附加值产业，增强国家竞争力，带领泰国走出中等收入陷阱。政府计划大规模投入基础建设，如高铁、地铁、高速公路等。除了基础建设外，泰国工业4.0战略还将运用新的经济模式，推动十大产业目标作为推动经济成长的新引擎，其中包含了新世代汽车、智能电子、高端旅游与医疗旅游、高效能农业与生物技术、食品创新等现有产业升级，及智慧机械与自动化、航天航空、生物能源与生物化学、数位化、医疗与保健等新兴产业。在大力推进十大产业目标的同时，泰国数字化进程也获得了质的飞跃。

数字化转型往往伴随着网络安全威胁问题的发生。在数字化进程中，泰国社会的网络安全威胁日渐突出，网络安全威胁事件层出不穷，平均每年所发生的网络安全威胁事件在东盟国家中仅次于印度尼西亚。而泰国政府部门计算机系统遭受到的网络安全威胁在东盟国家中最为严重，原因在于泰国缺乏相关的网络安全人才机制。泰国所面临的问题是东盟国家在数字化转型中的缩影。数字化转型是包括东盟国家在内的全球各国所面临的重要发展趋势，而网络安全问题已经成为数字化转型中一个突出的障碍。本文通过了解泰国数字化转型，尝试探讨东盟在网络安全领域所面临的挑战，分析东盟网络安全战略的特点和未来发展方向，包括其策略措施和合作模式等。

二、东盟国家数字化转型的背景和现状

（一）泰国互联网发展状况

东盟成员国互联网发展程度参差不齐。新加坡、文莱拥有领先的网络安全防范机制，其他大多数成员国都还处在网络安全基础建设阶段。根据世界互联网统计中心（IWS）数据显示，截至2022年7月，文莱的互联网普及率高达119.7%，与此同时老挝、缅甸则分别仅为57.5%、51.9%。

相比较于邻国缅甸、老挝，泰国的网络基础较为进步。根据We are social 2023年数字报告，泰国的移动互联网速度为37.85 Mbps，远远高于世界平均水平33.97 Mbps。在家庭互联网速度方面，泰国排名全世界第4，速度为205.63 Mbps，东盟国家中新加坡排名第3。泰国人每天平均花在互

联网的时间长达 8 小时 06 分钟，位居世界第 9 位。泰国人每天在手机上花费的时间平均达到 5 小时 05 分钟，这点菲律宾位居世界第 1。泰国人玩电子游戏的人数排名世界第 4，菲律宾排名第 1，其次是印度尼西亚和越南。泰国人持有加密货币的人数排名全世界第 4，菲律宾排名第 3。66.8% 的泰国人每周都会进行线上购物，这个方面泰国连续两年位居世界第 1，泰国的数据也远高于全球平均水平 57.6%。使用在线教育视频的人数，菲律宾和印度尼西亚都位居世界前 4，而泰国则排到了第 39，反映出泰国互联网用户不是非常专注于教育领域。

值得注意的是，泰国人对于将个人数据用于不当地方的问题的重视度仅为 27.3%，低于全球平均水平的 32.9%。这反映了泰国人对个人信息安全认知度相对较低，这对于网络安全发展是个短板。

（二）泰国网络安全现状

2021 年泰国数字产业总值达 420 亿泰铢，同比增长 7%。泰国政府制定了数字经济战略，预计在未来几年，泰国数字产业将保持持续增长态势，预计数字产业总值在 2024 年将达 624 亿泰铢。

数字化技术的应用、数据的共享和传输、网络建设和运营等需要高水平的网络安全保障。随着数字化发展的加速推进，泰国的网络安全问题日益凸显。数字化发展使得泰国用户的数据信息被广泛传播和利用，这为网络犯罪行为提供了发展空间。网络攻击、信息泄露、电信诈骗等问题给泰国数字化发展带来了诸多安全隐患和风险。

根据泰国电子业务发展委员会网络安全维护中心数据，2022 年泰国人遭受的网络安全三大威胁分别是网络漏洞、恶意代码、信息收集。泰国国家银行调查报告（Bi-monthly PAYMENT INSIGHT）第 2022/14 期调查数据显示，2021 年泰国境内发生的电话诈骗共计 6400 万次，比 2020 年同期增加 270%。调查发现 21% 的泰国人曾经遭遇电信诈骗，32.9% 的泰国人表示身边认识的人曾遭遇电信诈骗，40.2% 的泰国人曾经看到过电信诈骗的新闻。2018 - 2021 年期间电信诈骗造成的损失不断加剧，其中主要以电话诈骗及网络诈骗为主。2018 年，泰国电信诈骗损失共计 6 - 7 亿泰铢，

2019 年为 12 亿泰铢，2020 年为 7 亿泰铢，2021 年则高达 15 亿泰铢，主要以电话诈骗及网络诈骗为主。

面对不断升级的网络安全威胁，泰国于 2019 年 1 月 1 日颁布了网络安全法以应对日渐严重的网络安全威胁。该法案把网络安全威胁分为三个等级，分别是轻微网络安全威胁，该等级后果通常是致使计算机系统运行速度变慢；严重网络安全威胁，特点是攻击计算机系统，使得对政府安全、国际关系、国防、经济及公共安全产生威胁；危机级网络安全威胁，特点是攻击计算机系统，使得对国内信息系统基础架构产生大范围影响，以及进行网络犯罪等。

泰国寄希望于制定更为全面周详的网络安全规划和政策，以确保数字化发展的安全、灵活、可持续性。同时，通过加强公众的网络安全意识普及和教育达到防范网络安全威胁的目的。

泰国数字部长在第 3 次东盟数字高级官员会议上强调了发展数字技术、推进 5G 在各个领域的应用，如健康、公共卫生、智慧城市、农业、教育、工业及在创新技术方面的应用，如人工智能等，还推动成立东盟打击网络诈骗工作小组的提议，建议共同签署文件推进解决地区电信诈骗犯罪问题。提出推动东盟国家电信部门及相关部门间的合作，以提高公众对电信诈骗问题的防范意识及应对能力，建成东盟地区稳定、安全、可持续发展的数字生态系统。此外还强调了区域及世界正在遭受的挑战，即伴随着数字化转型而来的网络安全隐患，如假新闻、网络诈骗等亟待解决的区域重要问题。参会成员国认为以上问题得依赖东盟成员国协同合作进行防范。

（三）东盟国家数字化转型

根据曼谷商务报数据，东盟地区互联网用户使用人数达到 4.6 亿人，占东盟总人口的 69.6%，比 2019 年增加 1 亿人。2023 年东盟地区国家在使用数字服务方面的数据为：城市居民使用数字服务人数占 94%，比 2022 年增加 19%；送餐服务使用占 81%；运输服务占 71%；线上购物占 67%。数据表明城市中的高收入群体以及年轻人群体在数字服务使用的任何领域都居高位。与此同时，乡村以及小城市电子商务使用人数为 74%，送餐为

34%，运输服务为 23%。

2023 年，泰国使用电子商务的人数高达 95%，送餐服务为 78%，线上购物 63%。预计泰国数字经济规模在 2023 年将达到 350 亿美金，比 2022 年增加 47%，预计将在 2025 年达到 530 亿美金规模，在 2023 年达到 1000 - 1650 亿美金规模。2016 年，东盟地区数字经济总值仅为 500 亿美元，当时预计到 2025 年将达到 2000 亿美元，从目前的数字看，数据增速远超预期。

东盟地区 2023 年在线支付服务额高达 8060 亿美元，比 2022 年增长 14%，其中泰国的在线支付总额为 1130 亿美元，比 2022 年增长 11%。

2023 年东盟地区六国包括新加坡、泰国、越南、马来西亚、菲律宾以及印尼在内的数字经济总值为 1940 亿美金，预计在 2025 年将达到 3300 亿美金，在 2030 年将达到 6000—10000 亿美金。

数据表明，东南亚地区包括泰国已全面进入数字社会。

自 2015 年以来，东盟各国积极规划和发展数字经济，目前地区多个国家处在数字基础设施和科技发展加速期。2021 年 1 月，首次东盟数字部长系列会议签署了《2025 年东盟数字总体规划》，提出将东盟地区建设成一个由安全和变革性的数字服务、技术和生态系统驱动的领先的数字社区和经济体。在这一规划精神的引领下，东盟各成员国陆续推出数字化发展战略。马来西亚于 2021 年推出全国电子商务策略路线图 2.0，加强政策实施和监管，改善电子商务生态，通过为中小企业提供培训、建设一站式业务门户网站等推动电子商务增长；马来西亚还推出十年数字经济蓝图"数字马来西亚"，与企业合作投资建设 5G、超大规模数据中心等数字基础设施。柬埔寨于 2022 年 2 月宣布实施《2022 - 2035 年柬埔寨数字政府政策》，旨在建立一个以数字基础设施和技术为基础的智慧政府。2022 年 7 月，越南宣布"10 月 10 日"为国家数字化转型日，充分表明越南政府对国家数字化转型的重视。

2023 年 2 月第 3 届东盟数字部长会议在菲律宾举行，会议主题是携手推进数字化转型，共同迈向可持续发展的数字未来。东盟多国数字部长在会上提出要根据《2025 年东盟数字总体规划》精神推进国家数字发展与合作，强调数字化对国家发展的重要性。

数字化转型给东盟国家带来了积极影响。首先，数字化转型为东盟国家带来了很多发展机遇。数字化转型能够提高经济增长率和生产力，促进创新和创业，带动社会快速发展。同时，数字化转型也加速了东盟国家之间的经济一体化和区域合作，有助于促进东盟区域共同体建设。

三、东盟网络安全战略的策略措施

（一）通过东盟机制推进区域国家网络安全协同合作

东盟通过制定统一的网络安全标准以及安全协调机制，以整体增强东盟网络安全管理能力。2016 年，东盟通过了《东盟个人数据保护框架》，规范了成员国和区域层面的数据信息保护工作。2018 年，东盟发布了《东盟数字数据治理框架》，指导成员国在数字经济中对数字数据治理的政策和管理方法。2019 年 10 月，第四届东盟网络安全部长级会议在新加坡召开，新加坡牵头起草了《东盟网络安全协调机制文件》。此外会议还通过了在新加坡建设"东盟—新加坡网络安全卓越中心"的决定。该中心建成后将在五年内投资 3000 万美元，为参与成员国提供政策和技术支持方案。此外，该中心还将聘请专业网络专家和培训师设计和实施网络安全能力建设项目。同年 11 月，东盟通过了《东盟跨境数据流动机制的关键方法》。

东盟还成立了东盟网络安全行动委员会（ASEAN Network Security Action Council，ANSAC），以促进计算机应急响应小组的合作和经验交流。ANSAC 机制每年举行一次会议，旨在制定推动东盟地区网络安全合作与工作的规划，以及推动东盟与对话伙伴国及其他国家的合作，如提高东盟网络安全水平、推动东盟与对话伙伴国以及东盟与国际机构合作、推动东盟其他领域机构合作等。

东盟领导人达成一致在东盟网络安全协调委员会（ASEAN Cyber-CC）的协调下加强网络安全合作和能力建设，通过鼓励各领域在政策上的协调一致性，促进安全、灵活、兼容和基于规则的网络空间的可持续发展，加强东盟在区域网络安全架构中的中心地位。东盟还将在东盟经济共同体理事会（AEC）的协调下，有望在 2025 年完成东盟数字经济框架协议谈判，以统一、和谐和基于规则的做法加强地区的一体化和数字化转型，推动东盟在数字生态系统中的合作。

第 3 次东盟数字部长会议签署了会议文件《长滩岛数字宣言》。该文件旨在推动《2025 年东盟数字总体规划》《2025 年东盟经济共同体规划》及第 40、41 次东盟峰会会议精神的施行。文件还强调把东盟区域国家相关政策及相应的工作进行协同开展，在东盟地区打造一个全面覆盖的数字化社会；进一步建立数字化互联互通；建立以人民为中心的安全、稳定、可持续发展的数字化转型；推进网络安全、数据隐私合作；减少气候变化影响；加强东盟与对话伙伴国、国际电信联盟及感兴趣的国家在数字方面的合作。

此外，东盟国家还达成了《东盟初创企业数字化发展框架》，该文件是根据自愿及无约束条件原则建立起来的工作框架，重点在教育、互联互通、法律环境、基础建设等方面对初创企业数字化生态系统进行扶持。以及达成政策性建议草案《推动东盟数字初创企业成长工作框架》，该文件对东盟成员国提出政策性建议，旨在减少数字化发展差距，支持数字初创企业生态系统发展等。第 3 次东盟数字部长会议还公布了两份研究成果，分别是《国际信息传输》，该文件对东盟跨境数据传输示范合同条款与欧盟数据跨境传输标准合同条款两者间的相同和异同点进行了比较，以促进东盟和欧盟在数据管控方面的法律法规的一致性；《东盟人工智能研究报告》，该文件对东盟国家及其他伙伴国及相关的国际机构的人工智能在战略、开创、及道德伦理方面进行调查研究，以形成制定东盟人工智能道德伦理的基础信息及思路。

在第 3 次东盟数字高级官员会议上，东盟多国代表就推进网络安全提出了多个具体方案，分别是促进东盟国家预防及打击网络诈骗问题的信息交流与联络；东盟国家相关部门间联合制定防范措施预防网络诈骗；通过举办网络安全信息经验交流活动，让民众建立起防范网络诈骗的意识；提高网络安全从业人员的专业素养等。

（二）与区域外主要国家建立网络安全对话机制

东盟和中国积极在东盟机制框架下开展数字化及网络安全合作。自2017年起，中国分别联合柬埔寨、老挝、缅甸、印度尼西亚和马来西亚，对当地网络安全应急响应组织和网络安全机构从业人员开展网络安全应急响应培训。2018年，东盟外长会议通过中国提出的网络安全应急响应意识提升和信息分享倡议。2019年，中国、新加坡和柬埔寨联合举办东盟地区论坛网络安全应急响应意识提升和信息分享研讨会。2020年12月，首轮中国—东盟网络事务对话顺利举行，会议发表了共同主席声明。从2006年至2019年，中国和东盟共举行了14次中国—东盟电信部长会。自2021年起，该会议更名为中国—东盟数字部长会议。2021年1月，第一次中国—东盟数字部长会议召开。2020年是中国—东盟数字经济合作年，双方共计开展了将近20场交流合作活动，并发布了《中国—东盟数字经济合作白皮书》《中国—东盟数字经济国际合作指标体系与创新合作机制研究》等研究成果。2020年11月，第23次中国—东盟领导人会议通过《中国—东盟关于建立数字经济合作伙伴关系的倡议》，双方正式建立数字经济合作伙伴关系。2022年11月在柬埔寨金边举行的第25次中国—东盟领导人会议上通过了《关于加强中国—东盟共同的可持续发展联合声明》，双方将共同推进第四次工业革命和数字化转型合作。声明强调，要落实中国东盟数字经济合作年成果，进一步加强双方在电子商务、智慧城市、人工智能、中小微企业、数字技术与应用领域人力资本开发、数字转型和网络安全等领域合作。

网络安全是东盟－美国合作的重要领域。2021年10月，东盟和美国开展了第2届东盟－美国网络政策对话。双方在会议中探讨了对促进区域网络安全合作和加强区域合作的方向。2023年2月举行的第3次东盟数字部长系列会议上，东盟国家与美国在发展数字基础建设、5G技术发展及应用、推动数字化转型、网络安全合作、打击网络诈骗、数字化人才培养等方面进行了交流。美国对东盟在网络安全方面的建设表示支持，双方强调就人力资源建设进行合作及共同打击网络诈骗等问题。

东盟—美国网络政策对话，该对话机制隶属于东盟网络安全委员会（ASEAN Cybersecurity Coordination Committee：ASEAN Cyber-CC-CC）。该机制第 1 次会议于 2019 年 10 月 3 日在新加坡国际网络周期间举行，当时东盟尚未建立网络安全机制，因此老挝人民共和国以东盟美国联络国身份出任联合主席。

东盟与日本围绕网络安全展开的交流对话日益密切。双方成立了东盟—日本网络安全工作小组会议（ASEAN-Japan Cybersecurity Working Group Meeting）。该机制成立于 2009 年，旨在促进和加强日本与东盟成员国网络安全合作能力，该机制每年举行 3 次会议，第 3 次会议为东盟－日本政策会议，主要讨论议题为：网络安全政策与战略、信任建立、网络标准、网络外交、网络事件处理应对、意识建立等。

在泰国的发起下，东盟和日本成立了总部位于泰国曼谷的"东盟－日本网络安全人才发展中心"（ASEAN-Japan Cybersecurity Capacity Building Centre：AJCCBC）。该机制旨在提高东盟网络安全及数字化人才综合能力，以及为东盟国家与日本进行信息交流创造机会。自 2018 年以来该机制给东盟 10 国提供网络安全人才培训提供资金支持。2021 年，AJCCBC 举办了以"网络领导力、培训、教育和意识"为主题的旨在提高东盟区域网络安全人员职业素养的培训。除该机制外，双方还成立了东盟－日本年度安全工作会议机制。

东盟与俄罗斯成立了东盟—俄罗斯信息与通信技术安全对话机制（Concept Paper on the Establishment of ASEAN-Russia Dialogue on ICT Security-related Issues）。东盟－俄罗斯高级官员会议第 17 次会议于 2021 年 1 月 26 日举行，该次会议通过了成立东盟－俄罗斯信息与通信技术安全领域工作小组的文件。俄罗斯提出在 2021 上半年举行第一次研讨会。研讨会旨在加强双方在信息与通信技术安全方面的互动与合作。双方在以下五个议题进行了探讨：交换意见、执行方法和最佳实践；确定东盟—俄罗斯在国际平台的态度；寻求未来的具体合作机会；建立有效合作机制，防止和应对信息与通信技术安全威胁；打击恐怖主义犯罪等。

2019 年 8 月在曼谷举行的东盟与欧盟外长会议上，双方就网络安全合作发表了联合声明。声明中强调东盟与欧盟为信息通信技术建立开放、安全、稳定、和平并且符合国际管理和国内规定的发展环境的承诺。双方指出，数字技术对东盟和欧盟各国经济体和人民的作用日益重要，并一致认为双方需要协同解决数字经济和技术快速发展带来的网络安全挑战。

四、结语与思考

东盟网络安全战略主要目标是保护国家的信息安全和网络安全。东盟国家除了完善自身法律法规的制定和执行，提高公民网络安全意识，加强个人数据保护以外，还倡导加强网络安全技术研发和应用，加强网络安全人才培训和普及。强调通过建立机制，推动东盟成员国之间的数字贸易和信息流动。重视东盟各国与对话伙伴国在促进地区网络政策协调和应对事故中的合作领域，在国际合作常态下加强推进地区网络空间安全合作。通过建立机制推进东盟成员国在安全网络空间、数字包容等领域建立强有力的伙伴关系，全面推进数字化背景下区域网络安全合作。

参考文献

[1] 汪炜.新加坡网络安全战略解析 [J].汕头大学学报（人文社会科学版），2017 (3)：103 – 111.

[2] 王勤.东盟国家数字基础设施建设的现状与前景 [J].南亚东南亚研究，2022 (5)：90 – 101.

[3] 孙伟，朱启超.东盟网络安全合作现状与展望论 [J].东南亚研究，2016 (1)：56 – 64.

浅谈印度女权主义

党　甜

（西安外国语大学　亚非学院）

【摘要】有别于西方女权主义，第三世界女权主义发展具备其独特性，其中印度女权主义尤为突出。从印度妇女运动的发端到对"主流"西方女权主义话语体系的质疑与批判并提出"第三世界女权主义"理论，印度女权主义经历了漫长、曲折的探索过程。本文梳理了印度女权主义发展的三个阶段，着重分析了印度女权主义与民族主义的复杂关系，阐释了其在后殖民理论框架下对世界女权主义发展的贡献。

【关键词】女权主义；印度女权主义；第三世界女权主义

【作者简介】党甜，讲师，硕士。研究方向：印度语言文学、国别与区域研究。

一、引　言

性别议题研究及"女权主义""女性主义"问题研究蓬勃发展，西方女权主义思想及其相关女权主义研究在相当长的一段时间内占据该领域话语权的中心。但随着全球化的到来，对女权问题研究的不断深入，以西方为中心的女权主义思想及理论受到了质疑。值得注意的是，第三世界女权主义思想及理论崭露头角，打破了西方中心的话语体系，为世界女权主义思想及理论提供了新的视角与新鲜血液。其中印度女权主义尤为突出。在其发展过程中，印度女权主义学者不断审视、反思印度女权及妇女运动的发展历史，使印度女权主义发展能够适应印度自身的社会文化特性，探索出一条女权主义印度本土化的路径。于此同时，印度裔的女权主义学者在后殖民理论体系下，为整个世界的女权主义提供了新的理论视角，使第三世界妇女这一"他者"群体得以现身并发声。

二、印度女权主义的发展历史

印度女权主义的发展历程大致可分为三个阶段：第一阶段（1850—1915），始于19世纪中叶，发生于印度资产阶级启蒙运动时期，彼时印度新兴的资产阶级知识分子成立各类组织、进行社会改革并呼吁废除残害妇女的宗教制度及社会习俗，保障妇女人权，提倡妇女教育；第二阶段（1915—1947），印度民族运动高涨，甘地将妇女纳入反殖民民族独立的斗争之中，在这一时期一些全国性的妇女组织得以建立；第三阶段（1947—今），印度独立之后妇女运动致力于在政治领域、家庭及工作环境当中为妇女争取更多的权利，同时印度女权主义学者提出了后殖民理论体系下的第三世界女权概念。

（一）印度女权主义的产生阶段（1850—1915）

19世纪中叶，随着英国对印度殖民统治的不断深入，西方文明及思想与印度传统文明产生碰撞，印度新兴资产阶级登上历史舞台。印度的资产阶级启蒙运动应运而生，最早出现在孟加拉地区。这些接受了西方教育与思想的知识分子对当时印度社会的诸多弊端感到担忧，渴望进行社会改革与宗教改革。在这样的社会背景之下，印度妇女所面临的困境得到关注，社会改革家们公开提出废除针对印度妇女的诸多陋习、恶习及宗教制度，如童婚、"萨蒂"（寡妇自焚殉夫）、寡妇不得再嫁等，提倡妇女教育，要求在法律上承认妇女的地位，赋予其财产继承等权利。

1828年，罗姆摩罕·罗易（Rammohan Roy）在加尔各答建立了近代印度教第一个改革社团—梵社（Brahama Samaj），反对印度教中的诸多陋习，提倡进行宗教改革与社会改革。梵社作为近代印度宗教改革的先锋，对印度社会发展起到了很大的推动作用。其主张妇女解放与男女平等，反对童婚、"萨蒂"制度、不许寡妇再嫁等陋习。1872 年，在梵社改革人士的努力之下，保护妇女权益的《婚姻法》被殖民当局正式通过。

印度女权运动的这一开端具有其自身的特性，不同于西方女权运动，印度女权发端于男性，而非女性群体自身（Maitrayee Chaudhuri，2005）。印度妇女所受压迫与剥削已久，父权制的阴影深入骨髓，再加之印度宗教文化的限制，女性很难靠其自身的力量奋起反抗，为自己争取生存权益。因此，在认识印度女权发展历史时，需得考虑到印度独特的社会文化背景。印度女权的萌芽也许只能在资产阶级启蒙运动的历史时机下产生，由男性发起，印度妇女再逐渐参与到为自身争取平等权利的斗争中来。这一时期的女权运动虽能为印度妇女争取生存的空间与权利，减少对其的暴力行径，使妇女获得一定的受教育权利，但也可以想见，并非获益主体发起的斗争注定存在其局限性与问题。这是一场在殖民背景下以高种姓男性为斗争主体的女权运动，规模以地方为主，并未发展为全国性运动，相关权利利益获得的主体也主要局限在了印度高种姓妇女群体中。这场提高妇女社会地位的运动在 19 世纪末期有些受挫，甚至被形容为"销声匿迹"。

（二）印度女权主义发展的第二阶段（1915—1947）

这一时期印度反殖民斗争愈演愈烈，印度正在历经黎明前的黑暗，民族主义情绪高涨，反英民族运动频发。圣雄甘地（1869 - 1948）作为印度独立运动中最重要的领袖发起了不合作运动并提出要坚持以非暴力的方式来斗争，以求得印度自治。此时，甘地将印度妇女也纳入不合作运动的洪流中，对妇女们进行大规模动员，使其成为印度民族主义斗争中重要的组成部分。甘地将妇女看作"非暴力"的化身，歌颂其柔弱但又隐忍的品质，其坚信："如果非暴力是我们的生存原则，那么未来是与妇女同在的。"① 甘地无疑是将"非暴力"的思想理念投射到了印度妇女身上。这

---

①Hem Lata Swarup, Saragini Prisani, Women Politics and Religion, New Delhi, 1991，p. 219.

一投射并不局限于"非暴力"思想,"印度母亲(Bharat Mata)"概念的提出,同样是把国家、民族的幻想加之与印度女性身上。长期受到压迫只能忍耐的印度妇女,作为印度社会中隐匿的"他者"从未被如此深深地"看见"过,也从未被赋予如此崇高的使命并参与到极其重要的国家层面的民族运动当中。因此,妇女群体接受甘地的召唤,同时也抓住了此次宝贵的机会,在19世纪末,在短暂地销声匿迹之后,印度女权运动再一次回归历史舞台,并发展至一个高峰。

参与不合作运动使印度妇女的自我意识得到提升,促进了其觉醒,她们不再满足于上一阶段仅仅对生存权利的斗争,希望在更广泛的领域获得更多的权力与利益。此时的妇女斗争中出现了一些先锋女性领导人,一些重要的妇女组织得以建立,这些组织逐渐由地方性发展到了全国性,组织的建立者也不再是男性,而是女性自身。所救助的对象或参与者也扩大到了印度社会的底层妇女(低种姓),并且也不仅局限于信仰印度教的妇女,穆斯林与锡克教妇女也创办了属于自己的妇女组织。该时期所建立的一些全国性的妇女组织有:印度女性协会(Women's Indian Association)、印度全国女性理事会(National Council of Women in India)以及全印度女性大会(All India Women's Conference)等。此时的妇女运动领军人物瞅准机会,渴望实现她们的政治诉求。在20世纪40年代,印度女权蓬勃发展,经历了第一个高潮。在独立后,一批女权主义者进入决策部门或各类有影响力的机构及组织,为后续的女权运动发展奠定了基础。

(三)印度女权主义发展的第三阶段(1947—今)

在1947年印度独立之后,殖民统治结束,印度社会逐渐开始进入后殖民时期。在上一阶段取得一定进展之后,印度妇女运动变得不那么活跃了,因为彼时国家建设议程优先于妇女问题。独立之后印度社会百废待兴,其于1951年4月开始实行第一个五年计划,重点在于发展农业生产;二五、三五计划着眼加速印度的现代化与工业化以发展国家经济。故此,印度女权运动在第二次短暂沉寂后,于20世纪60、70年代重新抬头,迎来了第二个高潮。

70 年代初联合国要求各国递交关于妇女状况的报告，进入决策部门及各类有影响力的机构及组织的女权主义者们，开展了大规模的印度妇女地位调查，深入各个阶层及族裔，对 1 万多名印度各界妇女尤其是农村妇女进行访谈，发现了大量阻碍妇女发展的社会结构性问题。这些女权主义者在深入调查的基础上撰写了名为 Towards equality（走向平等）的报告，递交给联合国。这是当时在国际上针对妇女状况做出的最深入、全面的调查报告。其经过联合国及各类国际妇女组织的广为传播，对各国妇女运动起到了积极的推动作用。后来许多为大家所熟悉的关于第三世界妇女发展的问题均是在此报告中提出的，这对于发展中国家妇女进步及第三世界女权主义的发展产生积极的影响。

独立后的印度女权主义在短暂沉寂之后，根据社会形态与环境的变迁重新认识在新时期其自身发展的需要，整合力量，调整发展重点，把目光置于参与国家政治、发起针对妇女不平等现状的政治运动、参与大型公众运动之上，提高了全国对印度妇女问题的关注度。她们通过多种途径，包括施压与合作，影响国家政策及法律法规制定来为妇女争取更多的权益。妇女在家庭、教育、务工、政治参与等方面所遇到的问题均得到了关注，与之相应的各项运动、活动得以展开。

此时印度女权主义者开始重新定义允许女性参与劳动的程度问题。在独立之前，大多数女权主义者都接受了在劳动、务工方面性别差异所带来的问题。然而，二十世纪 70 年代的女权主义者挑战了此类已经确立的不平等并努力尝试对其进行扭转，包括女性工资收入不平等、女性被归入"非熟练"工作领域，以及将女性局限于劳动后备军等。换句话说，女权主义者的目标是废除本质上被用作廉价资本的女性免费服务。[1] 同时，随着女权运动的发展，女权主义者不仅认识到男女之间的不平等，而且还认识到种姓、部落、语言、宗教、地区、阶级等权力结构中的不平等。这也对女权主义者提出了更高的要求，她们必须在发展女权运动的同时，力求努力确保某一女性群体的需求不会对另一女性群体造成进一步的不公。21 世纪

---

①Radha Kumar, The History of Doing, Kali for Women, New Delhi, 1998.

初，印度女权运动的焦点已经超越了将女性视为有用的社会成员及争取平等的权利，更加致力于女性对自身人生进程的自决权及自我价值实现的权利，即对"自主性"（Agency）的追求。

在这一阶段的印度女权主义发展中，一批印度本土女权主义学者以及身处西方的印度裔女权主义学者为印度及世界女权主义理论及实践发展做出了重要贡献。后殖民理论研究（Postcolonial Studies）缘起西方 20 世纪 70 年代，在后殖民女权主义学者中印度裔学者尤为突出，其主要代表为佳娅特丽·斯皮瓦克（Cayatri Spivak）及钱德拉·莫汉蒂（Chandra Mohanty）。女权主义、马克思主义、后结构主义/解构主义这三个研究领域始终贯穿于斯皮瓦克的学术思想。斯皮瓦克在当今的北美乃至整个西方文学与文化批评理论界中均是非常有代表性的后殖民女权主义学者。莫汉蒂是第一个向西方殖民话语特别是西方女权主义话语中关于"第三世界妇女"的叙述发起挑战的后殖民女权主义学者。她提出了"'第三世界妇女'并不是铁板一块"的观点，旨在说明第三世界妇女内部的异质性，她们中间存在种姓、阶级、种族等的差异。她认为西方强调第三世界妇女的同质性（Homogenous）是为了进行新形式的文化、经济殖民。斯皮瓦克与莫汉蒂作为后殖民女权主义者不仅促使学术关注点转向女性主体，而且揭示了在殖民过程中社会性别、阶级、种族和性行为这些范畴之间的交叉互动关系。① 这对于印度女权主义发展乃至世界女权主义发展都是非常有突破性与指导性的理论贡献。

三、印度女权主义与印度民族主义

纵观印度女权主义的发展历程，不难发现在印度独特的社会文化背景与其历史语境之下印度妇女所面临的问题与困境、女权主义发展在印度社会中所面临的障碍具有其特殊性，印度女权主义一直在不断探索、调整其发展道路。在这一过程中印度女权主义者，特别是女权主义学者，不断回

①胡玉坤. 后殖民研究中的女权主义思潮［J］. 妇女研究论丛，2001，（03）：50 – 55.

顾历史，进行反思、质疑、重新审视并对印度民族主义的历史书写进行修正。

（一）印度妇女运动的两段"默声期"

印度妇女运动经历了两段"默声期"，分别在19世纪末与印度独立后初期。19世纪末期民族主义占据印度社会的主要议题，而印度独立后国家建设则更为重要，在这两个时间段，印度女权主义都需要为印度的民族独立与国家建设让路。

19世纪末期，印度反殖民的民族主义声浪迭起，淹没了妇女议题，印度妇女运动短暂消失。在民族主义者认识到妇女及妇女运动可以服务于民族主义时，其再次被请上台前。印度妇女所面临的问题并不仅仅是父权制的长期压迫这么简单，其中还存在民族主义与殖民主义的权力争夺，殖民主义与民族主义都在利用妇女议题来实现其政治目的。同时，印度妇女也需要机会走向台前，展现其主体性进而为自身争取更广泛的权利。虽然这一时期的印度女权主义发展也存在并非完全独立、身处民族主义反殖民运动之中而无法触及父权制根基的问题，但也的确实现了重大突破。这是印度女权主义与民族主义的一场妥协。

印度独立后，国家发展与经济发展成为主要议题，印度女权运动在此时出现了第二次短暂"沉寂"。此时，印度女权所面临的问题为：在取得一定成就后有所满足；上一阶段女权运动有所依托被置于民族解放的大背景之下，而如今在民族独立得以实现之后，其需要找到自身新的发力点；另外，大的社会、政治环境把注意力放在独立后的国家发展与经济建设上，无法给予其发展的土壤与支持。"在为摆脱英国统治，争取民族独立的斗争中，每当印度妇女提出家庭暴力问题时，男性领导人都敦促她们把民族主义斗争放在首位。独立后，妇女领导人被要求把民族国家建设放在首位。"①

---

①Geraldine Forbes, Women in Modern India, Cambridge University Press, 1996, p. 254.

（二）女权主义对印度民族主义史学的修正

二十世纪70、80 年代女权主义史学家开始关注印度妇女运动与民族运动之间的复杂关系。女权主义史学家指出，民族主义与妇女的关系本质为利用，民族主义者关心的是国家的建立，而不是妇女的权利。[①]

在印度民族主义占据国家主要议题时，妇女的声音及妇女运动被淹没；在民族主义需要把妇女作为反殖民的印度民族精神内核与阵地来守护时，便歌颂其传统妇女形象，宣扬、赞扬女性隐忍的美德与其母性特质。"民族独立运动的结果是创造了一种新的男性主宰的意识形态：把妇女等同于传统，男人等同于现代，妇女留在家里，男人属于外面的世界。"[②]

殖民主义与民族主义利用妇女议题来为其争取政治权利的一个最显著的例子是1929 年要求限制童婚的《萨尔德法案》的提出，其成为了印度民族独立运动的一个转折点。殖民主义利用印度无法解决妇女问题来体现其没有自治能力，而民族主义又把印度妇女作为民族身份建构的一环，并在适当的时机下利用改善妇女境遇的法案扳倒一局，使殖民主义陷入要么失去印度传统势力支持要么失去国际舆论支持的两难境地。

在民族主义为争取印度的民族独立需要妇女参与到独立运动中为国家献身斗争时，被誉为"印度妇女运动之父"的甘地对其进行感召。女权主义史学家提出：他们之所以支持妇女参加民族独立运动，是因为"妇女的参加可以使印度国大党和甘地的政治主张合法化。"[③]

甘地的妇女观受到了重新审视与批评，玛杜·凯斯娃（Madhu Kishwar）在"甘地论妇女"一文中指出甘地在处理妇女问题时的局限性：一，

---

①张宏. 当代印度女性主义对民族主义史学的挑战与修正［J］. 史学理论研究，2009，（02）：87 – 95 + 160 – 161.

②Tamar Mayer，Gender Ironies of Nationalism Sexing the Nation，London and New York：Routledge，2000，p. 238.

③Samita Sen，"Towards a Feminist Politics？The Indian Women's Movement in Historical Perspective"，in Karin Kapadia，ed.，The Violence of Development：The Politics of Identity，Gender and Social In equalities in India，London&New York：Zed Books，2002，p. 476.

甘地没有像关注妇女道德那样关注妇女实际生活，他没有触及妇女处于无权地位的根本原因，而是试图在不改变妇女与生产、家庭关系的情况下提高妇女地位。由于没有赋予妇女经济上的权利，其结果自然不会真正改善妇女的生活。二，虽然甘地鼓励妇女参加不合作运动，但是，他没有挑战妇女传统角色，而是把妇女理想化为"牺牲的典范"，热情赞扬妇女力量来源于忍受，加强了妇女是无私的伴侣、男人主导事业的贡献者等刻板模式。三，虽然甘地关注妇女权利，但他不鼓励妇女围绕妇女问题组织一支政治力量，为妇女自己的利益而斗争。结果，妇女并未真正在议会中获得政治权力，即使杰出的妇女领导人也处在决策的边缘，而且并不代表妇女。因此，甘地为妇女处于决策边缘要负部分责任。①

这些女权主义史学家对民族主义与妇女运动之间的复杂关系的深入思考与修正提醒我们审视印度女权主义发展需要考虑到印度特有的社会文化结构，除了父权制的压迫还需要将殖民主义、民族主义纳入考量，才能真正理解印度妇女及印度女权主义发展所面临的真实处境，并认识到女权主义发展与妇女运动的发展真正需要依托的斗争主体为妇女自身。由于父权制、殖民主义及民族主义的影响盘根错节，男性很难真正为了女性地位的改善去进行斗争。对于他们来说，民族、国家高于一切，妇女运动与女权主义更像是一种争取民族利益与国家利益的工具。

四、印度女权主义对西方女权主义的挑战

印度女权主义的重大贡献在于其对西方女权主义提出了挑战，为第三世界女权主义甚至是世界女权主义发展提供了重要的理论支持。

西方女权主义理论长期占据话语权的中心，存在其自身殖民视角的局限性。一些印度女学者甚至对"女权主义"这个表述提出了质疑，认为其

①Madhu Kishwar, "Gandhi on Women", in A. Raghuramaraju, ed., Debating Gandhi, Oxford：Oxford University press, 2006, pp. 295, 317, 316. 转引自张宏. 当代印度女性主义对民族主义史学的挑战与修正［J］. 史学理论研究, 2009, （02）：87 - 95 + 160 - 161.

是一个不能轻易苟同的词汇。Kishwar Madhu 曾在其文章《我为什么不称自己是女权主义者》（Manushi，1990）中指出："女权主义，作为一个被西方垄断和定义的词汇，常常沦为文化帝国主义的工具。它的定义、词汇、假设，甚至问题、斗争方式和组织，都是从西方向东方出口的。"由此可以看出，印度女权主义学者对女性议题尤其第三世界的女性议题研究有着自己看法与理解，并对西方语境下的"女权主义"保持警惕。语言符号、概念、术语在被创造初期存在其基础意义范畴，但随着时代、环境、语境的变化，语言符号、概念与术语不断被"赋能"，展现出更多的复杂面向及一些倾向性，这是一种"建构"。以"解构"的视角去理解语言符号、概念与术语，更能让我们深刻、真实地认识现象的本质内容及其变化。印度女权主义学者敏锐地捕捉到了"女权主义"这一概念的生成过程，并对其背后的深刻内涵保持警觉与客观理性。

身处西方的印度裔女权主义学者，以斯皮瓦克与莫汉蒂为代表，在后殖民主义的理论体系之下，开始检视"主流的"西方女权主义理论。她们寻求的是用跨文化的空间和话语来张扬第三世界妇女的理论、实践及主体性。女权主义后殖民研究从本质上说面临两大理论挑战：其一是批评，其二是建构。活跃在后殖民领域的女权主义者不仅致力于向主流后殖民理论和欧美女权主义理论的缺失发起挑战，而且还倾力于营造其自身的审视角度、理论范式及分析方法。① 同时也展现出了全球化背景下女权主义研究的模式与趋势：注重研究对象的复杂性及各类影响因素间的交互性，注重跨学科的研究方法。

五、结　语

印度女权主义的发展是一个漫长、曲折、不断深化的过程。从争取表层权利到女性"自主性（agency）"的探索；从参与以男性为主导的妇女

① 胡玉坤.后殖民研究中的女权主义思潮［J］.妇女研究论丛，2001，（03）：50 - 55.

运动到以自身为主体发起妇女运动及建立妇女组织；从单一对父权制的批判到着重史实分析，看到性别、阶级、种族、族裔等各类权力关系与等级制之间的交互作用并关注文化、经济、社会及政治变迁与各类等级制之间的关系。印度女权主义学者通过自身的努力，扭转了西方为中心的话语体系，重塑"第三世界妇女"概念，提供了一种开放的女权主义视角。

参考文献

［1］Chaudhuri，Maitrayee. Feminism in India（Issues in Contemporary Indian Feminism），New York，2005.

［2］Radha Kumar，The History of Doing，Kali for Women，New Delhi，1998.

［3］Hem Lata Swarup，Saragini Prisani，Women Politics and Religion，New Delhi，1991.

［4］Geraldine Forbes，Women in Modern India.

［5］Geraldine Forbes，Women in Modern India，Cambridge University Press，1996.

［6］Tamar Mayer，Gender Ironies of Nationalism Sexing the Nation，London and New York：Routledge，2000.

［7］Samita Sen，"Towards a Feminist Politics? The Indian Women's Movement in Historical Perspective"，in Karin Kapadia，ed.，The Violence of Development：The Politics of Identity，Gender and Social In equalities in India，London&New York：Zed Books，2002.

［8］Madhu Kishwar，"Gandhi on Women"，in A. Raghuramaraju，ed.，Debating Gandhi，Oxford：Oxford University press，2006.

［9］林承节：《印度史》，北京：人民出版社，2006.

［10］薛克翘、葛维钧、刘建等主编：《中印文化交流百科全书》（祥编），北京：中国大百科全书出版社，2015.

［11］顾青子:《印度女性运动研究》，上海外国语大学硕士论文，2020.

［12］张宏:《当代印度女性主义对民族主义史学的挑战与修正》，《史学理论研究》2009年第二期.

［13］胡玉坤:《后殖民研究中的女权主义思潮》，《妇女研究论丛》2001年第三期.

反思欧洲中心论：被"黄色"的东亚人

穆姝丹

（西安外国语大学　亚非学院）

【摘要】在 18 世纪以前，东方像西方一样被认同为高级文明，西方人认为中国人的肤色应是白色的。随着西方工业革命的迅速推进，中国古老的农业文明与之相比显得相形见绌，西方中心主义由此兴起。到了 19 世纪，西方人眼中落后愚昧的中国人已不配拥有"白色"这一高贵颜色，变成了"黄种人"。此时的"黄色"看似是一个可以量化肤色的文化符号，实则是一个渗透西方霸权主义和种族主义的权利符号。本文旨在通过分析欧洲中心论下的"黄种人"概念的形成过程以及东亚人自身的肤色认同，探讨二元对立结构下的东亚"黄种人"概念塑造与西方文化霸权、种族主义之间的关系，引起对破除欧洲中心主义的反思。

【关键词】"黄种人"；东亚；霸权主义；种族主义；欧洲中心论

【作者简介】穆姝丹，讲师，硕士。研究方向：阿拉伯语语言文学、国别区域学。

【基金项目】西安外国语大学 2021 年度高等教育教学改革研究项目《新文科背景下非通用语种跨学科融合人才培养研究》（XWK21ZG03）的研究成果之一。

一、引　言

　　"黄种人"即指皮肤为黄色的人种。梳理史料，西方关于东亚的历史记叙，始于13世纪《马可·波罗行纪》和一些传教士的文献，但几乎在所有关于东亚的早州文献中，一旦提及东亚人的肤色，全都会描述为白色，而当时被西方人士归为黄色人种的恰恰是印度人。18世纪以前，西方旅行家们多以"白皙"来描绘中国人的肤色，甚至18世纪中期以前所有分析了中国的"黄色"概念的西方文献，甚至是那些仅仅提到了这个概念的，没有一例直接将它跟肤色联系到一起，东亚人从来都没有被描述为黄种人。直到19世纪晚期，在西方的人种学理论与其他的西方科学开始被引入中国和日本之前，也没有任何一个远东的居民认为他自己是黄皮肤的。那么，"黄种人"这一概念是从何而来的呢？我们究竟是如何变成"黄色"的？它最初又是从哪里起源的呢？

二、东亚"黄种人"概念的形成过程

　　将亚洲人定义为"黄色"的历史可以追溯到18世纪中期，此时种族思想的转变在黄种人概念的演化过程中所起到的非常重要的作用。1684年，法国医生、旅行家佛朗索瓦·伯厄（FPanois Bernier）在他的短文集中提出"有必要对生存在地球不同地区的物种或种族进行新的分类，这些种族之一就是黄种人"。接着，人种分类学史上第一个重要的学者——瑞典植物学家卡尔·林奈（Carl Linnaeus，1707—1778）① 在1735年的巨著《自然系统》（Systema naturae）中，用并不明确的拉丁词 fuscus（通常可以理解为深色或棕色）描述亚洲人的肤色，在1740年的德文译本中，这个词被译为德语的 gelblich（微黄），这是亚洲人种的肤色从各种可选择的

---

　　①卡尔·林奈（1707—1778），瑞典人，植物学家、动物学家、医生。他奠定了现代生物学命名二分法的基础，被誉为现代生物学之父。

颜色最终走向"黄色"的重要一步。而更重要的一步是由林奈本人迈出的，他在 1758—1759 年出版该书第 10 版时，把亚洲人的颜色由 fuscus 改为 luridus，而这个词可以译为黄、淡黄、蜡黄、苍白、死一般的颜色，等等。奇迈可①强调，林奈并非简单地要在白与黑两极之间寻找一个合适的过渡色，他其实是在找一个暗示病态和不健康的词来指称亚洲人。与此同时，这一种族概念所指涉的地区，开始从亚洲这个总体上来说并不稳定的、虚构的西方地理学分类，转向了我们今天所称的东亚。最后，一位号称体质人类学之父的德国科学家布鲁门巴哈（Johann Friedrich Blumenbach1752—1840）②采用体质特征特别是头骨形态的分析的方法把人类分为 5 个种群：分别命名为高加索种人种、埃塞俄比亚人种、美洲人种、马来人种和蒙古人种。正是由于蒙古人种这一名称为学界所广泛接受，与该人种相联系的黄色也就稳定下来，从此东亚人种就具有了蒙古体质与黄色皮肤的双重标签。他明确的把东亚人定义为黄种人，这一术语一直被我们沿用至今。③ 在 19 世纪晚期，东亚人是黄种人这一观点已完全被现代科学所验证。

三、"黄种人"背后的种族主义

色彩不单单是对无力现象的客观描述，还带着各种文化传统所赋予的价值与情感。很明显，欧洲的人种分类学家们将黄色界定亚洲人的举动并不单纯。我们将会发现，东亚人是在 18 世纪晚期开始被划归为"黄种人"之后才变成了黄色的，在此时，他们也被称作"蒙古人种"。19 世纪，黄种人变成了一个种族的名称。那么，对于自然科学的发展起到相当重要作用的卡尔·林奈，选择了"黄色"（Juridus）这一词汇来描述亚洲人

---

①奇迈可（Michael Keevak），耶鲁大学博士，台湾大学教授。毕业于耶鲁大学文艺复兴系，专长文艺复兴与巴洛可时代比较文学，目前任教于台湾大学外文系。

②布鲁门巴哈（1752－1840），德国人，医学家、生理学家、人类学家。

③[美] 奇迈可. 成为黄种人：亚洲种族思维简史 [M]，方笑天，译. 杭州：浙江人民出版社，2016：7.

（Homo asiaticus），究竟意味着什么？与金黄色相比，这是一种更为仓白的黄色。在植物学和药物学这两个他真正的研究领域中，Juridus 意味着疾病，这是与 18 世纪对中国人的新看法相关联的，即不再将中国人看作白皙的、文明的、道德的、有可能转化成基督教徒的人，而是认为他们是苍白的、黄色的、专横的、迟钝的，永远陷入艺教的迷信之中的人。① 毫无疑问，在最开始的时候，黄色就具有了这样一种消极的意义。至此可以看出，东亚人是黄种人的概念来源不是旅行或传教记录，恰恰是绝对的西方科学话语。

在西方传统之中，白色意味着纯洁、高贵和智慧等一切美好，而黄色象征着邪恶、野蛮和低贱。当以中国为代表的东亚被认为与西方一样是文明社会的时候，西方旅行者看东方人的肤色是白的，一点也不黄，历史上的亚洲人是白种人，是他们财富、力量以及较高的文明等级带来的附加印象。但随着西欧工业革命的发展，古老的东方社会越来越显得落后、停滞与衰退，东方人的肤色也就慢慢失去了被描述为白色的资格。在 1834 年出版的新教传教士郭士立（Karl Gutzlaff）② 的《简明中国史》（Skeuch or Chinese Hristory）一书中提到："这真令人惊奇，在像中国这样一个大国中，并不能找到很多不同种类的人。这并不仅仅因为他们眼睛的颜色、发型都非常相似，更因为来自众多省份的居民在外表上上的差别非常之小，这种相同的性格并不仅仅表现在身体上，同样延伸到了他们的思想中。"③ 东亚民众，虽然他们曾在信仰基督耶稣的西方获得了巨大的好感，但现在却常常被认为是止步不前的。就像赫尔德所塑造的众所周知的中国形象："使用象形文字的、被丝绸包裹着的不朽的木乃伊。"④

与肤色概念相似的，还有人种的概念。在 18 世纪 80 年代，像约翰·哥

---

① Linnaeus, Systema naturae, 10th ed., 1: 21.

② 郭士立（1803 - 1851），又译郭实腊，曾任澳门英国东印度公司翻译，曾多次登陆中国口岸，鸦片战争期间，还随英军到达定海、宁波、上海等地，1851 年故于香港。

③ Grosier, A General Description of China, London: Paternoster-Row, 1788, 2: 372.

④ Jones, The Image of China in Western Social and Political Thought, Basingstoke and New York: Palgrave, 2001: 67 - 98.

特弗雷德·赫尔德①一样的世界历史学家开始建立理论，认为所有在"亚洲屋脊"的人都具有"蒙古"的野蛮性格，他们"丑恶的"和"掠夺的"天性的存在并不简单地是因为气候或文化，而同样与遗传有关。"黄种人"或"蒙古种人"这一术语正逐渐与一系列世界范围内的关于入侵的文化记忆联系在一起：阿提拉、成吉思汗、帖木儿，他们都被贴上了"蒙古人"的标签。用这些概念去强化亚洲是危险的，有威胁性的。所有关于肤色和人种的概念都变得不可避免地与经科学证实的标准和关于人类文明高低的偏见联系起来，都带有强烈的种族歧视烙印。

四、东亚人对"黄色"的肤色认同

奇迈可考察了黄色蒙古人种观念在中国和日本被接受的过程，发现中国人接受此一观念更加主动，因为黄色在中国具有重要的意义：它是代表着中央、皇帝、土地的颜色，中国的母亲河被称为黄河，传说中的华夏族的先祖叫作黄帝。"炎黄子孙"这一词汇至今仍具有一种族群的自我认同意味。早期的西方人对这些概念中的大部分都有所了解，对于那些学习中国信仰和文化以便宣教的传教士来说，就更是如此了。他们留下的文献中常常提到黄河和黄帝，不难想象，这些文化符号可能被引申成为整个东亚的代表，黄种人的概念是否源于对这些概念的误解或误译呢？

这里需要说明的是中国的黄色指的是皇帝、土地与中央，是孕育了中华文明的黄河的颜色，而非皮肤的颜色。对于将黄色看成是古老和文明象征的中国而言，西方人的黄种人概念只是一种巧合，与其说这是一种种族歧视，倒不如说是被转化成了一种骄傲的自我认同，黄色的皮肤也并非一种简单的文化符号，而是真正属于中国人的非西方，非白色的肤色。而"蒙古人种"则与非汉族的"蛮族"联系在一起，他们在历史上是同西方一样扰乱中国的祸害，并一直受到排挤。无论在中国还是在日本，西方的

①约翰·哥特弗雷德·赫尔德（Johann Gottfried Herder，1744.8.25—1803.12.18），德国哲学家、路德派神学家，诗人。

人种范式都广泛流行，但许多日本人则认为自己是更接近强有力的白人的种族，而非低级的黄种人，这些术语成为描述其他亚洲人，特别是中国人的符号。

然而令人遗憾的是，这种带有西方种族歧视的"黄种人"概念在包括知识分子和学者在内的中国社会还远远不是常识。我们经常听到的是《龙的传人》那种"黑眼睛黑头发黄皮肤"的种族认同。正如歌里反复唱着"遥远的东方有一条江""遥远的东方有一条河"，明明身在东亚的写歌人和唱歌人，却用"遥远"这个词来描述自己脚下的土地，说明他们不仅接受了西方的种族观念，也主动以西方为中心点来测量和描述东亚。20世纪20年代，在我们看到的众多事件尚未发生时，东亚人的这种人属性和危险性已经被西方完全接受了，而这一种族化的颜色术语也被中国和日本的文人采纳，虽然这种采纳是以不同的方式进行的，并产生了不同的结果，但也进一步强化了这个概念。

五、结　语

西方人选择黄色是根据与"真正的"东方人没什么关系的大量历史、科学、文化上的意外事件。这不仅仅是对黄种人的借用，同时也是对西方种族主义本身，特别是其中将每一个地理上的族群用特定颜色加以框定的奇怪成见的借用，带有强烈的种族歧视烙印。然而这种"西方的黄种人思想"在东亚常常被认为是恰当的，并逐渐被许多中国人作为完全积极的自我认同而接受。事实上，人类基因多样性主要存在于个体之间，比较而言，地域与族群间的差异反倒无关紧要，而且在种族与种族之间、族群与族群之间，根本不可能描画出有科学依据的分界线。宗教信仰、语言、服装、习俗等可资区分的因素，看起来都比明或暗的肤色更重要、更有意义，而后者，常常只被认为是气候、性别及社会等级等因素共同作用的结果。世上本无黄种人，我们应当清楚"黄种人"是相对西方"白种人"而被"发明"出来的。这种发明是打着强烈的欧洲中心主义、殖民主义和种族主义烙印的，只有深久了解种族思维的历史发展过程，我们才能知道种族观念、人种分类知识是多么荒谬和危险。我们应逐渐把一个又一个的错误观念从脑子里剔除出去，我们必须知道人种分类是伪科学，也必须明白人类体质特征的差异其实是几万年来生存于地球不同环境所发生的适应性的变化。

参考文献

［1］［美］奇迈可.成为黄种人：亚洲种族思维简史［M］.方笑天，译.杭州：浙江人民出版社，2016.

［2］宋念申.发现东亚［M］.北京：新星出版社，2018.

［3］［美］爱德华·W·萨义德.东方学［M］.王宇根，译.北京：生活·读书·新知三联书店，2019.

［4］宋石男.我们是如何"变成"黄种人的［J］.中国经济报告，2016（10）：121－122.

［5］马克垚.困境与反思："欧洲中心论"的破除与世界史的创立［J］.历史研究，2006（3）：11－12.

阿拉伯古代科学史探析

——以《科学之匙》为例

陕 彬

（西安外国语大学　亚非学院）

【摘要】百年翻译运动以后，阿拉伯人在各个学科领域建树颇丰，各种学科知识百花齐放，随即出现的学科术语种类繁多，在此背景下出现了一批以法拉比为代表的学者，开始编纂科学分类和术语解释的书籍，花拉子米的《科学之匙》是阿拉伯人最早百科全书史的关于史编纂学、科学术语相关的著作。本文尝试列举各学科领域阿拉伯名人名著，并以《科学之匙》为例，分析《科学之匙》成书以及东方学家对该书的研究过程。

【关键词】阿拉伯科技史；科学之匙；花拉子米

【作者简介】陕彬，助教，硕士。研究方向：阿拉伯古代史

一、引　言

随着阿拉伯帝国的扩张，原本为游牧民族的阿拉伯人开始接触到了其它相邻民族，阿拉伯文明也与这些民族的文明交汇相融，阿拉伯语成为这些被统治地区的主要语言，从而促进了文明交往，也促使了长达百年的翻译运动。哈利德·本·叶齐德·本·穆阿威叶（khālid bin yazīd bin mu'āwiyah 公元 704 年卒）自幼敏而好学，在他无望竞争哈里发之位后，开始潜心求学，在埃及组织精通阿拉伯语的希腊学者，并命令他

们将科卜特语和希腊语的炼金术书籍翻译成阿拉伯语，他是第一位将古希腊书籍翻译成阿拉伯语的人（伊本·奈迪姆：497）。但是伍麦叶王朝的翻译运动规模较小，领域有限，直到阿巴斯王朝时期，翻译运动才有了大规模的发展。

在阿巴斯王朝，随着帝国在政治、经济领域的扩张，其对文化的需求也急剧增加。哈里对译者给予丰厚的物质和精神报酬等政策支持，加剧了阿拉伯学者了解外来文化的动力。麦蒙创建"智慧宫"，并收编众多翻译家着手翻译古希腊哲学文献，公元 830 年战胜罗马后，甚至要求罗马皇帝用书籍缴纳战败罚金。阿巴斯王朝的翻译运动无疑是阿拉伯文明在世界历史舞台上取得如此璀璨成绩的因素之一。

二、古代阿拉伯科学家及其著作举隅

伊本·赫勒敦将知识分为历史、文学、哲学、数学、天文学、医学、逻辑学、化学等学科。花拉子米也将学科分为两类：原有学科，如语言、历史、宗教等在伊斯兰之前阿拉伯人就拥有的学科；外来学科，如逻辑学、物理学、化学、数学等阿拉伯人从其它民族获取的学科知识。

中世纪阿拉伯科学运动爆发以后，发展最为突出的领域要数医学了。尤哈纳·本·马斯威（yuhanā bin māswīh 公元 857 年卒）是古叙利亚知名医生，在医学领域著作甚多，主要有《明证书》（kitāb al-burhān）、《放血与火罐》（kitāb fī al-fasd wa al-hijāmah）、《医药书》（kitāb fī al-'adwiyah）、《胃》（kitāb fī al-ma'dah）、《头疼治疗》（'ilāj al-sudā'）等著作（伊本·奈迪姆：411）。

侯乃因·本·伊斯哈格（hunayn bin"ishāq 公元 873 年卒）师从尤哈纳·本·马斯威，是一位医生、历史学家，也是当时最伟大的翻译家，他精通阿拉伯语、古叙利亚语、波斯语和希腊语，哈里发麦蒙将其任命为智慧宫的馆长，总监智慧宫翻译工作。在此期间翻译了盖伦和希波克拉底的医学著作，并著有《医学学生问题书》（kitāb al-masā'il fī al-tibb lil muta'allimīn）、《眼科十篇》（kitāb al-'ashar maqālāt fī al-'ayn）、《胃痛问题与治疗》（'awjā' al-ma'idah wa'ilājihā）等论文和书籍。（伊本·艾比·伍赛比耳：271 – 273）

阿里·本·赛海勒·本·拉班泰伯利（'alī bin sahl bin rabbn al-tabarī 公元 870 年卒）拉齐曾求教于他，他有多部作品，其最有名的著作为《智者花园》（firdaws al-hukmā'），是一部涉及医学、哲学、动物学、心理学、天文学学、矿物学的作品（伊本·艾比·伍赛比耳：414）。

穆罕默德·本·宰克力亚·拉齐（muhammad bin zakriyyā al-rāzī 公元 923 年卒）是医学史上最璀璨的一盏明灯，他在医学领域最重要的一本著作《医学集成》（Kitāb al-hāwī），记录了各种病症和药材，以及著名医生和其作品。在被犹太医生法拉古特翻译为拉丁语后，成为中世纪时期欧洲各大学教授医学的教科书。《曼苏尔医书》（kitāb al-mansūrī）是其为萨曼王朝呼罗珊地区王子曼苏尔本伊斯哈格而著的书。共有十卷，其中解释了人体各器官形状和构造，各类药材的作用、接骨、手术、消脓、解毒等医术。除此之外，他还有著作《天花与麻疹》（Al-risālah fī al-jadrī wa al-hasbah）、《穷人医学》（Kitāb'ilā man lā yahdurah al-tabīb）、《速疗书》（Kitāb bur'sā'ah）等医学著作（伊本·艾比·伍赛比耳：421 – 423）。

伊本·西那（ibin al-sīnā 公元 1036 卒）是中世纪最伟大的医学家，欧洲人称他阿维森纳，其著作《医典》（Al-qānūn fī al-tibb）是医学领域稀世瑰宝。

伊本·艾比·伍赛比耳（ibn abī 'usayba' 公元 1269 年卒）所著的《医师列传》（'uyūn al-'anbā'fī Tabaqāt al-'atibbā'）记载了希腊时期开始的 400 多位医师传记和其医学成就。

伊本奈菲斯（ibn al-nafīs 公元 1288 年卒）的《医学撮要》（al-mūjaz fī al-tibb）是对《医典》的摘要和总结。

哈里发曼苏尔时期，《信德罕塔》的翻译，刺激阿拉伯人开始重视数学。艾卜·卡米勒·沙贾尔·哈斯卜（abu kāmil shajā' al-hāsib 公元 930 年卒）是九世纪埃及学者，有书《加减书》（kitāb al-jam' wa al-tafrīq）、《代数》（titāb al-jabr wa al-muqābalah）（伊本·奈迪姆：392）。

伊本·海塞姆（ibn al-haytham 公元 1039 年卒），是一位在数学和光学领域的全能型学者，有作品《印度数学中的缺陷》（al-'ilal fī al-hisāb al-hidiyy）、《算术原理大全》（al-jāmi' fī 'usūl al-hisāb），其著作《光学宝鉴》（Kitāb al-manāzir）为欧洲光学研究奠定了基础，他也被称为"光学之父"（欧麦尔·凡鲁赫：236）。

穆罕默德·亚伯拉罕·法扎里（Muhammad'ibrāhīm al-fazārī 公元 777 年卒）翻译了印度天文典籍《信德罕塔》，他是第一位使用星盘的阿拉伯人（伊本·奈迪姆：381）。

花拉子密原名穆罕默德本穆萨花拉子米（Muhammad bin mūsā al-khawārizmī 约公元 847 年卒）其主要作品有：《天文历书一》《天文历书二》《星盘使用书》《星盘制作书》《信德罕塔撮要》《代数》《地图》《地名词典》《史书》等（伊本·奈迪姆，383）。花拉子密是一位"百科全书式"的学者，但其最大的成就要数其在数学领域的创新，尤其是代数。他编制花拉子密历表，为伊斯兰世界的第一部天文历表，他也是第一位提出代数概念的学者，有著作《代数学》（Al-jabr wa al-muqābalah）。

艾卜·麦阿沙尔·法莱基（abu ma'shar al-falakī 公元 886 年卒）《星象学入门》（Al-madkhal 'ilā 'ilm' ahkām al-nujūm）（伊本·奈迪姆：387）。

拜鲁尼（al-bayrūnī 公元 1048 年卒）在天文学、地理学等领域均有建树，主要作品有《麦斯欧德的天文学与占星学原理》（Al-qānūn al-mas'ūdī fī al-hay'ah wa al-nujūm）。最著名的书《历史遗迹》（Al-'āthār al-bāqiyah'an al-qurūn al-khāliyah）（雅古提·哈迈维：2331）。

贾比尔·本·哈阳（jābir bin hayyād 公元 815 年卒）是一位在炼金术和化学领域著作颇丰的学者，其著作《化学之书》（伊本·奈迪姆，500–503）被翻译成多种语言传入欧洲，对欧洲化学的影响深远。阿拉伯人学者花拉子米认为"化学"一词"kimāwiy"来自阿语单词 yakmi，"隐藏"之意（花拉子米：120）。

历史书写逐渐多样化和丰富起来，史学书的体裁从最开始的战绩记载和名人传记开始，出现了编年体、纪传体、人物志、地方志、家谱和阶层传记等形式的体裁。主要史学家和史书有泰伯利（al-tabrī，公元 923 年卒）所编写的编年体巨著《历代民族与帝王史》（tārīkh al-'umam wa al-mulūk），麦斯欧德（al-mas'ūd 公元 957 年卒）以记事体裁编写了《黄金草原和珠玑宝藏》（murūj al-thahab wa ma'ādin al-jawhar），被称为阿拉伯德希德罗德。伊本·赫里康（ibn kahlkān 公元 1282 年卒），所编写的《名人传》（wafyāt al-'a'yān wa'anbā''abnā'al-zamān）是一部庞大的纪传体史书。伊本·阿西尔（ibn al-'athīr 公元 1233 年卒）编写的编年体著作《历史大全》al-kāmil fi al-tārīkh 记载了十字军东征的历史。宰海比（al-thahabī 公元 1374 年卒）所著《名人传记》（siyar'a'lām al-nublā'）是一部 25 卷本的人物传记史。

随着帝国扩张，地理志和游记类史书也纷纷问世，最著名的有雅古比（al-yā'qūbī 公元 897 年卒）的《列国志》（kitāb al-buldān），麦格迪斯（al-maqdisī 公元 1000 年卒）的《地区分类》（ahsan al-taqāsīm fī ma'rifah al-'aqālīm），伊本胡热达兹（ibn khardādhabah 公元 924 年卒）的《道路邦国志》，伊德利斯（al-'idrīsī 公元 1160 年卒）的《云游者的娱乐》（nizhah al-mushitāq fī'khtirāq al-'āfāq），雅古提（al-tāqūt 公元 1229 年卒）的《列国辞典》（mu'jam al-buldān）。

阿巴斯王朝时期，迪奥斯科里德斯的《药物志》被翻译为阿拉伯语以后，阿拉伯人才开始了对植物的研究。伊本·巴西勒（ibn bāsīl）翻译了这本书。伊本·白塔尔（ibn al-baytār 公元 1248 年卒），其代表作《药物学集成》al-jāmi'fī al-'adwiyah al-mufradah 是收编了上千中药材的草药学著作。贾希兹（al-jāhiz 公元 868 年卒），其作品《动物志》al-haywān 是第一部关于动物的阿拉伯著作，是一部文学、历史、科学百科全书。

三、花拉子米与《科学之匙》

《科学之匙》作者穆罕默德·本·艾赫默德·本·优素福·花拉子米（Muhammad bin'ahmad bin yūsuf al-khawārizmī 公元 997 年卒）并非比他早逝世一个半世纪的数学家、天文学家穆罕默德·本·穆萨·花拉子米（Muhammad bin mūsā al-khawārizmī 约 846 年卒）。他是萨曼王朝呼罗珊地区的一位学者，《科学之匙》是他送给萨曼帝国布哈里地区的大臣艾卜·哈桑·欧拜德·本·艾哈迈德·欧特比的一部著作，是阿拉伯人关于科学史和编纂学最珍贵的一本文献。

花拉子米将《科学之匙》全书分为两部分，第一部分撰写了与阿拉伯人有关的科目知识，共 6 个章节，52 篇，分别是伊斯兰法学、教义学、语法学、文书、诗歌韵律、历史。第二部分是关于希腊等非阿拉伯人相关的科目知识，共 9 个章节，41 篇，分别是哲学、逻辑学、医学、数学、几何学、星象学、音乐、力学、化学。花刺子注意到自己所处的时代，因为各种科学知识的发展，知识分子迫切需要对各个学科专业知识的解释，以及与语言学的紧密联系。他说："我著此书，是想其成为各学科、术业之钥匙，收录语言学书籍未收录的各学科专业术语（花拉子米：11）。"

花拉子米提到写这本书的使命和风格时说："我确已在该书中收录了很多的学科知识，我尽力简明缩略、避免繁琐复杂。我将其起名《科学之匙》。因为它是众学科的入门和钥匙。谁熟读此书，将会从中获得智慧和知识，哪怕并未求教于人（花拉子米：12）。"

花拉子米根据词典的形式，在《科学之匙》一书中收录了当时盛行的学科知识，他在研究各学科的过程中受到了法拉比的影响，但是在学科划分中他并未遵从法拉比《知识分类》一书的分类方式，法拉比在他的书的前言中总结了《知识分类》的作用，他认为读者可以通过此书测试自己所学的知识水平，并为求学者在学科之间做出选择也有帮助，为无知者解密知识，最终为大众读者打开了解此知识的窗户。而花拉子米在该书中旨在收集他认为在各学科使用的简易术语，并未像法拉比所做一样，对每一门知识进行解释分析。也就是说《科学之匙》从其作用的角度来讲，仅仅局限于为每一个求知者找到学科术语的向导作用。他并未增加各章节的篇幅和专业性，或是像法拉比一样把该书当作练习、测试、比较、扫盲的工具书。而是主张为读者简化各学科的专用术语（花拉子米：12）。

四、东方学家对《科学之匙》的研究

《科学之匙》于 1895 年由东方学家凡·弗洛登首次在伦敦用阿拉伯语出版，标志着东方学家对阿拉伯人在伊历 4 世纪文化兴盛时期，关于学科分类知识研究的开始。书中的内容使研究科学史的东方学家大吃一惊，花拉子米在书中提到的内容，涉及了所有阿拉伯科学知识的内容，该书成为了相关知识的重要参考文献。麦格里齐也在他的《埃及志》（新居留地和古迹中的教训和殷鉴）一书中有过对此书的介绍。东方学家卡尔·布罗克曼（Brockelmann）于 1890 年在魏玛首次出版的《阿拉伯文学》一书中提出了该书和作者花拉子米的价值。随着东方学家对该书的学习和研究，公元 1923 年，首次在埃及由穆尼林也印刷局出版了该书。出版方指出该版为《科学之匙》的首次出版，但通过比较，可以断定穆尼林业印刷厂出版的《科学之匙》就是凡·弗洛登版本的更新版。

《科学之匙》虽然篇幅短小，但是凭借它关于阿拉伯语和非阿拉伯语不同学科术语丰富的知识，于十九世纪下半叶，吸引了一位德国东方学家的目光，他就是艾尔哈德·维德曼（Eilhard Wiedemann1852 - 1928），他重视阿拉伯学科发展史，甚至收集了很多数学、化学、自然学方面的阿拉伯语书籍和手稿，并且发表了诸多缜密的科学研究，其部分研究直到现在还刊登在一些杂志上。维德曼是一位科研巨匠，在他生命的 76 年中，维德曼完成了大量关于自然学科史的研究，尤其是阿拉伯学科研究，并在埃尔朗根大学教授自然科学。维德曼获得了近代东方学家界鲜有的肯定和赞许。在他的影响之下，奠定了德国东方学家关于阿拉伯自然学科史研究的基础其研究方法影响了与他同时代的其他学者，如赫施伯格（Hirschberg）、西尔伯格（Silberberg）、达梅斯特泰（Darmstaede）、李普曼（Lippmann）、克劳斯（Krause）、洛科奇（Lokotsch）等诸多关注医学、化学、数学、科学史、天文学的学者，甚至涉及了这些领域的细小专业，比如阿拉伯人的眼科知识、解剖学、疾病学等。通过这些卓越的科学活动，建立了阿拉伯科学研究学校，并影响后辈的一些学者，如津纳（Zinner）、施密特

（Schmidt）、克劳斯（Kraus）、迈尔霍夫（Meyerhof）、以及维德曼的朋友，也是其学生鲁斯卡（Ruska），在其以后的研究中深刻、鲜明地体现了维德曼对于阿拉伯科学史研究的方法，他是维德曼学识真正的继承人。

维德曼在研究了《科学之匙》的几何学和数学两个篇章之后，在埃朗根出版了 Uber die Geometrie und Arthmetik nach den Mafatih al – Ulum 为题的长篇论文。此后于 1910 年，维德曼以《科学之匙》为基础完成了大量关于阿拉伯人计量单位、税务局、邮局、计量局等方面的论文。次年维德曼在翻译了《科学之匙》有关化学的章节以后，于 1911 年在埃朗根发表 Zu Chemie bei den Arabern（Uebersetzung des Abschittes uber Chemie aus den Mafatih）为题的论文。维德曼在东方学家界良好的开端以后，于 1911 年，东方学家界出现了一些重要的研究，他是由维德曼的亦师亦友鲁斯卡完成的，他的研究补充了前人在《科学之匙》为基础下关于化学的研究，并在斯特拉斯堡的伊斯兰杂志和埃朗根的自然与医学协会期刊发表。维德曼在完成了比鲁尼、设拉子、肯迪等人对于地理学的研究以后，深入研究了《科学之匙》中地理学科的术语，并于 1912 年在埃朗根发表了 Geographiesche Stellen aus Mafatih 为题的论文。1915 年维德曼在埃郎根发表了《科学之匙》中天文学相关的论文。

在《科学之匙》出版后 29 年，也就是 1924 年，第一位关于该研究的非德国东方学家出现——爱德华·布朗（E. G. Browne），他为该研究补充了新的内容。并于 1928 年，写了一篇关于花拉子米的文章，该文章收录于 Encyclopedia of Islam。此文献是关于花拉子米和《科学之匙》的重要研究，直到今天仍然是东方学家的重要参考文献。

东方学家维德曼于 1928 年 1 月 7 日在埃朗根逝世，他的逝世预示着对阿拉伯学科发展史研究的势头大减，尤其是在德国东方研究学校对于《科学之匙》的研究也将大不如以前。维德曼几乎研究或者翻译了《科学之匙》的大部分内容，所剩内容都是他认为该学科不属于自然科学，而是属于人文学。

维德曼的影响一直传播到印度，在他去世同一年，印度学者安瓦拉（J. M. Unvala）将《学科之匙》第一部分第六章的六、七篇翻译成英语，以 The Translation of an extract from Mafatih al-Ulum of al-Khwarazmi 为题，发表在孟买东方学院的卡玛杂志。

1958 年，皮尔逊（J. D. Pearson）在朱莉娅·阿诗顿的协助下在剑桥出版了他的著作 Index Islamicus。他收集 1906—1955 年之间东方学家维德曼的 158 篇关于阿拉伯学科发展史的论文，其中 78 篇都发表于埃郎根的自然与医学协会期刊发表，关于花拉子米的论文占总论文的 14.1%。可见后期对于《科学之匙》和花拉子米的研究进展是缓慢的，直到 1959 年，在东方学家维德曼去世以后 31 年，德国籍英国东方学家斯特恩（S. M. Stern）发表 Notes on al-Kindis Treatise on Definitions 为题的论文，在其中进行了肯迪和花拉子米哲学术语的比较研究。

1996 年，东方学家波斯沃斯（C. E. Bosworth）发表了一篇关于《科学之匙》和花拉子米的百科全书式研究，收录于剑桥百科全书 54 卷。波斯沃斯按照花拉子米对学科的划分，重视子学科和分学科的分类。1964 年，波斯沃斯参考《科学之匙》的其他手稿，在曼彻斯特发表了一篇关于《科学之匙》的论文，他所参考的手稿尚未被前人学者使用在相关研究中。

自波斯沃斯的研究至今将近 25 年的时间，东方学家研究领域再未出现关于《科学之匙》的部分或者全面的研究，东方学家对于阿拉伯科学史的研究确已停滞多年。目前市面所存的《科学之匙》主要有阿卜杜·艾米尔·艾尔西姆博士校勘版本和穆罕默德·凯玛勒·迪尼·艾德海米博士校勘版本。

五、结　语

关于《科学之匙》的研究有其特殊的学术价值，本文就该书介绍、校勘、翻译和印刷手稿、术语、学科划分等研究做了简单介绍。除此之外，《科学之匙》是研究古代阿拉伯科学史必不可少的参考文献，该书关于法学、文书、历史、逻辑、医学、数学、几何、星象学、音乐、力学、等领域总结的术语，覆盖面广，为大众求学者提供了便捷，该书作为一部百科全书式的科学读本，鲜有阿拉伯学者重视它，大部分相关研究是由维德曼、鲁斯卡、西德尔、穆勒等东方学家完成的，因此近代阿拉伯人对于学科分类知识的了解是相对较晚的，《科学之匙》与维德曼的论文将会是东方学家界关于阿拉伯科学史研究的重要文献。

参考文献

［1］伊本·奈迪姆，书目（阿文版）［M］.贝鲁特知识出版社，1978.

［2］伊本·艾比·伍赛比耳，医师列传（阿文版）［M］.贝鲁特生活图书出版社，1999.

［3］欧麦尔·凡鲁赫，阿拉伯科学史（阿文版）［M］.贝鲁特百万科学出版社，1970.

［4］雅古提·哈迈维，文人辞典（阿文版）［M］.伊斯兰阿拉伯出版社，1993.

［5］穆罕默德·本·穆萨·阿尔·花拉子米，科学之匙（阿文版）［M］.贝鲁特迈纳希勒出版社，2008.

上合组织框架下的中伊关系现状与前景展望

周诠杰　　刘翊朝

（西安外国语大学　亚非学院）

【摘要】2005 年伊朗成为上合组织观察成员国，之后经历了漫长的过程，终于在 2022 年 9 月上合组织成员国元首理事会签署了关于伊朗加入上合组织义务的备忘录，中伊两国将在上合组织的框架下共同合作发展。两国在共同维护地缘安全、对抗美国霸权主义、共同打击恐怖势力、保障能源贸易安全以及加强贸易联系等领域有着共同利益。但两国的合作也面临着组织内合作情况复杂、美国打压、各国间关系难以平衡等困难。在上合组织的框架下，中伊关系将朝着在政治上坚定互相支持、经济合作更加广泛密切、文化交流更频繁务实的方向发展。

【关键词】上合组织；伊朗；中国

【作者简介】周诠杰，助教，硕士。研究方向：中东政治。刘翊朝，学士。研究方向：伊朗研究。

一、引　言

自中国提出"一带一路"倡议后，伊朗成为丝绸之路重要沿线国家，积极参与共建"一带一路"。2016 年 1 月习近平主席访问伊朗，中伊建立全面战略伙伴关系，然而此后两国的政治经济关系发展进度减缓，主要原因是伊朗加快了与欧洲国家关系发展的步伐。2018 年美国退出伊核协议，

137

重启对伊朗制裁后，伊朗的外交政策更加向"向东看"倾斜，随后伊朗多名高级官员携代表团访华交流。2021年上合组织杜尚别峰会宣布启动接收伊朗成为正式成员的程序，自此，伊朗将正式加入上海合作组织，中伊关系也将进一步深化。安全合作是上海合作组织合作的"初衷"，而伊朗加入上海合作组织后，中伊双方在共同对抗美国霸权主义以及维护西亚地区安全方面的战略合作将更加密切。本文将探讨在上海合作组织框架下，中伊合作的共同利益有哪些？双方推进更深层次合作将面临哪些困难？以及在这一框架下中伊关系的发展前景如何。

二、伊朗加入上合组织的过程

以"上海精神"为指引的上海合作组织现已成为国际和地区事务中的重要建设性力量，不断有新的国家申请加入这一"大家庭"，而伊朗就是这些国家之一。其加入之路并非一蹴而就，而是一个相当漫长的过程。伊朗早在2005年就已成为上海合作组织观察员国，2008年正式申请成为成员国。但由于塔吉克斯坦在对待该国伊斯兰复兴党问题上与伊朗存在重大分歧导致其反对伊朗的加入，再加上联合国的制裁，使伊朗多年来一直被排除在上海合作组织正式成员国之外。① 一直到2021年9月，在于塔吉克斯坦首都杜尚别举行的上海合作组织成员国元首理事会第二十一次会议中，通过关于启动接收伊朗成为正式成员国的程序。2022年9月上合组织成员国元首理事会第二十二次会议签署了关于伊朗加入上合组织义务的备忘录。② 同年11月伊朗议会高票通过了伊朗成为上海合作组织成员国的法案，才为伊朗的正式加入铺平道路。伊朗十余年的等待和努力终见成效，在这一过程中，中国早在2016年就明确表示支持伊朗加入上海合作组织，此后也不断积极地为伊朗进行游说，为推动伊朗的加入贡献了力量。

---

① 田文林，焦滋媛.伊朗加入上合组织有何意味［J］.世界知识，2021（21）：28 - 29.

② 陆如泉.上合组织依旧值得期待［J］.中国石油石化，2022（19）：29.

三、上合组织框架下中伊合作的共同利益

"天下熙熙，皆为利来；天下攘攘，皆为利往。"国家间的合作建立在共同利益的基础上。在上海合作组织成立的二十余年来，成员国之间在重大的国际问题上相互支持，捍卫了自身核心利益。在上合组织上海合作组织的框架下，中伊双方能够在安全、政治、经济领域取得更进一步的互利共赢。

（一）安全领域

上海合作组织的重点合作领域是维护和加强地区和平、安全与稳定。伊朗一直是为动荡的西亚地区提供安全的支柱，是伊朗阻止了伊拉克和叙利亚宗教原教旨主义的发展和扩张。而伊朗在政治和经济上的弱化会使伊朗维护安全的能力减弱，影响他国在西亚和中亚的安全保障和经济利益。一段时间以来，中国新疆地区深受民族分裂势力、宗教极端势力、暴力恐怖势力的叠加影响，恐怖袭击事件频繁发生，对各族人民生命财产安全造成极大危害。因此，中国也需要伊朗这样一位可以在西亚乃至中亚地区提供更多安全合作的伙伴。

伊朗加入上海合作组织，可以增强伊朗在为周边地区提供稳定安全方面的作用。对此，伊朗内政部长艾哈迈德·瓦希迪在塔什干市参加上海合作组织内政部长第四次会议时也就打击恐怖主义、有组织犯罪、极端主义和打击毒品等问题发表了有关言论。瓦希迪在讲话中指出，伊朗是国际恐怖主义的受害者，并强调德黑兰已做好充分准备与上海合作组织成员国开展合作，共同打击恐怖主义、极端主义、有组织犯罪和贩毒活动。[1]

---

[1]"Iran Pledges to Cooperate with SCO in Anti-terrorism Fight", 2023 – 3 – 1, https://www.telesurenglish.net/news/Iran-Pledges-to-Cooperate-With-SCO-in-Anti-terrorism-Fight-20220820-0003.html.

（二） 政治领域

伊朗加入上海合作组织，不仅有利于中伊双方战略地缘地位的提升，也增加了其他国家制裁两国的成本。

在两伊战争结束之后的政府策略中，伊朗主要着眼于缓和与西方的紧张关系，因为其与西方的紧张关系，给国家发展造成了极大的负面影响。而由于这种不平衡的观点，伊朗常常独自承担在国际行为的代价，但如果在与东西方沟通方面有一个平衡的策略，更多采取"向东看"的策略，就可以为伊朗的政治经济提供更多帮助的合作伙伴。而面临近年来美国的持续打压，与伊朗同处上合组织框架下的中国也会在反对美国霸权时多一份助力。为了进一步促进政治合作，2023 年 2 月伊朗总统莱西首次访华，双方发表《中华人民共和国和伊朗伊斯兰共和国联合声明》，使中伊关系进入新篇章。双方坚定支持对方维护国家主权、领土完整和民族尊严。中方坚决反对外部势力干涉伊朗内政，破坏伊朗安全稳定。伊方将继续奉行一个中国政策。中方支持伊方在地区和国际事务中发挥更大作用。①

伊朗加入上海合作组织，提高伊朗在国际关系舞台上的行事实力，增加了敌对国家制裁伊朗的成本，能够有效缓解来自西方国家的制裁。从辅助性原则上看，其实质是将"伊朗与西方国家之间的竞争"转换到了"上海合作组织框架下的伊朗与西方国家的竞争"。② 中俄的大国属性能够给上海合作组织的成员国赋予某种程度上的安全屏障，伊朗从此不再势单力薄，可以借助大国之力来抵御西方之敌。随着伊朗南北走廊和东西走廊的建成，除了伊朗的 15 个邻国对其形成了更高的依存度外，还为伊朗与中国、俄罗斯和印度三大经济强国形成更强的地缘政治联系和经济联系奠定了基础。伊朗成为上海合作组织的常任理事国，伊朗将在其东部地区的运输和能源项目中有更深的参与。

---

① "中华人民共和国和伊朗伊斯兰共和国联合声明（全文）"，新华网，2023 – 2 – 16，http：//news. xinhuanet. com/world/2023 – 02/16/c_ 1129369977. htm.

② 靳晓哲. 伊朗加入上合组织的动因及前景分析 [D]. 兰州大学，2017.

（三）经济领域

上海合作组织框架下的中伊合作不仅有助于实现两国政治领域的共同利益，长远来看，加强中伊合作还有助于实现两国共同的经济利益。对于伊朗来说，加入上合组织有利于保障其石油收入，以及部分抵消以美国为主的西方国家对其施加的经济制裁。伊朗社会及其政权的稳定早已与石油收入息息相关，但由于以美国为首的西方国家的制裁，石油出口举步维艰，伊朗亟需获得一个安全可靠的合作市场，来稳定这一时常受到动摇的主要出口收入来源。对处于此种情况下的伊朗，上海合作组织的存在无疑是雪中送炭。上海合作组织致力于发展成员国间的互补性贸易，且有着优先发展能源贸易的目标，这恰好与伊朗的能源优势相吻合。

作为上海合作组织创始国之一，也是能源消费大国的中国，其石油消费量逐年增长，石油消费的对外依存度也逐年提高，自身的石油储量已难以满足国内不断增长的需求，而像伊朗这样的石油资源大国正是中方理想的合作伙伴。对于中伊间的能源合作，上海合作组织不失为一个合适、稳定的平台。中伊的能源合作在很大程度上能够同时平衡两国在石油方面的供需矛盾。中伊两国基于能源的合作既能促进伊朗的经济复苏，也填补了中国的能源缺口。在伊朗尚未正式加入上海合作组织时，中国就已是其最大的贸易伙伴。除了能源领域，两国在其他领域也进行着大量的进出口贸易活动。如伊朗向中国出口以农作物和矿物为主的初级产品，从中国进口以机器、塑料为主的加工产品。伊朗加入上海合作组织后，将会获得更多与中国合作的机会，这一新的合作平台将有利于两国深化合作力度，增加贸易收入，进一步推进战略合作伙伴关系。

当今世界，中国和伊朗都面临着美国霸权主义的挑战。中国作为一个崛起中的新型大国，威胁到了美国的霸主地位，并诱发了中美间的贸易战。因此中国需要继续发展多边外交，拓展全球伙伴关系网络，建立新型国际关系。与伊朗进行合作正是这一需要的体现。因为沙特和阿联酋等中国石油进口来源都受控于美国，伊朗是地区唯一独立、不受美国影响的国家，而且控制着国际石油贸易通道霍尔木兹海峡。① 伊朗能够为中国提供稳定、安全的石油供应通道，是最符合中方需求的石油贸易伙伴。而比起美国对中国发动的贸易战，伊朗更是深受来自美国制裁困扰。伊朗自伊斯兰革命以来的数十年频频受到美国制裁，虽坐拥先天的地缘优势及丰厚的能源储备，却难以发挥其优势和潜能，经济、社会等多方面的发展都受到严重制约。在此高压下，中国面对美国制裁压力，不仅以官方的名义从伊朗购买石油，帮助伊朗缓解经济困局，还在稳定推动与伊朗经济合作的同时，尊重伊朗的主权完整，不干涉其内政，这些都表明中国是伊朗最值得信赖的贸易伙伴。

四、上合组织框架下中伊合作面临的问题

第一，上海合作组织发展进程中始终面临着异质性难题，成员国之间在政治制度、经济水平、文化传统以及意识形态方面都存在较大的差异。随着扩员的推进，上海合作组织内部更加复杂、异质性凸显，除国情不同外，各国国家利益的理性需求、对国际身份追求的不同也影响到组织强大凝聚力的形成。加之部分成员国之间存在领土之争、民族矛盾、水资源争端等。不仅给成员国团结互信投下阴影，也在客观上进一步加大了组织内部的协调难度，"协商一致"的决策原则面临着重大挑战。②

第二，美国对上合组织的恶意打压制约了中国与伊朗在该框架下的合作。随着伊朗加入上海合作组织进程的加快，美国逐渐将矛头指向了这一组织。在美方看来，上合组织是反美、反西方的，上海合作组织的蓬勃发展更使美方确信了这一点。按照美国的霸权思维，凡是有可能挑战其霸权地位的组织和国家，一律进行打压。因此美国大幅调整对亚战略，以压制中国为主，在多个领域与华竞争，竭力分化拉拢上海合作组织成员国，向

①"贾迪丽·阿比扬：伊朗应合理利用中美关系"（波斯文），2020 – 8 – 19，https：//www. tasnimnews. com/fa/news/1399/05/07/2316244/.

②韩璐. 上海合作组织的发展历程与前景展望 [J]. 欧亚经济，2023（1）.

西方各国妖魔化上海合作组织的形象。中美贸易摩擦的升级必然会对中国经济产生不利影响，而中国经济发展迟滞也会影响中伊合作的步伐。鉴于美国的国际影响力，它对上海合作组织的恶意抹黑严重恶化了上合的外部发展环境，使其面临巨大的地缘政治压力。① 总之，美国虽无法阻止中伊的合作，但能够在很大程度上进行干扰，而中伊两国暂时也无法摆脱以美国为主导的国际秩序，因此这是上合组织框架下中伊合作面临的另一大困难。

第三，在上海合作组织框架下如何平衡与中东各国的外交关系将是中国面临的又一难题。虽然上合组织目前的正式成员国为数不多，但还有阿联酋、沙特等多个国家在排队加入。这些国家与伊朗有着相似的能源优势，彼此互为竞争对手。除了经济上的竞争关系，还有宗教派别的对立关系。美国前总统特朗普执政期间，由于他极力渲染"伊朗威胁论"，更是加剧了这些国家与伊朗，甚至是逊尼派与什叶派的对立。中东地区矛盾由来已久，政治、宗教等多方面因素决定了他们不可能像中国一样和彼此发展合作共赢的关系。而中国在中东地区扮演着特殊的角色，以合作者的身份游走于各个对立的国家之间，与他们都建立了和平友好的关系。但过于"偏爱"某一方势必会引来其他国家的不满，因此中伊合作的深化便招致了一些猜疑和反对的声音。当前国际形势复杂，如何把握好与伊朗合作的"度"，如何在与伊朗合作的同时兼顾其他中东国家的情绪，防止被置于中东国家的对立面，对中国以及中伊合作来说是一个很大的考验。

第四，伊朗国内政局的复杂性也将为中伊合作带来风险。伊朗的两个主要政治力量改革派与保守派之间斗争不息并轮番执政。一派上任后，通常会做出与另一派政策相反的改变。改革派主张重返伊核协议，努力改善与美国的关系以解除制裁，而保守派则认为西方国家出尔反尔，伊核协议无利可图，应大力"向东看"，发展同中国、俄罗斯等国的关系。两派间分歧逐渐到了一种难以调和的地步，而这种难以调和的分歧必然会反映在

---

①邓浩.上海合作组织政治合作：进展、挑战和未来路径［J］.国际问题研究，2021，（03）：47－66＋137－138.

社会层面上，与伊朗深刻的社会矛盾和社会问题相交汇，形成了巨大的社会张力，酿成严重的政治危机和社会危机。① 虽然中伊两国经济具有互补性，各届伊朗政府都很重视与中国的关系，但改革派政府倾向于"向西看"、保守派政府偏重"向东看"，因此在伊朗的外交战略中，中国的战略地位也会出现稳中有升或有降的情况。② 伊朗现任总统莱西是保守派，在其执政期间，尚能确保中伊合作稳步发展。而莱西能否连任，下届伊朗总统是改革派还是保守派，是继续深化中伊合作还是倾向于改善与美国的关系，这些都尚未可知，中伊战略合作能推进到怎样的深度和广度还有待商榷。

五、上合组织框架下中伊合作的前景展望

在政治及安全领域，中伊合作将更加紧密，在重大国际事务中共同进退，并为彼此提供地缘战略安全支持。中国和伊朗都是饱受美国霸权主义危害的国家，也都是各自地区的强国。为应对变幻莫测的地区和国际形势，中伊将更加积极地参与多边事务，加强团结协作，联手抵制美国的单边主义，共同推动建立和平稳定的地区、国际新秩序。同时，上海合作组织的互联互通也有助于提升中伊两国的经济实力和国际影响力，使其对美国实现更有效的牵制。伊核协议有助于伊朗经济的振兴，也对中伊关系的发展至关重要。拜登上台后，虽曾多次表示美国要重返伊核协议，但其进展却十分缓慢，使伊核问题走向不明。为进一步促进中伊关系的发展，维护世界的和平与稳定，中方将坚持推动伊核协议重返正轨，鼓励、呼吁有关各方通过对话缓解矛盾，共同助力协议的达成。面对危害国家人民生命安全和地区稳定的"三股势力"等恐怖组织，中伊将加强反恐合作并严厉打击该类组织，扩大反恐人员培训规模并落实联合演习，提高双方的反恐

---

①王林聪.伊朗大选缘何引发政治危机［J］.当代世界，2009（8）：23–25.

②陆瑾，宋江波.伊朗与中国战略合作的动因与阻力［J］.国际研究参考，2020，（12）：38–43.

作战能力，努力打击一切恐怖主义，维护地区的安全和稳定。

在经济领域，双方将在上海合作组织框架下践行真正的多边主义，深化全面战略合作伙伴关系，在多领域开展深度合作。伊朗总统莱西访华时与中方达成努力落实中伊全面合作计划的目标，无论是两国最主要的能源贸易，还是农产品、矿物等其他多个领域的贸易，都将在质和量上稳步上升。伊中商会主席哈里里对中伊经贸合作前景充满信心，他说，在后疫情时代，今年中伊两国贸易额将增长到 300 亿美元，未来还将进一步提升到 600 亿美元。① 此外，中伊还将尝试用人民币结算石油贸易，突破石油美元体系的限制，在实现石油自由贸易的同时于一定程度上打击美国的霸权主义。充分发挥中国金融机构的作用，在中伊合作中采取间接贸易的方式，以减少美国制裁的影响。并且，由于制裁短期内不会取消，为了实现中伊的长期合作，中伊双方有必要制定应对美国制裁的方案。中伊经济领域的发展无非是两个方向，一是深化合作以增长两国共同的经济利益，二是采取措施以减少美国经济制裁的影响。

在人文领域，两国将培养更多语言人才，加强互联互通，并在通过媒体领域的文化宣布。中伊两国历史悠久，文化积淀深厚，优秀文学作品众多。但由于传播力度不够，双方大部分国民对此并不了解，甚至是一无所知。语言是文化传播的桥梁，相关语言人才的缺乏也是阻碍文化传播的原因之一。中伊将增加开设波斯语和中文专业的学校数量，开办更多的中伊留学项目，相互提供奖学金，吸引更多中国和伊朗学生的参与。语言人才的增加不仅会为两国文化的传播搭建桥梁，还有助于粉碎西方媒体的舆论阴谋，使两国人民的交往正常化。媒体服务于政治，对社会舆论具有一定的导向作用。西方媒体惯用抹黑和歪曲事实的手段，使中伊两国人民对彼此产生不客观的印象。并且由于两国掌握对方国家语言的人才较少，彼此间的信息主要通过英文来转译，而在转译过程中，难免会发生曲解的情况，造成理解的偏差甚至是误导。因此中伊亟需搭建更通畅的交流平台，

---

① 陈小茹，张是卓. 莱希总统访华 伊朗"向东看"有强劲内生动力 [N]. 中国青年报，2023 - 02 - 16（009）.

跳出西方媒体的中介，用中文和波斯语进行直译，使两国人民能对彼此有更直接的了解。除此之外，推动双方旅游业的发展，使中伊人民走出国门，亲眼见证对方国家的发展现状，打破西方媒体的不实传闻，使国内的优秀影视作品、文学创作"走出去"，再将伊朗的优秀文化成果"引进来"，在文化领域实现"破冰"，以增进两国人民对彼此文化的理解和认同，再通过人文交流来促进政治、经济领域的合作。

六、结　语

上海合作组织框架下中伊关系的发展，既是基于共同利益的基础，也是受到美国单边制裁的外力推动；既延续了历史上的深厚友谊，又是当代世界局势发展的必然结果。上海合作组织为中伊两国提供了一个有效的平台，使中伊合作沟通效率提高，丰富了中伊关系的内涵，为两位"旧友"再添"新伴"的称号，使中伊合作的未来更加令人期待。

参考文献

［1］"Iran Pledges to Cooperate with SCO in Anti-terrorism Fight"，2023－3－1，https：//www. telesurenglish. net/news/Iran-Pledges-to-Cooperate-With-SCO-in-Anti-terrorism-Fight-20220820-0003. html.

［2］"贾迪丽·阿比扬：伊朗应合理利用中美关系"（波斯文），2020－8－19，https：//www. tasnimnews. com/fa/news/1399/05/07/2316244/.

［3］陈小茹，张是卓.莱希总统访华 伊朗"向东看"有强劲内生动力[N].中国青年报，2023－02－16（009）.

［4］邓浩.上海合作组织政治合作：进展、挑战和未来路径［J］.国际问题研究，2021，（03）：47－66＋137－138.

［5］韩璐.上海合作组织的发展历程与前景展望［J］.欧亚经济，2023（1）.

［6］陆瑾，宋江波.伊朗与中国战略合作的动因与阻力［J］.国际研究

参考，2020，（12）：38－43.

［7］陆如泉.上合组织依旧值得期待［J］.中国石油石化，2022（19）：29.

［8］田文林，焦滋媛.伊朗加入上合组织有何意味［J］.世界知识，2021（21）：28－29.

［9］王林聪.伊朗大选缘何引发政治危机［J］.当代世界，2009（8）：23－25.

［10］靳晓哲.伊朗加入上合组织的动因及前景分析［D］.兰州大学，2017.

香料贸易与早期①海岛东南亚文化变迁

张颖辰

（西安外国语大学　亚非学院）

【摘要】欧洲中世纪时期将印度视为他们所急需的香料生产地，然而许多香料世纪产自东南亚，特别是处于季风圈核心的马来群岛区域，包括苏门答腊岛、加里曼丹岛、爪哇岛和菲律宾群岛等两万多个岛屿，为东南亚的重要组成部分，又被称为海岛东南亚。早期中国、印度和东南亚已建立起的贸易网络，对海岛东南亚地区的文化变迁产生一定影响，主要体现在物质文化生产、宗教、语言等方面。本研究采用的研究方法是定性研究法，考察了前伊斯兰时期的海岛东南亚以香料为主贸易网络之间的人群互动，通过史料补充历史背景细节，分析香料贸易对海岛东南亚地区的文化变迁产生的影响。

【关键词】香料贸易；人群互动；文化变迁；海岛东南亚

【作者简介】张颖辰，助教，双学士。研究方向：东南亚文化、马来西亚文化。

一、引　言

香料通常被定义为热带植物的芳香部分，包括根、树皮、花以及种子，且大部分来源于亚洲。历史上香料贸易中不仅出现用作调料的肉桂、

---

① 此处早期指伊斯兰文化之前。

丁香、胡椒，也包括传统医学上的香料：乳香、没药、沉香木等。这些味道浓郁、给人甜美的感官享受的香料被人们用于食品、饮料、蜡烛、香水、化妆品和药品中，还广泛用于宗教辟邪等文化活动中。

在东南亚，香料群岛（原摩鹿加群岛，今马鲁古群岛）的位置是开启大航海时代的第二把钥匙，是现今印度尼西亚、菲律宾南部、婆罗洲和爪哇以东、澳大利亚北部和新几内亚西部的一小群火山地块。该群岛包括五个岛屿——特尔纳特（Ternate）、蒂多雷（Tidore）、莫蒂（Motir）、马基安（Makian）和巴占（Bacan）——它们是丁香的原始产地。肉豆蔻和肉豆蔻的产地是班达群岛。巴厘岛和帝汶岛等较大的印度尼西亚岛屿也有香料，但肉豆蔻和丁香仅限于上述地区。在海岛东南亚地区伊斯兰化前香料之路就已经形成，群岛人民的祖先通过香料建立岛屿之间的关系，群岛优异的地理位置和季风条件也吸引了中国人、印度人和阿拉伯人来此停留，将东南亚当作贸易中转站，再把当地的香料输往世界各地。文化以一种和平的方式进入海岛东南亚地区，促进该地区的文化变迁，主要体现在物质文化、制度文化和符号文化即语言方面。

二、亚洲内部小"地中海"贸易

1944年，乔治斯·赛代斯（Georges Coedes）在其著作《东南亚的印度化国家》中，首次明确提出在马来半岛及附近岛屿所形成的天然屏障的另一边，中国海、暹罗湾和爪哇海构成了名副其实的"地中海"。这块封闭的海域始终连接海岸定居的各民族，远在欧洲航海家到来之前，这些民族便有自己的船队，尽管他们的远古祖先可能各不相同，得益于持续的贸易往来，已经形成了一种特定的文化。范·勒尔也认为亚洲人的贸易和消费规模要远远大于欧洲人，最初欧洲人进入亚洲市场的时候并没有对当地社会文化产生根本性影响。

根据肯尼斯·R·霍尔（Kenneth R. Hall）的研究，他将早期东南亚的海运划分为五个区，见图1。

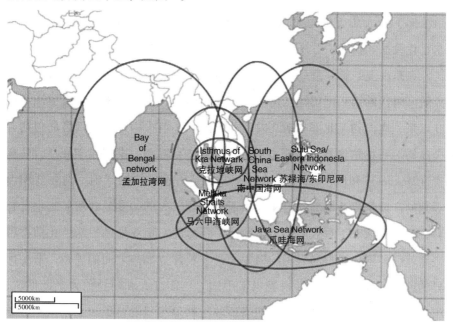

图1 公元100—1500东印度洋区域海事网络

资料来源：*A history of early Southeast Asia：maritime trade and societal development*，100—1500 笔者自译。

其中爪哇海网出现于二、三世纪期间，主要涉及小巽他群岛、马鲁古群岛、婆罗洲东海岸、爪哇岛和苏门答腊岛南部海岸之间的印度香木、檀香木和丁香等香料的流动，马来水手开始将香料从科英运输到扶南，形成海岛东南亚内部的一个贸易圈。

根据霍尔的猜测，东南亚最早的港口最初是作为商业中转站发展起来的，但当地商人利用这个机会销售自己的香料作为外国商品的替代品，然后在此基础上向国际旅居者介绍其他本土产品，即包括香料在内的农林产品和海产品。来自海岛东南亚的香料在四、五世纪开始从爪哇海地区流向国际市场，苏门答腊南部海岸变得更加重要，东西向的主要海上航线从马来半岛上游转移到穿过马六甲海峡的航道，与爪哇海西北连接，形成马六甲海峡网，很快成为婆罗洲西部、爪哇和东部岛屿以及马来半岛上游及其腹地、湄南河和伊洛瓦底江水系的贸易的焦点。

三、物质文化变化——日常用品和饮食变迁

海岛东南亚区域的贸易促进了东南亚海岛地区以物质生产活动为基础的社会文化变迁。根据马克思和恩格斯的物质生产理论，人类其他一切社会活动都以物质资料的生产活动为基础，并随着生产方式的发展变化而改变。物质资料的生产活动决定整个社会生活的面貌和发展，也决定着人自身的状况和发展。

1. 日常用品

考古资料显示，早在新石器时代海岛东南亚地区就出现了手捏制的陶器，说明当时的人们已经进入原始农业时代，且与中国东南沿海地区构成海网，建立起一定的联系。在菲律宾的考古中发现有大型长身的石斧、燧石、有段石锛等，陶器以圜底器为主，有类似良渚文化和中国东南沿海其他新石器时代文化的黑陶、几何印纹陶的罐、瓶。马来西亚的查洞遗址中发现了大量炭化谷物，在柔佛州、哥打丁宜等地发现一类与中国东南沿海地区的印纹陶纹饰相似的陶器，如云雷纹、曲尺纹。在印度尼西亚群岛的良图沃梅恩遗址也同样存在类似的考古发现，乌鲁良遗址中还发现了野生禾本、薹属植物、野生稻等。以上考古发现证明了史前海岛东南亚的人类社会以采集、狩猎、渔捞为主要经济形态，新石器时代的居民已经能够种植水稻、块茎作物，并能饲养猪狗等家畜，从华南到东南亚构成了一个环南中国海最基层的文化共同体，带动人口和族群的移动。

早期无法确认香料在该文化共同体内的人群互动中扮演的作用，但在进入公元第一个千年后，印度、中国香料和东南亚之间香料贸易繁荣。《古代印尼与中国香料贸易的变迁影响》中指出，香料贸易刺激爪哇地区经济获得跨越式发展，不仅爪哇群岛内部形成了贸易网络，而且爪哇的农业经济、市场模式、货币税收制度，以及消费习惯和产品结构都发生了变化，同时海岛东南亚地区也深受中国和印度文化的影响。

首先是中国。中国香料香药发展历史悠久，宫掖用香需求大，香文化繁荣。早在秦汉时期就有香料记载，《诗经》中就记载了338种动植物香

料调味料，长沙马王堆西汉墓中女尸手握两个香囊，内含花椒、肉桂等，出土文物中的《五十二个病房》也记录大量芳香植物的作用。"丝绸之路"开辟后，中国与中亚各国往来密切，输入大量香料和香药，同时充实其在美容、医疗、调味、宗教祭祀等方面的作用。出现《南海药谱》《海药本草》，其中后者记载 96 种产于海外的香料并标清产地。元鼎六年（公元前 111 年）汉武帝统一两广，又在云南、贵州设立郡县，与东南亚毗邻国家交往多起来，两地的物资交流相应猛增。

到唐宋时期，社会环境稳定经济繁荣，香料种类和数量都有了极大地提高，同时因为宗教发达，烧香文化兴盛。《西溪丛语》中有记载："行香，起于后魏及江左齐、梁间，每燃香熏手，或以香末散行，谓之行香。唐初因之。"道教也借用了许多烧香文化，推崇降真香。此类香料需求都与南海诸国有关，如赵汝适《诸蕃志》指出三佛齐："土地所产，玳瑁、脑子、沉速暂香、粗熟香、降真香、丁香、檀香、豆蔻外，有真珠、乳香、蔷薇水、栀子花、腽肭脐、没药、芦荟、阿魏、木香、苏合油、象牙、珊瑚树、猫儿睛、琥珀、番布、番剑等，皆大食诸番所产，萃于本国。"此时除民间贸易外，东南亚各国对中国的朝贡贸易也初具规模。《宋会要辑稿》记载了三佛齐对宋朝进行的香料朝贡贸易，提到丁香、檀香、肉豆蔻等，《宋史》也记载了阇婆对中国的朝贡。但海上丝绸之路诸国对中国的朝贡贸易除获取贸易利益外，别无政治诉求。东南亚向中国提供转运商品，同时输出本地产的香料、木材等农林产品，中国则向东南亚输出陶瓷、丝绸、绢帛、铜、铁等手工业、工业加工制作的商品。

虽然中国和印度都对海岛东南亚地区文化变迁产生影响，但中国在物质文化方面影响更大，中国的意识形态和上层建筑方面基本没有被群岛地区的人民接受。一个原因是中国本土地缘辽阔物产丰盈，很难有兴趣去发展外向型经济，二是汉字的书写难度较大，不易传习，第三点如梁立基先生所指出的：早期的中国文化基本不属于宗教文化，主要是通过政治途径传播，且海岛地区距离较远，很少受中国的政治影响力影响。

庞大的香料需求刺激海岛东南亚地区物质生产迅速发展，促进区域间文化交流和贸易网络的构建，比如陶瓷。包括彼德·贝尔伍德（Peter Bellwood）在内的一些考古学家注意到早从 2000 年前开始，东南亚岛屿之间散步分布着相似的几何形刻划纹图陶器，熊仲卿在《香料贸易与印度尼西亚班达群岛的陶器演化》中推断，一些和平的文化接触，如联姻、联盟或香料贸易，可作为文化传播事件而引发陶器特征渐变。根据中国和阿拉伯的文献记载，商人们从马来半岛、爪哇获取肉豆蔻而非马鲁古和班达群岛，但该地区似乎是转口贸易地点，并非产地，作为号称"香料群岛"的马鲁古和班达群岛才盛产丁香和肉豆蔻，由此可以推断出第一个千年里马来半岛、爪哇和马鲁古之间有直接接触，但尚无明确的证据证明其他地区和马鲁古之间有直接联系。然而在 10 世纪发生了转折，肉豆蔻的主要市场从东南亚大陆和马来半岛转移到巽他海峡。考古资料显示，当地的陶器约从 3000 年开始在形态和工艺特征上发生改变，其中有些变化是急剧的，在 6～16 世纪又发生了一次重大的陶器演化，应该是与移民、文化接触以及经济和社会网络的建立有关。

除了中国，印度同样对东南亚的物质文化生产产生一定影响。印度尼西亚考古学家在爪哇西北部（布尼诸遗址的复合物）和巴厘岛东北部的仙美莲（Sembiran）发现了印度滚轮陶器，该岛西部吉利马努克出土的用于葬礼的金箔眼罩等，各种印度类型的器物的考古发现为印度和东南亚贸易提供了最古老直接证据方面的有力暗示，J·I·米勒在《罗马帝国的香料贸易》中指出，有关的贸易货物可能还包括香料和木材，如肉桂、丁香、檀香木等。和印度的贸易货物中还有一个较为突出的是棉花，因为棉花不能在常年有雨的地方种植，所以海岛东南亚地区很难生产棉花，根据《岛夷志略》记载，班达群岛和马鲁古地区："地产肉豆蔻、黑小厮、豆蔻花、小丁皮。货用水绫丝布、花印布、乌瓶、鼓、瑟、青磁器之属。"其中水绫丝布为印度南部面料，说明至少在元朝起班达群岛就已经开始从印度南部进口棉布。

群岛内部的海运也促进了物质文化的交流。从公元前 300 年左右开始，马来水手还负责将越南北部的东山鼓广泛分布到东南亚海上的各个地区。到目前为止，菲律宾和加里曼丹岛是该地区唯一没有发现这些鼓的地方，马来水手加强了东南亚海岛间的文化交流。

2.饮食

除了上文提到的提到的乌鲁良遗址、查洞遗址等，东南亚沿海地区的考古发现了大量的本地风格的陶器、铁骑和青铜器，且出现利用筑坝储存雨水的水稻种植和使用水牛犁田，证明了该时期沿海地区较为繁荣的社会现象。

海岛地区的饮食文化也随着海洋贸易的发展而发展。早在国家崛起之前，水稻就已成为整个华南、东南亚和印度南部农业和烹饪的基础，一些学者认为是中国将水稻种植传播到了东南亚广大地区，根据目前的考古信息也认为东南亚海岛地区的农业发展要晚于半岛。印度尼西亚的水稻种植要晚于旱稻，印度尼西亚学者宇格拉特认为是公元前 200 年后由中国南方发明的水利技术传入印度尼西亚后才得以广泛种植。从唐朝（公元 620—907 年）开始，印度、东南亚和中国之间的贸易持续而广泛，以前无人使用的牛奶和酸奶也在中国和东南亚变得普遍。

此外，无论是外来贸易人还是本地的马来水手，香料逐渐成为饮食中重要的一部分，因为远洋航行要携带大量食物，香料可以起到防腐、增鲜、掩盖腐味的作用。根据历史语言学的线索，生姜的一种名称可追溯到早期菲律宾人说的语言。说明从南岛语的移民在长期迁移中，将生姜当作生活必需品。迅速崛起的香料生产和如今具有一定相似性的食物风格可推测海岛贸易圈内存在一定的饮食文化交流。

四、制度文化和心理文化——宗教变迁

宗教信仰是另一种沿着贸易路线自然传播的文化，因为传教士跟着商人所开发的路线走，商人本身也将其信仰带到新的土地上。香料之路在伊斯兰教传入时已经存在了一千多年，贸易也促进了中国—南洋文化圈内部宗教文化的变迁。

公元初，婆罗门教和佛教就传到了马来群岛区域，各种宗教"和平共处"，与古代东南亚的本地信仰密切地交织，宗教的传播促进了该地区国家的形成和社会的发展。印度教更受海岛地区统治阶层的推崇，海岛地区深受印度教影响的有室利佛逝、普兰班南文化。414 年，中国东晋高僧法显对耶婆提（今爪哇地区）的描述为："外道婆罗门盛行，佛法不足言"。印度教具有浓重的神秘主义色彩，与当地原有的万物有灵、精灵崇拜有相同之处，容易被处于原始社会末期和阶级社会初期的东南亚居民接受，其等级观念和祭祀仪式迎合了统治者神化其地位从而也强化其权利的需要，即使统治者受惠于佛教的朝圣中心，仍需要保留印度教的等级制度，因为他们需要婆罗门来主持登基仪式以及维护"神之王"的合法性。

东南亚多山地丘陵、破碎的海岸线和多海岛的地理环境使之始终没有出现一个影响整个地区的政治和文化中心。10 世纪东南亚以一种自称为"尼加拉"（negara）的整体所主导，这一梵语术语意思是城市或城镇，该时期的海岛政体没有边界，被称为曼陀罗体系。铭文记载，东爪哇的统治者收集大米和布料等当地产品的特定份额，以及商人定期供应的商品，如香料、陶瓷和外国产的布料，为中心地区提供了大量的财富，接着这些财富被重新分配，用于巩固统治。一种类型的投资是展现国家权力的大型寺庙建筑群的建设，该时期海岛地区出现大量的印度宗教艺术风格的建筑，如婆罗浮屠（爪哇中部，可能建于 9 世纪）、普兰班南神庙（爪哇中部，可能建于 8 世纪）等。

印度教和佛教渗透了基层社会，取代了当地的传统信仰，东南亚各地纷纷建立与印度相似的寺院，借用印度文字制作碑文，地方工坊也开始制作神佛像。东南亚本土文化逐渐融入印度的宗教和仪式、治国之道和社会组织、语言、文学和艺术的元素，宗教上对香料的使用使得香料能进一步在下层社会中传播，香料的使用逐渐平民化。直到 11 世纪以后，阿拉伯人和波斯人在印度和欧洲之间长达几个世纪的香料、象牙、宝石等贸易中，才逐渐将伊斯兰带到了海岛东南亚，并成为主流。

五、符号文化——语言变迁

繁荣的香料贸易促进了海岛东南亚地区海运业的发展，爪哇岛婆罗浮屠（Borobudur）的浅浮雕（大约公元 800 年）刻有一艘有 3 个桅杆和舷外支架的远洋航行大船。这些船只由季风驱动，季风在冬季向南吹，在夏末向北吹，为远洋航行制定了时间表，并为香料的交换建立了强大的格局，大量货物由外来和马来水手运往世界各地，海岛东南亚港市因海上丝路发达而快速发展，同时也带动了语言的变迁。

前文已经提到海岛东南亚地区深受印度文化影响，其中包括宗教信仰、治国方略，以及其书写系统、语言（古典梵语）和文学，海岛语言吸收了大量梵语，尽管现今海岛地区的语言已经不再使用梵语，但各国语言中还存在印度文化的痕迹，比如马来语中的梵语借词。

马来水手是技艺高超的航海家，"马来"（昆仑）水手在公元前 3 世纪就已为中国所知，到公元 1 世纪，他们已在东非沿海定居到罗马帝国时代，在马达加斯加海岸也有马来－波利尼西亚人的群体，直到今天。在从非洲横跨数千里南大洋到达复活节岛的过程中，马来水手将一处的特产转移到另一处。原产于华南沿海的肉桂，可能也乘着这些水手的船只，到达了印度市场，并通过东非的马来贸易站到达地中海市场。公元一世纪的罗马历史学家普林尼（Pliny）描述了非洲和亚洲之间乘风"从一个海湾到另一个海湾"的肉桂商人，他们使用的交通工具为木筏，无疑是波利尼西亚人的支腿独木舟。他们带来的肉桂随后由非洲人向北交易，直到到达埃塞俄比亚，欧洲人便在那里获得了肉桂。在 8 世纪到 13 世纪的阿拉伯文献中还出现了佤克佤克（Waqwaq 或 Wāḳwāḳ）一词，对其定义还不够确定，但一部分研究中认为佤克佤克很有可能是来自马来群岛附近，可能是苏门答腊。利用季风，佤克佤克人搭乘舢舨船，从苏门答腊岛出发航行到非洲马达加斯加岛。他们带到非洲的语言（现在仍然构成超过 90% 的马达加斯加语词汇）中有一个线索：这种语言有很多梵语借词，而梵语的影响在公元 400 年前后的海岛东南亚达到最大。

从历史语言学角度来看，南岛语系分布的地理位置东达南美智利的复活节岛，西至马达加斯加岛，南到新西兰，北达中国台湾和夏威夷岛，也为语言的变迁提供了一定的证据。

六、结　语

香料在世界历史上扮演重要角色，不仅在于其本身对饮食、医疗等社会生活发展的重要影响，更在于其贸易交换推动世界文化多元化，刺激海洋贸易和经济全球化的开始，极大地影响了另一个遥远大陆上的人和事。

通过海洋贸易，整个东南亚的发展史呈现一种动态的、多元化、多宗教的特征。其优异的地理基础孕育多种吸引外来商人的森林产物，又因其关键的地理位置促进交通往来和海洋贸易，东南亚深受不同时期外来文化的影响，包括物质文化生产、宗教以及语言文字。然而由于海岛东南亚地区较为恶劣的地理环境使得许多珍贵的历史资料难以留存，香料对该区域文化变迁的细节，如香料与手工艺品的专业化生产的联系，以香料为主的饮食起源和融合等，还待进一步补充。

参考文献

[1] 乔晓勤.区域互动框架下的史前中国南方海洋文化 [M].桂林：广西师范大学出版社，2016.

[2] 中国香料香精化妆品工业协会.中国香料香精发展史 [M].北京：中国标准出版社，2001.

[3] 李谋作.东方文化集成 东南亚古代史史料汇编 [M].北京：线装书局，2021.

[4] 李艳.历史比较语言学理论 [M].北京：中国社会科学出版社，2019.

[5] 谢明良.贸易陶瓷与文化史 [M].北京：生活·读书.新知三联书店，2019.

[6] 吴杰伟，张哲，聂慧慧等.东南亚宗教艺术研究 [M].北京：北京大学出版社，2019.

[7] 包茂红，李一平，薄文泽.东南亚历史文化研究论集 [M].厦门：

厦门大学出版社，2014.

[8] 贺圣达.东南亚古代文化：整体、多样与发展 [M].北京：线装书局，2022.

[9] 熊仲卿.香料贸易与印度尼西亚班达群岛的陶器演化 [M].广州：中山大学出版社，2019.

[10] [英] 多尔比.危险的味道：香料的历史 [M].李蔚虹等译.天津：百花文艺出版社，2004.

[11] [澳] 安东尼·瑞德.东南亚史 危险而关键的十字路口 [M].宋婉贞，张振江译.上海：上海人民出版社，2021.

[12] 夏时华，袁林.宋代海上丝绸之路诸国香料朝贡贸易规模与所持态度考察 [J].上饶师范学院学报，2022，42（1）：8.

[13] 许利平，孙云霄.古代印尼与中国香料贸易的变迁影响 [J].重庆大学学报（社会科学版），2021，27（5）：125–134.

[14] Shaffer L. Maritime Southeast Asia to 1500 [M]. ME Sharpe，1995.

[15] Hall K R. A history of early Southeast Asia：Maritime trade and societal development，100–1500 [M]. Rowman & Littlefield Publishers，2010.

[16] Hall K R. Maritime trade and state development in early Southeast Asia [M]. University of Hawaii Press，2019.

[17] Bellwood P. Prehistory of the Indo-Malaysian Archipelago：revised edition [M]. ANU Press，2007.

[18] Van Esterik P. Food culture in southeast Asia [M]. Greenwood Publishing Group，2008.

[19] Jacq-Hergoualc'h M. The Malay Peninsula：Crossroads of the maritime silk road (100 BC–1300 AD) [M]. Brill，2018.

土耳其独立战争内部战线的历史叙事研究

刘新越

（西安外国语大学　亚非学院）

【摘要】自土耳其共和国成立以来，土耳其主流的历史话语叙事长期由凯末尔主义者所主导。土耳其历史协会在规范官方史学，灌输土耳其官方历史教育方面发挥了重要作用。本文研究的主题是凯末尔主义官方史学有关土耳其独立战争内部战线的话语叙事，根据凯末尔主义史学的观点，凯末尔是独立战争天生的领导人，理所当然地拥有领导国民抵抗运动的政治与道义合法性，同时也获得了当时土耳其普通民众的广泛支持。这种观点在土耳其国内长期被奉为金科玉律，出于政治原因很少受到历史学家的质疑。近二十年来，随着土耳其国内政治情况的变化，更多独立战争相关文献得到披露，过去有关"国内叛乱"的一些研究禁区也得以放开。随着新材料的发现，近十年来国际上关于土耳其独立战争的研究有了很多突破性的进展，很多之前被忽视的历史事件、人物和团体都在近些年得到了史学家更多的关注。

【关键词】土耳其独立战争；凯末尔主义；史学话语；内战

【作者简介】刘新越，助教，博士在读。研究方向：土耳其政治历史

一、引　言

本文主要研究与批判的是凯末尔主义史学关于"土耳其独立战争内部

战线"的话语叙事。所谓内战战线（İç Cephe）是土耳其史学界对 1919 年至 1921 年在今天土耳其国境内凯末尔党人与其反对者之间爆发的军事冲突的统称。除了内部战线这一称呼外，土耳其官方史学将除了伊斯坦布尔政府以外所有凯末尔反对者组织的军事行动都称为"叛乱"。近年来，"土耳其独立战争的内部战线"和"叛乱"这两种称呼及其解读的合理性都愈发受到国际史学界的质疑与挑战。（Eissenstat 2003：94）但由于暂时还没有权威的新名词来代替这两种说法，为保证表意清晰、避免误解，本文将继续批判地使用这两个名词。

凯末尔主义史学是一种主要基于穆斯塔法·凯末尔·阿塔图尔克（Mustafa Kemal Atatürk，1881—1938）在 1927 年发表的"六天演讲"的历史叙述，在 20 世纪 20 年代末、30 年代初逐渐成型。在土耳其共和国于 1923 年 10 月 29 日成立后，土耳其国内关于共和国的合法性、独立战争的性质等问题并没有统一的话语论述，凯末尔在国内也仍旧面临怀念奥斯曼苏丹的"保皇派"势力的反对与挑战。为此，在凯末尔本人的关照下，土耳其历史研究协会（后改名为土耳其历史协会）成立，用以厘定关于土耳其历史的一些官方话语叙事。凯末尔主义史学的叙事由凯末尔主义的政治意识形态推动，并受到对凯末尔的个人崇拜的影响。凯末尔主义史学将奥斯曼帝国的传统视为引入西化政治改革的障碍，转而强调土耳其人在伊斯兰化之前的历史传统。凯末尔主义史学认为，土耳其人伊斯兰化之前在文化上是纯洁、未被腐蚀的。（昝涛 2012：128 – 129）关于本文所讨论的独立战争主题，凯末尔主义史学强调土耳其共和国与奥斯曼帝国历史的差异性与断裂性，认为凯末尔在领导一场土耳其全民族的独立战争后，推翻了奥斯曼帝国，建立了崭新的、革命性的民族国家。这一史观放大了凯末尔在第一次世界大战和土耳其独立战争中的作用，而忽略了奥斯曼帝国后期和土耳其共和国时期少数民族遭遇的苦难，并试图为土耳其政府的辩护，往往将库尔德人、切尔克斯人等少数民族其视为对国家的安全威胁，或外部势力煽动的叛乱分子。（昝涛 2019：94 – 95）

近些年来，由于凯末尔主义已不再是主宰土耳其政坛的唯一官方意识形态，土耳其政府放松了对土耳其独立战争史研究的一些政策限制，土耳其国内外出现了不少挑战凯末尔主义史学话语的历史研究。独立战争初期在爱琴海沿岸自发抵抗希腊入侵的泽伊贝克（zeybek）民兵团体，在安纳托利亚西北部活动、忠于伊斯坦布尔政府、以切尔克斯人为主的民兵团体，以及体现库尔德民族主义雏形的阔驰吉里叛乱（Koçgiri İsyanı）等历史主题逐渐成为土耳其研究的学术热点。诸如此类的多个主题在军人监政、凯末尔主义掌控土耳其政治的年代是土耳其国内历史研究的禁区，相关档案没有对外开放。但 21 世纪以来，这些主题的研究和相关档案在土耳其国内逐步放开，制造出了土耳其历史研究中一块新的探索领域。（Toumarkine 2021：368）值得注意的是，土耳其总参谋部近些年对外公布了部分档案，公布的档案主要与第一次世界大战的中东战线相关，但也有少量独立战争相关的新材料得到了公布，这些新材料自然对独立战争的研究者提供了重要帮助。土耳其学者贾内尔·耶尔巴什是最早借用这些新材料挑战凯末尔主义关于独立战争的官方史学叙事的学者之一，他对这些新公布的材料的价值和使用方法有精彩分析，（Yelbaşı 2019：10）其著作《土耳其的切尔克斯人》（The Circassians of Turkey）也因此引发了国际学界的广泛讨论。

二、历史名词的竞争——内部战线与内战之辩

本文认为，从 1919 年 5 月到 1921 年初，真正意义上的土耳其独立战争并未开始，因为此时凯末尔的主要目标在于组织、整合土耳其国内各派势力，建立并巩固以他自己为核心的政权，几乎没有余力组织起对希腊入侵军队的大规模抵抗。（哈尼奥卢 2017：117 - 118）凯末尔政权建构、巩固的过程远非后来的凯末尔主义史学所描述的那样自然而然，而是伴随着激烈的竞争与暴力冲突。在这一阶段，土耳其国内的政治势力大致可以归类为八个派别。凯末尔政权、伊斯坦布尔政府、联合与进步委员会前高层（以恩维尔帕夏为主）操控的政治势力、苏俄支持的左翼势力、自由与协约党势力、具有伊斯兰主义倾向的民兵武装、具有库尔德或切尔克斯民族主义倾向的准军事势力、乃至单纯的地方主义民兵武装，彼此间既有合作，也有竞争，但以竞争居多。土耳其历史协会统计了凯末尔在《大演讲》（Nutuk）中提及的反对他本人的"叛乱"（isyan），发现仅 1920 年凯

末尔政权就要面对 18 起此类叛乱。因此,本文认为 1919 年至 1921 年土耳其国内凯末尔与反凯末尔势力间的政治、军事冲突应被视为一个单独的主题,不应再按照传统史学的研究方式,被放置在土耳其独立战争研究的框架内。受到近些年相似主题研究的启发,本文计划将这一时期土耳其国内的军事冲突理解为一场"土耳其内战"(Avedian 2012:85),这种理解有助于研究者更好地注意到伊斯坦布尔政府和其他反凯末尔阵营的主体性,更密切地关注其活动与影响。

通过对土耳其独立战争的内部战线展开研究,本文计划重新检视凯末尔主义官方史学对独立战争作出的传统解读及其话语范式。为更好反思、检视凯末尔主义官方史学,此处必须厘清三个官方史学有意塑造的有关这一时期土耳其国内局势的迷思。首先,1920 年至 1921 年土耳其国内针对凯末尔政权的军事行动不应称为"叛乱",这种称谓体现出了内嵌在凯末尔主义官方史学思想中的时代错误(anachronism)与非历史主义(ahistoricism)。事实上,凯末尔政权在这一时期并非全民拥戴的唯一合法政权,大多数所谓的"叛乱者"从未宣誓效忠过凯末尔,比如安扎乌尔(Ahmet Anzavur)论军衔与凯末尔平级,此时他又被奥斯曼帝国中央委任为帕夏,受命平定凯末尔党人的"叛乱",在他看来,他是去镇压一场叛乱,而非发动叛乱。故而所谓的约兹加特叛乱(Yozgat İsyanı)、安扎乌尔叛乱、艾特海姆叛乱(Çerkes Ethem İsyanı)等军事行动应被理解为"土耳其内战"的一部分为宜。其次,切尔克斯族群在独立战争期间并非凯末尔主义者所称的"反动势力"(irticacı)、都站在伊斯坦布尔政府一边。(Atatürk 1989:15)相反,凯末尔的支持者中切尔克斯人所占比例很高,只不过其中大多数都不强调自己的族裔出身。(Besleney 2014:18)切尔克斯群体内部不同社会阶层的政治立场及其对国民运动的态度各不相同,其中军事贵族阶层基本站在凯末尔一边。凯末尔主义者后来对切尔克斯人的污名化主要是为了解释他们在戈南 – 马尼亚斯(Gönen-Manyas)地区驱逐切尔克斯人口的政策。(Yelbaşı 2018:940)最后,凯末尔是在独立战争期间逐步争取到大众支持和政权合法性。若按照马克斯·韦伯关于政治合法性的归类,凯末尔逐步享有的合法性应属于绩效合法性,因为一方面奥斯曼帝国既有的法律和规章制度并不允许凯末尔独立于伊斯坦布尔政府之外,自行领导军事组织，挑战苏丹的中央权威；而另一方面凯末尔本人并非卡里斯玛型的领导人，他很少诉诸于演讲或大规模动员来吸引民众的支持。（Aydemir 1964：56）相反，在整个独立战争期间，凯末尔都因为行事过于官僚化，埋头于政治事务而长期不顾及军事指挥而饱受军事领导层内部分人员的批判，凯末尔的官僚作风几乎是导致艾特海姆叛乱的主要原因。（Cebesoy 2010：104）仅仅是在 1921 年 1 月和 3 月两次伊诺努战争获胜后，凯末尔党人才逐渐赢得了部分民众的拥护，而越来越多原本居住在伊斯坦布尔的知识分子、退伍军官才参与到凯末尔的阵营当中，这在同时代知识分子的回忆录当中有明显的表现。（Adıvar，1928：115）同凯末尔党人的宣传相反，凯末尔在战争之初完全不具有全民拥护的领导地位。

有关土耳其独立战争中的内部战线，此前的相关研究一般都将其置在国内叛乱和凯末尔政敌研究的框架下，相关经典著作包括伊哈米·索伊萨（İlhami Soysal）的《一百五十人名单》（Yüzellilikler）、亚尔钦·托凯尔（Yalçın Toker）的《凯末尔反对者介绍》等。此外，有关艾特海姆这位对凯末尔阵营构成严重威胁的"叛乱者"，土耳其史学界也已有多部大部头的经典著作，其中包括尤努斯·纳迪（Yunus Nadi）所著的《艾特海姆部队的叛乱》、杰马尔·库塔依（Cemal Kutay）所著的《艾特海姆事件》（Çerkes Ethem Hadisesi）、沙杜曼·哈利吉（Şaduman Halıcı）所著的《艾特海姆》（Ethem）等。这些专著虽然引用档案丰富，内容详实，但倾向性很强，基本都带着批判的态度来研究这些"叛乱"的过程，其问题意识也在于"他们为什么反对凯末尔""是什么将这些个人或团体推向了背叛土耳其民族事业的可耻道路"。（Kutay，1955，8）这些著作首先带着凯末尔主义的偏见来展开研究，比如首先把艾特海姆当做是一个叛徒，然后再去在史料中去寻找他如何背叛、为什么背叛的细节，完全没有切入到他们研究的对象的视角，思考其行为逻辑与合理性。所以这些著作在今天看来更多是具有史料价值，因为它们本身就构成了凯末尔主义思想史、观念史的原始材料，而它们所表述的观点、总结的结论则较不具备参考价值。

三、多元视角下的土耳其独立战争

今天无论是大众还是多数专业的历史研究者并不了解一场"土耳其内

战"的存在，这本身是土耳其国家构建和凯末尔主义话语叙事成功的结果。凯末尔党人利用自己的政治权威，通过或是暴力、或是规训的方式禁绝了"土耳其内战"这样一个"能指"，而用"叛乱"或是"内部战线"这样的名词作为"能指"取而代之。使用何种名词因此是一种意识形态和政治立场的体现。因为土耳其内战的能指并不允许被表达，内战具体过程这样一个"所指"也就被逐渐模糊了，历史学家熟悉的研究对象只剩下安扎乌尔叛乱、艾特海姆叛乱、哈里发军、阔驰吉里叛乱这些割裂的事件，一直以来未能从政治合法性竞争的视角认识到这些事件彼此间的联系。在土耳其独立战争内部战线历史叙事的主题上，正如福柯在《词与物》一书中指出，权力关系决定了话语叙事的方式。因此，今天的历史学家有必要在研究这一段历史的过程中使用马克思所提出的视角切换研究方法，同时借用后殖民主义研究学者陈光兴所建议的一种"同心圆"的视角，从马尔马拉海南岸出发，先关注周边地区的切尔克斯民兵武装的活动，再将研究半径分别向东、向西延伸至安卡拉和伊斯坦布尔，注意到各个民兵武装和两个彼此竞争合法性的政权的关系，探讨这些民兵武装效忠不同对象背后的政治、文化与社会原因，再进而将更广阔的研究范围扩张至东方的苏俄和西方英国、法国，探讨这些外部势力在土耳其独立战争内部战线中发挥的影响，比如苏联和法国在 1921 年 3 月之后对安卡拉政权的支持在怎样程度上影响力土耳其内战与希土战争的最终结局。

本文认为，研究土耳其独立战争的内部战线，视角应在伊斯坦布尔政府、爱琴海泽伊贝克民兵武装、切尔克斯民兵武装、前联合与进步委员会高层和凯末尔政权诸个行为主体件来回切换。这种视角的切换有助于我们更好地把握局势的变化，避免带有视角偏见的单向度叙事。以下，本文将提出一种多元视角下的土耳其独立战争内部战线研究方式，以期提供一种有别于凯末尔主义史学的新型研究思路作为参考。

首先，研究者应以一战战败后的伊斯坦布尔政府为叙事中心，尤其是以奥斯曼帝国政府在一战末期及战后几个月内保全剩余领土、展开停火协定谈判的工作作为研究的开始，随后引出联合与进步委员会在战争结束前为战败后的防务工作所作的准备，同时也引出自由与协约党同联合与进步党间的冲突，凸显出战后奥斯曼帝国政府内部的主要矛盾。通过进一步介绍战后伊斯坦布尔政府和协约国谈判、清算联合与进步委员会"战犯"的工作，研究者应能得出结论，即在1920年下半年之前，伊斯坦布尔政府并非是凯末尔所称的"协约国操控的傀儡政府"。伊斯坦布尔政府后来的失败很大程度上是国内政局不稳定造成的后果，而不完全出于外交上的软弱无能。

随后，研究者可以将视角转向抵抗希腊入侵者的爱琴海地区民兵武装。尽管在希腊军队于1919年5月15日登陆伊兹密尔后，土耳其境内只有小规模的反抗活动。但不可否认这些抵抗运动早于凯末尔组织国民运动的时间，它们的重要性不应该被忽视。官方史学将凯末尔于1919年5月19日抵达萨姆松作为独立战争的起点，便模糊了爱琴海地区泽伊贝克武装在凯末尔之前就已经在抵抗希腊军队的事实。凯末尔及其战友的活动则应该放在这些民兵武装之后展开研究，注意将凯末尔置于他所处的时代与政治背景，也就是将凯末尔势力视为联合与进步委员会内部的边缘小团体，进而理解其行动。凯末尔虽然很早就是联合与进步委员会成员，但在1918年之前一直未能接近高层决策圈。不过凯末尔在奥斯曼帝国一战战败后的两年间迅速利用自己的政治组织能力获得了威信与地位，并逐步将这一威信转化为真实的政治权力。（Mango 2002：267）我将利用史料揭示凯末尔成功实现这一点的过程与原因，并进一步引出他与联合与进步委员会前高层之间的矛盾与权力斗争。值得注意的是，这一权力斗争总体而言并非通过暴力，而是凯末尔及其支持者经过精心的筹划与算计、通过在独立战争过程中逐步边缘化传统高层而缓慢实现的。这一过程在独立战争的官方叙事中被忽略，但正是它让凯末尔和其他独立战争领导者从合作的关系转换成为领导－服从的关系。在独立战争初期，其他和凯末尔具有相似地位和威信的军官推举凯末尔作为领导者，但起先凯末尔并不能强制发号施令，他需要与领导层其他成员协商、共同做出决策。在凯末尔和伊诺努建立起一个稳固的"政治－军事领导联盟"以后，凯末尔在安卡拉政权内部的绝对领导地位才得以确立。（Mango 2002：201）因此，研究者应该格外注意凯末尔巩固独立战争领导权的具体过程。

再次，研究者可以探讨恩维尔帕夏在1920年试图借助他在国内的支持者和苏联帮助介入土耳其国内政局的史实。事实上，1919—1921年土耳其国内存在着一种"三方博弈"——伊斯坦布尔政府、凯末尔主义者和尝试夺权的联合与进步委员会旧领导层。其中前两者是直接敌对的关系，而后两者既在竞争独立战争的领导权，又会有偶尔的合作。很多恩维尔的支持者会加入凯末尔的阵营，但同时也和恩维尔保持联系，向其通报土耳其国内局势的变化。时至今日，恩维尔在独立战争期间真正的政治意图依然有待查考。恩维尔帕夏是否有意图夺取独立战争的领导权，抑或是他仅仅希望在土耳其国内发展自己的势力，以便日后重返土耳其政坛。

在探讨各方争夺国民运动领导权的政治斗争之后，研究者可以将目光聚焦于凯末尔党人和国内其他政治势力间的"内战"，首先是要研究 1920 年土耳其国内一系列反对安卡拉政权的民兵组织"叛乱"。根据土耳其历史协会的统计，仅 1920 年土耳其国内就爆发了 18 场反对凯末尔政权的"叛乱"，这些叛乱中构成重要威胁的包括安扎乌尔叛乱、阿达帕扎尔－杜兹杰叛乱与约兹加特叛乱。其中艾哈迈德·安扎乌尔领导的两次"叛乱"给凯末尔政权带来了生死存亡的威胁，一度进军至距离安卡拉只有 100 公里左右的地区。此时的战争更接近一场内战，而非独立战争。事实上，如果凯末尔没有打赢这场内战，之后真正意义上的独立战争也不会展开。

在这场"土耳其内战"的过程中，民兵武装领袖艾特海姆 1920 年间扮演了安卡拉政权"拯救者"的角色，帮助凯末尔击退了多场危及其生死存亡的"叛乱"。然而，在土耳其大国民议会成立以凯末尔为中心的正规军队组建后，艾特海姆不愿服从正规军的调遣与统帅。此外，艾特海姆试图通过和左翼的绿军组织建立联系、出版宣传报纸等方式，在安卡拉加强其政治影响力，影响土耳其大国民议会的决策，这加深了他与凯末尔之间的个人矛盾。（Halıcı 2017：89）但艾特海姆与凯末尔之间矛盾的根源在于双方对彼此间关系的定位不同。艾特海姆认为他领导的民兵武装与凯末尔是合作关系，而安卡拉政权则决心要与艾特海姆建立上下级关系，要求直接统领艾特海姆的民兵武装，这是艾特海姆不可能接受的。因此，艾特海姆的民兵武装便从安卡拉的"拯救者"变为了潜在的威胁。凯末尔最终于 1921 年 1 月决定通过军事手段解决这一威胁，艾特海姆遭受正规军的逼迫，被迫决定与希腊军方达成协议，逃往希腊占领区。近年来，很多研究者已经在一定程度上为艾特海姆正名，反驳了官方史学将他污名化为"贪恋政治权力的民族叛徒"的说法，例如耶尔巴什利用艾特海姆自己的回忆录和同时代人对他的描述，成功复原了一个更加全面、生动的民兵领袖形象。

最后，研究者应更多关注伊斯坦布尔政府组织起哈里发军（Kuva-yi İnzibatiye）并利用哈里发军和安卡拉政权展开内战的过程。这一研究主要应回答的问题就是伊斯坦布尔政府为何会逐渐失去民心，丢失其统治合法性。然而，研究者应格外注意避免一种结果导向的历史论述，避免过分夸大凯末尔在这一阶段获得的大众支持。近年来有关独立战争期间土耳其社会史的研究的突出成果就在于关注了普通民众在这一时期的思想与情感，利用了他们的视角，而不是单一的民族主义叙事来研究当时土耳其社会的情况。

四、结　语

国际历史学界对土耳其独立战争的研究已经非常深入，研究成果的数量也足够庞大。但其中大部分都严格遵循了凯末尔主义的官方史学立场。在土耳其国内这更多是因为政治方面的原因，而土耳其国外的历史学者过去则因为无法接触到很多尚未公开的档案材料（尤其是涉及反对凯末尔的政治势力的历史资料），而无法展开更为全面、客观的研究。2023 年是土耳其共和国成立 100 周年，也是土耳其独立战争胜利 100 周年。借着周年纪念，独立战争相关的历史研究势必会成为学界研究的一个热点。近些年来，国际主流的土耳其历史研究正在利用近年来开放的档案材料，努力尝试挑战凯末尔主义官方史学的禁锢，推陈出新，研究独立战争中很多过去长期被忽视的侧面，包括拥护奥斯曼政府的"保皇派"的政治活动、库尔德人和切尔克斯人等"少数民族"在独立战争中扮演的角色等等。土耳其独立战争中的内部战线也正是一个新颖、且愈发受到国际学术界关注的主题。此外，关注传统历史叙事中被忽略的边缘群体在时代中的地位与作用也是国际史学研究的一个总体趋势。因此，本文既契合国际土耳其史学研究的新方向，又迎合了土耳其历史研究的一个周年热点。

正视并系统研究土耳其独立战争内部战线的另一个原因则在于凯末尔

能够领导一场土耳其独立战争，比获得独立战争的胜利更为困难。在获得领导独立战争的地位的过程中，凯末尔面对的敌人更多，国内局势更复杂，而此时此刻他本人掌握的政治、军事、经济资源也非常有限。当凯末尔党人在 1921 年 1 月在第一次伊诺努战役中战胜希腊军队、在正面战场上第一次击败希腊军队后，来自苏俄，以及随后来自法国、意大利的援助纷至沓来，凯末尔党人势力的发展壮大自然顺理成章。换言之，只要凯末尔成为了土耳其国民抵抗运动无可争议的领导人，他只需要赢得一场重要的军事胜利就足以扭转外交局面。（Yelbaşı 2019：20）在 1921 年两次伊诺努战役和萨卡利亚河战役之后，凯末尔党人便基本上奠定了胜局。因此，凯末尔的成功之处应在于他整合、统一了当时土耳其国内大多数军事、政治势力，凯末尔从 1919 年持续到 1921 年的这一夺权过程充斥着勾心斗角与暴力，而并非凯末尔主义史学所描绘的那样是一个众望所归的结果。但凯末尔能够在一战后如此纷繁错杂的局面中脱颖而出，并战胜多股挑战他的政治、军事势力，足以说明他出色的外交才能与政治手腕。在 1921 年初凯末尔击败了其国内所有政治对手后，他才能够将主要的精力放在抵抗希腊军队一边，但此时国际形势已发生了剧烈的变化。1921 年 3 月后，希腊在希土战争中是被孤立的一方，它背后只有英国三心二意的支持，而土耳其背后不仅有苏俄全心全意的支持，两个协约国势力法国和意大利都出于和英国明争暗斗的矛盾，在财政方面大力援助新生的凯末尔政权。因此凯末尔党人的胜利不在于战场，而在于外交。单纯从军事史的角度来研究独立战争的进程，这段历史是乏善可陈的。但如果从外交史的角度考查，凯末尔党人作为一个反叛奥斯曼帝国中央政权的政治派别，在短短两年时间内就成功获得外交上的承认与支持，这段历史就是异彩纷呈的。

重新检视与反思凯末尔主义官方史学的目的并非是反驳或彻底批判官方史学的叙事，而仅仅是挑战官方史学话语体系所代表的土耳其民族主义历史叙事的霸权地位，进而提供新的视角和研究范式，让不同的阵营都能发出声音，力图塑造一种多元主义的历史叙事，以便未来的研究者可以用一种更全面、客观的眼光来看待 1919 年至 1921 年土耳其独立战争"内战阶段"间发生的历史事实。

参考文献

[1] Adıvar, Halide Edib. The Turkish Ordeal: Being the further memoirs of Halide Edib [M]. London: John Murray, 1926.

[2] Avedian, Vahagn. State Identity, Continuity, and Responsibility: The Ottoman Empire, the Republic of Turkey and the Armenian Genocide [J]. European Journal of International Law, 2012 (3): 797 – 820.

[3] Aydemir, Şevket Süreyya. Tek Adam: Mustafa Kemal Atatürk. 1919 – 1922, Cilt 2 [M]. Istanbul: Remzi Kitabevi, 1964.

[4] Atatürk, Mustafa Kemal. Nutuk [M]. Ankara: Atatürk Kültür, Dil ve Tarih Yüksek Kurumu, 1989.

[5] Besleney, Zeynel Abidin. The Circassian Diaspora of Turkey [M]. Oxfordshire: Taylor & Francis, 2014.

[6] Cebesoy, Ali Fuat. Millî Mücadele Hatıraları [M]. İstanbul: Temel Yayınları, 2010.

[7] Eissenstat, Howard. History and Historiography: Politics and Memory in the Turkish Republic [J]. Contemporary European History, 2003 (1): 93 – 105.

[8] Gingeras, Ryan. Notorious Subject, Invisible Citizens: North Caucasian Resistance to the Turkish National Movement in Northwestern Anatolia, 1919 – 23 [J]. International Journal of Middle East Studies, 2008 (1), 89 – 108.

[9] Halıcı, Şaduman. Ethem [M]. Istanbul: E Yayınları, 2017

[10] Kutay, Cemal. Çerkes Ethem hadisesi [M]. Istanbul: Türkiye Ticaret Matbaası, 1955.

[11] Mango, Andrew. Ataturk: The Biography of the Founder of Modern Turkey [M]. New York: Abrams Press, 2002.

[12] Soysal, İlhami. Yüzellilikler [M]. Istanbul: Gür Yayınları, 1985.

[13] Toker, Yalçın. Atatürk Muhaliflerinden Portreler [M]. Istanbul:

Toker Yayınları, 2011.

[14] Tourmakine, Alexander. Coming to Terms with the Imperial Legacy and the Violence of War: Turkish Historiography of World War I between Autaurchy and a Plurality of Voices [A]. In Christoph Cornelissen; Arndt Weinrich (eds.). Writing the Great War: The Historiography of World War I from 1918 to the Present [C]. Oxford: Berghahn Books, 2021: 368 – 408.

[15] Yelbaşşı, Caner. The Circassians of Turkey: War, Violence and Nationalism from the Ottomans to Atatürk [M]. London: I. B. Tauris, 2019.

[16] Yelbaşşı, Caner. Exile, resistance and deportation: Circassian opposition to the Kemalists in the South Marmara in 1922 – 1923 [J] Middle Eastern Studies, 2018 (6): 936 – 947.

[17] Zürcher, Erik Jan. The Young Turk Legacy and Nation Building: From the Ottoman Empire to Atatürk's Turkey [M]. London: I. B. Tauris, 2010.

[18] M.许克吕·哈尼奥卢.凯末尔传 [M].时娜娜, 译.北京: 商务印书馆, 2017.

[19] 昝涛.全球史视野下的土耳其革命与变革——以民族主义、独立革命与世俗化为例 [J].社会科学战线, 2019 (03): 94 – 113.

[20] 昝涛.奥斯曼、伊斯兰还是土耳其? ——浅析土耳其独立运动的革命话语问题 [J].西亚非洲, 2012 (01): 128 – 138.

合作与冲突：疫情前坦桑尼亚中国建筑公司及其与当地雇员互动研究

李 烁

（西安外国语大学 亚非学院）

【摘要】2016 年，笔者曾在坦桑尼亚对中铁建工集团东非有限公司（CRJE（EAST AFRICA）LIMITED）进行了为期一个月的实地考察，观察到当地发生的冲突主要涉及两方面：文化差异和政治经济差异。文化差异体现在项目中的中国人与当地人的生活方式没有太多交集。虽然在中国人群体中也有教育背景、社会地位等方面的区别，但中国人和当地人在情感和文化上的分隔很大。此外，由于缺乏对东道国文化的正确了解，以及中国人之间流传的偏见和谣言，再加上每天遇到的罢工和盗窃事件，最初的偏见演变为不信任和自我优越感，这一点通过中国人对当地工人的态度表现出来。关于政治和经济方面的纠纷是全世界劳工和资本之间普遍存在的问题。一方面，时任总统马古富力希望通过执行最低工资法和强制劳资双方签订合同的要求来保障工人权益并缩小贫富差距。而由于缺乏政治权利，CRJE 不得不遵循当地政府的政令。另一方面，CRJE 可以利用其有利的地位和财政手段轻易绕过政令。在这个过程中，腐败牵涉了当地地方官员。除了这些现象，经济理论只能部分地解释 CRJE 在劳工问题上的运作模式。

【关键词】中非关系；中国跨国公司；劳资冲突

【作者简介】李烁，助教，硕士。研究方向：中非关系及非洲政治经济。

一、引　言

2016年，笔者曾在坦桑尼亚进行了为期一个月的实地调查，探访了两家中国公司并了解其运营情况，特别是两家公司与当地雇员的互动。2019年新冠疫情开始肆虐，也改变了中非合作的方方面面，作为疫情前的纪实性调查，本文将对今后研究这一时段相关问题的学者提供一些参考。由于篇幅所限，本文仅对第一家中国公司，即中铁建工集团东非有限公司（CRJE（EAST AFRICA）LIMITED，以下简称为CRJE）① 的情况进行描述，通过研究中国企业微观层面的运作模式以及中国雇主和坦桑尼亚雇员之间的互动，我们可以更好地理解中方对当地经济的贡献，在异域环境中面临的问题和障碍，以及给当地人带来的冲突。下面是对中非近期经济交往的回顾。

中非间的近期经济交往可以被广泛地视为经济全球化的一部分，其特点是商品、服务、技术和资本的国际交换，以及国内和外部经济活动的更大整合和相互依赖。而两地之间的经济交往正呈现不断增长的趋势。尽管中国经济增长速度放缓，但中非间贸易持续蓬勃发展，2021年中非双边贸易额达2542亿美元，中国已连续13年保持非洲最大贸易伙伴国地位，而非洲已连续近20年在中国对外工程承包海外市场中占据第一或第二大份额。截至目前，已有46个非洲国家以协议形式参与"一带一路"建设，人口占全非总数的96.3%，土地面积占96.1%，GDP占98.1%②③。

---

① 该公司中文简介请参见：http：//ydyl. cacem. com. cn/photos/EB5F603D＿15509C5D. pdf；该公司英文简介请参见中国驻坦桑尼亚大使馆经济商务处发布信息，网址：http：//tz. mofcom. gov. cn/article/supplydemandofchina/202008/20200802993756. shtml.

② 中华人民共和国商务部西亚非洲司. 2021年中非经贸合作数据统计［EB/OL］. http：//xyf. mofcom. gov. cn/article/tj/zh/202204/20220403308229. shtml，2022－04－28.

③ 汪段泳. "一带一路"倡议在沿线主要区域的进展·非洲篇［EB/OL］. http：//xyf. mofcom. gov. cn/article/tj/zh/202204/20220403308229. shtml，2021－06－22.

　　然而，两地之间的贸易是不对等的，撒哈拉以南非洲国家主要向中国出口初级商品，包括石油、矿产和其他自然资源，并从中国进口各种工业制成品和消费品①。根据中国国务院于2021年11月26日发布的《新时代中非合作》白皮书，中国对非洲的外商直接投资（FDI）主要聚焦于基础设施、能源、制造业和农业等领域②。根据商务部发布的《中国外商投资报告2022》，2021年中国在非洲的FDI存量为399亿美元，占全非洲FDI流入存量总额的4.8%。与2006年末相比，中国对非洲的FDI存量年均增长率为31.6%，大幅高于全非洲存量年均增长率的8.8%③。中国已经成为非洲第一大直接投资国，超过了美国和欧盟。中国在非洲的投资主要由民营企业实施，占在非洲直接投资中国企业总数的90%，占中国对非直接投资总额的70%。中国民营企业对非洲的投资动力直接来自于非洲市场的发展前景和与中国日益深厚的产业链和消费市场的衔接④。

　　从地理上看，中非交往涵盖了所有撒哈拉以南非洲国家，从传统的英语非洲国家到法语非洲国家，从西方定义中的民主政权（例如南非、纳米比亚和博茨瓦纳）到威权政权（例如津巴布韦和苏丹)⑤。与中国交往国家类型的多样化说明中国在非洲的活动更倾向于经济方面的考量。中国在撒哈拉以南非洲国家活动的角色不仅涉及巨大的国有企业，还涉及私人公司、小商贩和援助人员，他们经营自己的业务，追求各种目标。例如，

――――――――――

①Pigato，M. and Tang，W. China and Africa：Expanding Economic Ties in an Evolving Global Context［M］. Washington，DC：World Bank，2015：5.

②新华社. 新时代的中非合作［EB／OL］. http：／／xyf. mofcom. gov. cn／article／tj／zh／202204／20220403308229. shtml，2022－04－28.

③非洲黄皮书课题组. 中国在非洲FDI存量占比仍在上升［EB／OL］. https：／／www. pishu. cn／psgd／524176. shtml，2018－08－16.

④于泽. 中国已成为非洲第一大直接投资国：投资非洲就是投资未来［EB／OL］. ht-tps：／／finance. sina. com. cn／zl／international／2021－04－14／zl－ikmyaawa9654201. shtml，2018－08－16.

⑤Alden，C. China in Africa：Partner，Competitor，Or Hegemon［M］. London：Zed Books，2007：70.

Dobler 记录了在纳米比亚与安哥拉的边境城镇 Oshikango 的中国侨民现状和他们所经营的生意——向当地消费者和安哥拉买家出售中国进口产品的批发或零售商店①。

相对于中国和非洲大陆之间互利和特殊友谊的官方言辞外，中国和撒哈拉以南非洲国家之间目前的经济和政治交往引起了众多西方学者、评论家、记者和政治家的批评，原因如下：

中国在撒哈拉以南非洲国家的 FDI 似乎受到了最多的批评。许多媒体文章和学术报告都提到中国的 FDI 主要集中在石油、天然气、矿产和林业等资源领域，并相应地偏向于在安哥拉、尼日利亚、赞比亚等资源丰富的国家投资。一些评论家称这是对非洲的新争夺或新殖民主义。例如，聚焦中国在非洲的采矿业并得出以下结论：中国在非洲采矿业（包括石油、矿产和林业）的驱动力来自于中国自己的国内经济增长。他评论道，中国不会仅仅为当地利益服务，尽管在获取非洲丰富资源来促进中国自己的工业化进程中，非洲人将得到援助、减免债务和建设基础设施的好处②。

由于中国的 FDI 集中在采矿业，中国公司在该领域的一些不良行为经常暴露在公众面前。例如，对当地环境的破坏和劳资矛盾的激化是学者们经常批评的问题。同时，中国政府奉行的不干涉对方内政和无条件援助的原则也引起了其他援助国和非洲学者的争议。争议的焦点集中在中国政府援助的目的，以及对西方援助国在撒哈拉以南非洲国家促进善治和民主努力（西方政府对援助的普遍附加条件）所产生的影响。

中国在非洲所受到的批评普遍适用，而笔者要研究的中国建筑公司也有一些类似的特点。正如 Alden 指出的那样：未来，中非关系将越来越多

①Dobler，G. Chinese Shops and the Formation of a Chinese Expatriate Community in Namibia [J]. The China Quarterly, 2009, 199: 707.

②Jiang, W. Fuelling the Dragon: China's Rise and Its Energy and Resources Extraction in Africa [J]. The China Quarterly, 2009, 199: 585.

地由非洲人和中国人在当地的互动而不是北京或非洲精英所决定。成千上万新定居中国商人的行为以及他们生活和工作的非洲社会的行为将与政府层面的外交和让步同样重要①。

二、CRJE 阿鲁沙项目及其与当地雇员互动

笔者研究和观察的第一家公司是中铁建工集团东非公司（CRJE），它是中铁建工集团有限公司（China Railway Construction Engineering Group，以下简称 CRCEG）的一家子公司。根据该公司网站的简介，CRCEG 本身是中国中铁股份有限公司（China Railway Group Limited，以下简称 CREC）的全资附属企业，而 CREC 是《财富》世界 500 强之一。上述公司的组织结构如下图所示：

中国中铁股份有限公司（China Railway Group Limited, CREC）

中铁建工集团有限公司（CRCEG）

中铁建工集团东非公司（CRJE）

作为 CREC 的子公司，CRCEG 的经营区域覆盖中国大陆所有省份、香港和其他 20 个国家和地区。CRCEG 过去的成就包括 20 世纪 50 年代和 60 年代在中国的一些早期项目，例如中国第一个大型火车站——北京火车站。而达累斯萨拉姆的 TAZARA（坦赞铁路）火车站也是由当时 CRCEG 的前身所建。目前，CRCEG 还承建了中国一些标志性建筑，如北京南站和北京中国国家图书馆等②。

作为 CRCEG 的子公司，CRJE 负责坦桑尼亚、肯尼亚和乌干达等东非

①Alden，C. China in Africa：Partner，Competitor，Or Hegemon［M］. London：Zed Books，2007：70.

②该公司中文简介请参见 http：//www. crceg. com/tabid/117/Default. aspx；其英文简介请参见 http：//www. crceg. com/en/tabid/177/Default. aspx.

国家的业务。在坦桑尼亚，CRJE 有 5 个分公司，包括 DSM（坦桑尼亚首都达累斯萨拉姆，Dar es Salaam）分公司、桑给巴尔分公司、北方分公司、M&E（机械和电子）分公司和房地产分公司。目前，该公司已按坦桑尼亚类别注册为一级建筑和民用承包商，并深入参与了当地建筑市场的竞争。2009 年和 2011 年，该公司被评为坦桑尼亚最佳外国承包商。一些地标性建筑如坦桑尼亚议会大厦、乌胡鲁高地公寓楼（Uhuru Heights Apartment Building），以及一些豪华酒店，如乞力马扎罗凯悦酒店和桑给巴尔梅利亚度假村等都由 CRJE 承建①。

笔者做研究的具体项目是 CRJE 在阿鲁沙的项目，名为阿鲁沙凯悦酒店。根据凯悦酒店集团的官方网站，阿鲁沙凯悦酒店将由 ASB 控股（坦桑尼亚）有限公司（ABS Holdings（Tanzania）Limited）与凯悦酒店集团合作管理。而 ASB 控股（坦桑尼亚）有限公司是迪拜一家名为 Albwardly Investments 的阿拉伯联合酋长国（UAE）控股公司的子公司。作为承包商，CRJE 承担了整个项目的建设，合同中规定的项目时限为 24 个月②。

（一）CRJE 项目工地日常工作的描述

整个项目于 2015 年 6 月开始。截止笔者访问期间，施工进度已达 80%。据笔者的受访者介绍，该项目预计在 2016 年 6 月完工，剩下的工作主要是其余主体部分的施工和内部装修。项目的工地被分为几个区域，包括施工区、办公区和住宿区。所有从事办公室工作和管理层面的雇员都是中国人。办公室工作包括管理工作、技术指导工作和采购工作，代表了公司的最高职位。另一个包括大多数中国人的群体是工头，一些孟加拉国雇员也被划入这个群体。而基本工作则由坦桑尼亚当地雇员（主要是男性）完成，他们分为两组：大工（能操作机器和做一些技术工作的熟练工人，

---

①CRJE 参与建设项目详情请参见 https：//www. developmentaid. org/organizations/view/39908/crje-ea-limited-china-railway-jianchang-engineering-ltd.

②阿鲁沙凯悦酒店项目详情请参见 https：//www. globaldata. com/store/report/asb-hyatt-regency-arusha-tanzania/

如抹灰和制模等）和小工（做基本体力工作的工人，如搬砖和搅拌水泥等）。其他接待工作和安保工作由当地雇员完成。在项目中工作的大部分雇员都是坦桑尼亚当地雇员。中国和孟加拉工头是第二大群体，只有6名中国雇员负责办公室工作。

据笔者观察，每天早上8点左右，整个项目就开始了。当地工人从城市的不同地方进入工地。中国和孟加拉工头与另外三名中国技术工程师住在项目的住宿区。其余的中国雇员住在离项目不算近的地方，他们称自己的住所为"基地"。

基地是位于项目南部的一个独立院落。整个院落由两个院子组成，外院和内院。外院被高高的砖墙包围，有一个巨大的前门，由当地保安人员把守，外院有几个房间，用作会计和木匠的办公室和宿舍。在外院的一侧有一个仓库，储存着不同的建筑材料。

图一　基地的外院

穿过分隔内外院的大门，可以一窥内院的布局。大多数中国雇员住在内院，包括阿鲁沙凯悦酒店的经理和另一位负责塞伦盖蒂酒店项目的经理。除了宿舍之外，厨房和食堂也包括在内。一名中国厨师为全体雇员提供早晚餐，两个当地的女佣被雇来协助厨师处理杂事，以及院子里的作物种植和牲畜饲养工作。红灯笼的装饰，散落在内院外的竹林，以及贴在墙上的对联，都提醒访客这个与周边地区相隔绝空间的中国特色。每天晚上，管理层的中国雇员都会在基地短暂休息，吃晚饭，观看中国电视节目（有一个数字电视盒可以接收中国电视频道），互相聊一聊白天发生的趣事，然后睡觉，准备迎接新的一天。第二天早上吃过早餐后，除了在基地有办公室的木匠和会计外，其他中国雇员会在早上 8 点左右被送到凯悦项目工地，开始他们的日常工作。

图二　内外院间的大门

从早上 8 点到中午 12 点，工头先把工作分配给大家，工人们就开始进行自己的工作。到了中午 12 点，雇员们被叫去吃午饭。当地雇员和中国雇员在不同地点用餐，食物也不同。虽然中国雇员与孟加拉国雇员在同一区域用餐，但中国人内部的分隔很明显，负责管理或技术工作的 6 名中国雇员坐在一张桌子上，其余的坐在其他桌。而公司对两个群体的待遇也不同。据笔者采访的这两个群体的受访者说，只有管理层的中国雇员有 CRJE 提供的社保，而工头则没有这种待遇。

有一个有趣的现象是，几乎所有的中国工头都来自江苏，在这里工作之前，他们大多有在中国从事建筑工作的经历。据笔者的一位受访者说，孟加拉国的工头是专门从孟加拉国雇来的，工资是每月 500 美元。这些工头已经在坦桑尼亚工作了几年，一旦有新的项目投产，他们就会从一个项目转到另一个项目，并积累了大量跟随他们的技术工人。

图三　基地的内院

每周，管理层的中国雇员都会根据本周的进展情况开会讨论下周的任务，并将任务分配给工头。工头将雇用工人（包括熟练工人和初级工人）的数量与他们被分配的任务以及下面要讨论的重要经济因素匹配。工头在这里成为工人的实际监督者和直接管理者。项目经理和建筑工程师则通过工头间接地指导和管理工人。因此，当地雇员和中国人之间最频繁的互动实际上发生在工人和工头之间，而笔者采访的一些当地工人用斯瓦希里语称工头为 bosi（老板）。

从中午 12 点到下午 1 点，休息一小时后，人们又开始工作。而在下午 5 点左右，所有人都停止工作。当地雇员回到他们在阿鲁沙不同地区的住所，同时，当地司机会送 3 名中国雇员到基地，住在项目内的雇员则在项目的食堂吃饭。在笔者实地采访期间，项目进行得相当顺利，没有发生重大的罢工或冲突。然而，这并不意味着整个项目是和谐的。在笔者采访之前，有当地媒体报道 CRJE 的不同项目发生零星罢工。而据笔者采访的中国经理说，今年年初，CRJE 的阿鲁沙凯悦酒店项目发生了三次罢工，要求赔偿他们在名义和实际执行最低工资法期间的亏欠工资。

（二）中方管理人员与当地雇员之间的纠纷

根据笔者自己的观察和对中方管理人员的采访，项目中最大的问题仍然是代表劳工群体的当地雇员和扮演管理者和监督者角色、代表公司背后资本的中方雇员之间的纠纷。而这一纠纷涉及两个方面：

第一个方面有关人种学和文化。大多数中国受访者来到坦桑尼亚时，对坦桑尼亚的社会、历史和文化并不了解，而在坦桑尼亚工作的两个最大诱因是相对高的工资和压力较小的生活。笔者的同学，即项目的采购曾在坦桑尼亚学习一年，加之经常与当地供应商交流，能够说一口流利的斯瓦希里语。除她之外，大多数中国雇员不能使用斯瓦希里语与当地人就不同话题进行深入交流。而且由于缺乏对东道国社会的了解，许多中国受访者在来坦桑尼亚之前就有一些偏见和刻板印象。

笔者的中国受访者所表达的一个常见的刻板印象是懒惰。尽管当地工人忙于他们的日常工作，而且工作进展相当顺利和高效（80% 的项目工作已经完成），但管理人员似乎仍不满意。塞伦盖蒂项目的经理甚至概括地说，懒惰是当地人的人种学特征，而一位技术员把懒惰解释为天性乐观，即享乐主义。

当中国人遇到工人发动的罢工、工地上发生的一些盗窃事件以及双方之间的语言障碍时，这种刻板印象变得愈加严重，并逐渐演变成对工人的不信任，有时甚至演变为一种文化或社会优越感。这种不信任和优越感可以通过工人和他们的实际监督者，即中国工头之间的互动模式表现出来。虽然中国工头会说一些斯瓦希里语，但他们使用的大部分语言都是命令式的，有时还带着不耐烦的态度责骂工人。在笔者访问期间就有一位工头和一位工人之间发生了争吵。这也是项目中的工人们经常抱怨的。他们说，工头们喜欢"制造噪音"。笔者采访的大多数工人都说他们经历过中国工头的责骂。这种情况只发生在与工头有直接冲突的工人身上，对于那些在接待处工作的工人来说，他们不必忍受项目经理（他们老板）的责骂。例如，Daudi 先生是整个项目的警卫（斯瓦希里语：ofisa usalama），由于他能使用流利英语，他也是经理们的翻译。他的上司是项目经理徐先生，在没有与上司直接冲突的情况下，他对公司的评价是相当不错的。他表示他的工资基本上够他养活家庭。而他对项目工人罢工的看法也很有意思——他认为工人没有遵守法律程序。工人们对责骂的反应各不相同，有些工人告诉笔者，他们已经习惯了工头的态度，不管工头如何责骂，他们都会听从工头的指示。但也有人觉得责骂非常烦人，并表示因为工头的不耐烦他们不敢报告工作中遇到的困难，Amini 先生就是其中之一。关于项目中发生的盗窃事件，中国经理抱怨当地警察破案效率低下。大多数中国雇员不能客观地对待盗窃案，并将个案归结为人种学问题。在受访者中，只有阿鲁沙的项目经理徐先生对这些案件有相当公正的看法，并引用了一句中国俗语"穷山恶水出刁民"。他举了一个例子，项目的会计在中国农村经营他的养鸭场，最后由于当地人的阻挠而失败，并将发生在阿鲁沙项目的盗窃事件与中国农村当地人的故意阻挠作了类比。如果这种不信任只源自工头，其影响不会大到影响坦桑尼亚当地人的就业机会。然而，负责塞伦盖蒂项目的经理对当地人有很深的不信任感，尽管 CRJE 曾经在每个项目中都实施了雇佣当地仓库保管员的政策，但由于他本人的抵制，加之公司的威权式管理模式，这一政策并未在阿鲁沙项目中实行。

纠纷的另一个方面关于工资和其他经济因素，这也是项目运营期间发生的大多数罢工的主要原因。然而，在批评管理层中貌似微不足道但实则权力不小的中国人之前，一些关于生产过程的基本经济学观点，包括劳动力作为生产过程的投入要素之一，生产过程中产生利润的分配以及最低工资法的后果都值得探讨。这些基本经济规律很重要，因为大多数时候它们支配着一个国家的经济运行。一旦一国人民希望实现更高的经济增长和获得更好的收入，这些经济规律就会凸显其重要性。然而，这并不意味着管理者对他们的雇员可以不负责任或者应该忽视工人的要求。因此，以下部分将介绍有关劳动力市场的经济规律，并介绍 CRJE 在面对坦桑尼亚政府的法规时的一些反应。

1. 新古典主义经济学对劳动力市场的看法

新古典主义经济学认为，当劳动力的供求达到平衡时，工资必须等于劳动的边际产品价值。在生产过程中，土地和资本的价格与上述劳动力的决定方式相同[1][2]。

回到中国建筑公司，就当地工人的工资而言，他们在这里工作是否足够合理和公平？分析坦桑尼亚的建筑市场，作为坦桑尼亚现有的众多承包商之一，CRJE 对建筑市场和劳动力市场不具备控制能力。如果 CRJE 支付给工人的工资低于其他公司的工资，那么工人自然会转向这些公司，而 CRJE 将面临工人短缺的问题，这可能会影响项目的进展和公司的利润。通过项目的木匠工头所举的一个例子，我们可以感受到 CRJE 对劳动力市场缺乏控制的理论假设。据他说，几乎所有接受过他的培训并掌握了木工技能的初级工人都辞去了在 CRJE 的工作并在其他地方自己工作。他告诉笔者这是由于公司无力支付这些技术工人满意的工资。他开玩笑地把自己比作一个没有任何学费的培训机构，目前仍有一些工人在他的监督下，但他说："那些？那些人还不如我以前的工人。聪明的男孩现在都出去了！"

在马古富力总统实施最低工资法之前，根据中国经理人的说法，小工（初级工人）的平均日工资曾在 5000 – 6000 先令左右（按当时汇率相当于 15.13 – 18.16 人民币），而表现最好的大工（技术工人）的最高日工资不超过 15000 先令（按当时汇率相当于 45.40 人民币）[3]。而且他们的工作模式也很随意，据笔者的受访者说，他们很少与公司签订合同。此外，他们的工资往往是按日支付的，这意味着除了公司支付的工资外，他们没有任何其他形式的社会福利保障，尽管当地雇员表示在及时支付工资方面，CRJE 比当地小公司做得更好。除了这种临时性的工作模式，由于缺乏合

---

①Varian, H. Intermediate microeconomics [M]. New York：W. W. Norton & Co, 2010.

②Mankiw, N. Principles of microeconomics [M]. Mason, OH：South-Western Cengage Learning, 2012.

③此处汇率参照 2016 年 6 月平均汇率，当时 1 元人民币 = 330.41 坦币（坦桑尼亚先令），参考网站 https：//chl. cn/？tzs – 2016 – 6.

同的约束和建筑领域公司的零星需求，工人的流动也相当频繁。据笔者采访的中国经理说，项目进行得相当顺利，工地上没有发生任何罢工和纠纷。然而，在马古富力总统实施新的劳动法后，劳动条件发生了重大变化，中国公司也立即对这一变化做出了反应。

2. 最低工资法的执行及其后果

在笔者采访期间坦桑尼亚劳动和就业部长已经根据《劳动机构法》（2004 年第 7 号）（Labour Institution Act（No. 7 of 2004））公布了最低工资令。新的工资令于 2013 年 7 月 1 日生效，并于 2013 年 6 月 28 日作为 2013 年第 196 号政府公告发布①。根据当时的最低工资令，一级承包商公司的雇主的日最低工资被规定为 12500 先令（按当时汇率相当于 37.83 人民币），月最低工资被规定为 325000（按当时汇率相当于 983.63 人民币）。虽然新的最低工资令在 2013 年 6 月生效，但据笔者的受访者说，新政令连同《2004 年就业和劳动关系法》（Employment and Labour Relations Act 2004）在实际操作中自马古富力新政府运作才开始执行。而在基奎特政府时期，据基地的两位中国经理说，承包商协会与政府进行了谈判。然而，现任总统马古富力上台后，承包商协会与政府之间的谈判破裂，该法律被正式强制执行。

在分析和评估中国公司执行最低工资法及其后果之前，关于最低工资法的一些经济观点值得注意。新古典主义经济学家认为当精英政府官员认为目前的分配制度不公平且工人的生活条件应该得到改善时，最低工资就是由政治力量设定的价格底线。然而，执行最低工资法的政策可能与精英官员最初的期望不符且产生不利影响。执行最低工资法的一个典型假设是它将导致失业率的上升。世界银行将失业率定义为劳动力中没有工作但愿意且正在寻找就业的人所占的比例②。根据 CRJE 面对的坦桑尼亚建筑市场模式，在一个竞争性市场中（就劳动力市场和最终商品和服务市场而言），

①ATE. Wage Order 2013. Dar es Salaam，2013.

②请参见世界银行英文官方网站 https：//databank. worldbank. org/metadataglossary/world-development-indicators/series/SL. UEM. TOTL. NE. ZS.

劳动力的需求量和劳动力的普遍工资是由括号内两种因素决定。最低工资法的实施增加了企业支付给雇员的工资，因此企业对劳动力的需求将减少，劳动力的供应将超过需求。而对于那些愿意工作但未能在正规部门找到工作的人，如果没有政府的统计普查，就不一定能在数据上体现。

到目前为止，还没有直接的研究表明坦桑尼亚的最低工资法的影响，然而，最低工资法的形成并没有让特定的项目经营者如阿鲁沙凯悦酒店的经理参与谈判过程。一些过去研究中国向东南亚移民的学者指出，海外华人在东道国被描述为"贱民资本家"或"中间少数民族"①②。Hamilton 解释说："贱民资本主义的本质……是一种权力不对称的结构，它使一个精英群体能够控制和掠夺一个贱民群体所创造的财富③。"正如 Oxfeld 所总结的，所有这些群体的关键特征是相当高的经济成就，同时缺乏政治权力和社会地位④。坦桑尼亚的情况部分如此，笔者的受访者也证明了这一点。尽管在现实中，是公司在经营业务并决定为雇员提供工资，但他们必须面对当地政府的规定，无论这些规定是否合理。正如笔者之前提到的，承包商协会和坦桑尼亚政府之间的谈判破裂了，据笔者采访的经理，作为区域项目的经理，他们实际上并没有参与谈判过程。这是对坦桑尼亚政府中的精英集团缺乏政治权力的表现。所以，公司应该遵守最低工资的执行和工人社会福利计划的支付。

然而，CRJE 很快就对该政策做出了回应。尽管公司可以通过改善管理和采用新技术来提高工人的效率，以应对日益增长的劳动力成本，但 CRJE 选择了简单地调整其劳动力雇佣战略：公司在笔者采访期间正逐步

---

①Hamilton G. Pariah capitalism：a paradox of power and dependence［J］. Ethnic Groups, 1978, 2（1）：1-5.

②Bonacich E, Modell J. The economic basis of ethnic solidarity：Small business in the Japanese American community［M］. Berkeley：Univ of California Press, 1980.

③Hamilton G. Pariah capitalism：a paradox of power and dependence［J］. Ethnic Groups, 1978, 2（1）：1-5.

④Oxfeld E. Blood, sweat, and mahjong：Family and enterprise in an overseas Chinese community［M］. Ithaca：Cornell University Press, 1993.

解雇初级工人，将原来由他们承担的工作分包给第三方劳务公司，法律责任也转移给这些公司。同时，为了保证项目的质量，CRJE 开始与技术工人签订合同，并向他们支付政府规定的最低工资以及社会福利计划。对于第三方劳务公司的初级工人来说，他们的工作报酬是按件计算的，这意味着他们做的件数越多，他们可以从公司得到的报酬就越多。而一旦他们完成了工作，就可以提前离开工作岗位。

CRJE 调整其劳工雇佣战略的原因很简单：提高效率，降低成本，缩短施工时间。然而，对于那些合同工来说，《2004 年就业和劳动关系法》为他们提供了某种保护，并为他们的权利提出了法律依据。根据该法案，合同的终止必须是公平和合理的。该项目经理声称，解雇雇员的方式有两种：第一种原因是雇员的表现不佳。例如，CRJE 自己在合同中规定，如果工人一个月缺勤 5 天，他将被解雇。而当工人缺勤 2 或 3 天时，他/她会收到一封警告信，当他/她收到三封信时，工人将被解雇。第二个原因是业务要求。如果 CRJE 不需要现在的工人，公司将在合同终止前 4 天通知工人。在这 4 天里，无论工人选择工作还是不工作，他们都会得到报酬。而在合同终止后，他们会得到公司的推荐信。然而，CRJE 可以轻易地绕过法律规定。例如，关于不良表现，据笔者的中国受访者说，如果公司不再需要工人，他们可以提出缺乏责任感、缺乏职业道德、上班迟到早退等理由给工人发警告信。累计三封信后，工人将被解雇。相比之下，虽然第三方劳务公司的初级工人和合同工在同一项目中工作，他们在法律上与 CRJE 并无直接关系。

一些被公司解雇的工人感到受到了不公正的待遇，他们中的大多数人诉诸于调解和仲裁委员会。尽管当地雇员和 CRJE 之间的纠纷是事实，但 CRJE 确实参与了腐败和贿赂行为。笔者在调解现场有两次经历。调解现场由一名中国雇员和一名负责翻译的保安人员参加。CRJE 聘请了一名律师为其辩护，而提出诉讼的工人则为自己辩护。整个过程是用斯瓦希里语进行的，由于中国雇员只懂英语，他只是作为公司的代表出席。然而，这并不重要，因为 CRJE 有其付费律师进行辩护，所以结果对 CRJE 有利。除此以外，项目经理告诉笔者，他们还必须应付政府官员的检查。他说：

"这只是一个钱多钱少的问题。当我们合格时，他们会索要很少的费用。但当我们不合格时，他们就会索要更多。"这位经理告诉笔者，贿赂的其中一个原因是他认为坦桑尼亚的贿赂是系统性的。他说，如果他求助于职位更高的官员来调查下属的贿赂行为，他最终会自己贿赂这位高级官员。因此，如果他遇到一个建议他行贿的官员，他会通过直接给这个官员钱来解决问题，而不会让更多人参与进来。

三、结　语

笔者介绍了第一家建筑公司 CRJE 的情况。在笔者访问期间，阿鲁沙的项目进行得相当顺利。然而，这并不意味着平静的背后没有冲突。笔者观察到的冲突主要涉及两个方面：文化及种族方面以及经济和政治方面。关于第一个方面，除了与当地工人的工作关系外，项目中的中国人与当地人的生活方式没有太多交集。虽然在中国人群体中也有教育背景、社会地位等方面的区别，但中国人和当地人在情感和文化上的分隔要大得多。不仅中国人不断将自己与当地人区隔，而且当地人也总是用"你们"与"我们"将本地人与中国人区隔开来。此外，由于缺乏对东道国的了解，以及中国人之间流传的偏见和谣言，再加上每天遇到的罢工和盗窃事件，最初的偏见演变为不信任和优越感，这可以通过中国人对当地工人的态度表现出来。关于第二个方面，经济和政治纠纷是全世界劳工和资本之间普遍存在的问题。一方面，时任总统马古富力希望通过执行最低工资法和强制劳资双方签订合同的要求来保障工人权益和缩小贫富差距。而由于缺乏政治权利，CRJE 不得不遵循当地政府的政令；另一方面，CRJE 可以利用其有利的地位和财政手段，轻易地绕过政令。在这个过程中，腐败牵涉了当地地方官员。除了这些现象，经济理论只能部分地解释 CRJE 在劳工问题上的运作模式。

参考文献

［1］中华人民共和国商务部西亚非洲司.2021 年中非经贸合作数据统计 ［EB/OL］. http：//xyf. mofcom. gov. cn/article/tj/zh/202204/20220403308229. shtml，2022 - 04 - 28.

［2］汪段泳.“一带一路”倡议在沿线主要区域的进展·非洲篇 ［EB/OL］. http：//xyf. mofcom. gov. cn/article/tj/zh/202204/20220403308229. shtml，2021 - 06 - 22.

［3］Pigato，M. and Tang，W. China and Africa：Expanding Economic Ties in an Evolving Global Context ［M］. Washington，DC：World Bank，2015：5.

［4］新华社.新时代的中非合作 ［EB/OL］. http：//xyf. mofcom. gov. cn/article/tj/zh/202204/20220403308229. shtml，2022 - 04 - 28.

［5］非洲黄皮书课题组.中国在非洲 FDI 存量占比仍在上升 ［EB/OL］. https：//www. pishu. cn/psgd/524176. shtml，2018 - 08 - 16.

［6］于泽.中国已成为非洲第一大直接投资国：投资非洲就是投资未来 ［EB/OL］. https：//finance. sina. com. cn/zl/international/2021 - 04 - 14/zl - ikmyaawa9654201. shtml，2018 - 08 - 16.

［7］Alden，C. China in Africa：Partner，Competitor，Or Hegemon ［M］. London：Zed Books，2007：70.

［8］Dobler，G. Chinese Shops and the Formation of a Chinese Expatriate Community in Namibia ［J］. The China Quarterly，2009，199：707.

［9］Jiang，W. Fuelling the Dragon：China's Rise and Its Energy and Resources Extraction in Africa ［J］. The China Quarterly，2009，199：585.

［10］Sigalla，H. Changing trends in the Tanzania - China relationship A sociological inquiry into the mixed perceptions of the Tanzania-China relationship on the eve of globalization ［J］. Österreich Z Soziol，2014，39（1）：61 - 78.

［11］Monson，J. *Liberating Labour？Constructing Anti-Hegemony on the*

Tazara Railway in Tanzania, 1965 – 76. in China returns to Africa: A Rising Power and a Continent Embrace [M], ed. Alden, C., Large, D. and Oliveira, R. London: Hurst, 2008: 197 – 219.

[12] Lee, C. Raw Encounters: Chinese Managers, African Workers and the Politics of Casualization in Africa's Chinese Enclaves [J]. The China Quarterly, 2009, 199: 647.

[13] Varian, H. Intermediate microeconomics [M]. New York: W. W. Norton & Co, 2010.

[14] Mankiw, N. Principles of microeconomics [M]. Mason, OH: South-Western Cengage Learning, 2012.

[15] Hamilton G. Pariah capitalism: a paradox of power and dependence [J]. Ethnic Groups, 1978, 2 (1): 1 – 5.

[16] Bonacich E, Modell J. The economic basis of ethnic solidarity: Small business in the Japanese American community [M]. Berkeley: Univ of California Press, 1980.

[17] Oxfeld E. Blood, sweat, and mahjong: Family and enterprise in an overseas Chinese community [M]. Ithaca: Cornell University Press, 1993.

土耳其库尔德人民族身份界定刍议

裴丹青

（陕西师范大学　历史文化学院）

【摘要】20 世纪 20 年代以来，土耳其针对以库尔德人为主体的省份设立了特殊行政结构和法律制度。直到 60 年代，库尔德省份都被这些与国家常规行政结构平行的特殊行政结构有效治理。本论文就土耳其法律制度中体现的库尔德人的少数民族特质进行探讨，剖析少数民族群体在土耳其的现状。

【关键词】土耳其法律制度；库尔德人；少数民族特质

【作者简介】裴丹青，在读博士，陕西师范大学历史文化学院。研究方向：库尔德问题、土阿关系。

一、引　言

库尔德人作为当今中东地区仅次于阿拉伯人的第四大族群，聚居在土耳其、伊朗、伊拉克和叙利亚四国交界的狭长区域中，其地域结构是一个东西长 1000 公里，南北宽 300 - 500 公里的弧形地带，面积 40 多万平方公里。

就该民族的族源至今说法不一，伊拉克人认为是该族群来自阿拉伯的拉比阿·伊本·尼扎尔部落；伊朗人认为他们是不讲波斯语但是血统纯正的伊朗人；土耳其人认为库尔德人是山地人，因为除了大山以外，他们没有朋友。库尔德人自己认为他们是来自雅利安族米底人的一支；而东方学者认为库尔德人源自古亚述中的阿卡德人。

查阅文献资料发现，库尔德人在阿拉伯帝国时期就追随伊斯兰教，且以伊斯兰教逊尼派居多。正如公元 12 世纪，阿拉伯帝国阿拔斯王朝时期，杰出的民族英雄萨拉丁就是库尔德人，他曾组织了以库尔德人为核心的军队，建立安尤布王朝，统治了埃及、叙利亚、苏丹以及美索不达米亚平原的西部地区，曾战胜十字军，收复耶路撒冷。争议的开始源自蒙古军队于 1258 年入侵巴格达，与阿拉伯人一起，库尔德人也惨遭厄运，直到 16 世纪，奥斯曼帝国与波斯萨法维王朝对峙之时，双方争夺库尔德人居住地区，并签订《席林堡条约》，规定库尔德人居住区域归奥斯曼帝国，另外约 2 万平方公里的部分归伊朗。从此，库尔德人更是被外部势力不断人为分裂成为今天的局面。

二、库尔德民族主义思想的引发

19 世纪，伴随着世界范围与中东地区的民族主义思想的广泛化，库尔德诗人哈吉·卡迪尔·霍伊提出库尔德民族主义，将库尔德人与其他民族分割来看，尽管他们生活在不同区域，引发了来自伊斯坦布尔、开罗和欧洲等地区上层库尔德人士和知识分子的积极呼应，1892 年，《库尔德斯坦》杂志创办并出版，号召库尔德人自治，这一呼声持续至二十世纪末。

在库尔德人民族主义呼声的影响和推动下，1890 年，素丹哈米德二世（1842—1918）组建了以库尔德部落为主体的骑兵部队即哈米迪耶军团，初期规模达到 5 万人。在第一次世界大战中，库尔德人的区域成为交战场所，大量的库尔德人在战斗中死亡，加上来自伊拉克、叙利亚、伊朗等国的库尔德人，将近 100 万库尔德人死于一战。

随着奥斯曼帝国的瓦解，库尔德人作为政治真空地带的族群向巴黎和会派出代表团要求获得自治权。1920 年 8 月 10 日达成了《色佛尔条约》"承诺在库尔德地区建立自治区，如果该地区有能力进行独立的话，国联就允许库尔德自治区在其成立一年后为完全独立进行选举。"该条约首次承认了库尔德人具有民族自决权利，但实际作用却是无效的，在这种情况下，库尔德人站在了土耳其人的一边，支持当时的凯末尔，为凯末尔的政治事业做出了巨大贡献。当时的凯末尔新政承认"土耳其政府也是库尔德人的政府"，而在 1923 年 7 月 24 日，协约国与土耳其签订的《洛桑协议》中将大部分库尔德人的土地划给了伊拉克和叙利亚，导致库尔德人分居在土耳其、伊朗、伊拉克和叙利亚，使得库尔德人散居在一个跨国，没有明确界限的人文地理区域。1924 年 3 月后，土耳其正式禁止库尔德语，不允许用库尔德语出版刊物，在法庭和学校只能使用土耳其语，使得库尔德人成为了一个在地理区域、民族身份方面相对复杂的没有祖国的民族。二十世纪三十年代，土耳其的库尔德人发动了反对凯末尔的起义，随后，受其影响，伊拉克的库尔德人也掀起起义，但均以失败告终。而在 1946 年 1 月，伊朗的库尔德人在苏联的道义和物质的支持之下宣布成立"马哈巴德共和国"，成为库尔德人自身建立的第一个政权，但该政权很快瓦解。虽然在土耳其、伊朗、叙利亚和伊拉克的库尔德人做出不同的努力来为自己争得权利而做出了抗争，但其结果均不令人满意，即使在阿拉伯之春之后，叙利亚的库尔德人在 2016 年 3 月 17 日自行宣布建立自治区政府，但其自治并没有得到更多的支持与认可。

三、土耳其宪法法院对库尔德人民族身份的界定

20 世纪 20 年代以来，土耳其针对以库尔德人为主体的省份设立特殊的行政机构和法律制度，包括设立监察总督制，增加军事人员在行政和司法中的权重，颁布《通杰利法》及后续法律，以替代该地区常规行政机构和传统法律，旨在加强国家统治，削弱库尔德人的少数民族身份认同，体现了土耳其在法律和政策制定层面对少数民族的强力管控，但同时在一定程度上侵犯了该民族的利益。

土耳其的库尔德人更多是被土耳其式的规范同化，尽管语言已成为影

响被统治人口身份认同的主要手段，残酷镇压，实行特殊法律制度，消除传统习俗、服饰和礼仪等都是国家主导的同化政策之一。

为了更深入地理解土耳其宪法法院（AYM）对少数民族概念的看法，得要对土耳其法律中有关少数民族法律规定进行研读，虽我们获取第一手的资料有一定的难度，但仍可以从一些中英文文献中查找此方面的研究，再以此为基础进行相关研究，以揭示土耳其库尔德人的少数民族身份的认定问题，了解土耳其宪法法院对库尔德人与土耳其人在文化和语言方面的界定。研究中发现，土耳其的库尔德人并未被与土耳其人区别，他们也不被当作少数民族。

土耳其宪法法院以库尔德人不拥有专属的社会结构、民族语言、原始领土为依据否认其少数民族身份，通过避免将库尔德人归为少数民族，使官方政策合法化，从而降低国家的分裂。宪法法院称土耳其的库尔德人享有充分的公民权利，有权在个人生活中保留库尔德语言、风俗和传统，否认民族同化政策，也否认库尔德人因民族问题受到压迫和剥削。

在宪法法院看来，库尔德人没有资格被当作少数民族，因为他们不具备少数民族社会学和法律定义上的特质，并且科学地说，库尔德人不具备作为少数民族的必要特征和元素。

宪法法院以语言问题为例，"证明"库尔德人与土耳其人没有什么不同，其判断依据是库尔德人没有原始语言。从这个意义上来说，宪法法院的判断与军事法庭在 20 世纪 70 年代用所谓的科学依据来证明库尔德语起源于土耳其语。然而，与后者情况不同的是，宪法法院没有提供用于评估的参考信息，用官方意识形态将库尔德语归为地方语言，即由国家统一后的一些族群使用的语言。在宪法法院看来，土耳其语是官方语言，是母语，其使用无论在公开场合或私下场合，家庭或工作场所，媒体或艺术领域都是不被禁止的。但是，它仍认为在日常交流和现代教育中，族群的本地语言无法替代官方语言。因此，宪法法院允许库尔德人在日常生活中享有他们的语言、传统和习俗，而不将它们用于公共生活中。

由于库尔德语被认为是不同种族和起源的个体之间最普遍存在一种

语言，土耳其宪法法院本着削弱库尔德人这种非原始的"本地语言"的目的，认为土耳其语不仅是国家的官方语言，也是社会生活中包括个人生活和教育文化领域都使用的一种通用语言。几乎人人都会说土耳其语。以这种方式，宪法法院试图证明土耳其语已是土耳其各民族的通用语言，基本取代了"当地语言"，如库尔德语。对于生活在土耳其的库尔德人来说，库尔德语的重要性微不足道，从而否认保护库尔德语的必要性。相反，通过声称土耳其语是一种通用语言，已渗透到每个土耳其人的生活中，宪法法院似乎证明了族群差异不重要，因为他们共同生活了千年。通过家庭成员间使用土耳其语，使得语言的同化合理化了。宪法法院还声称，库尔德人不是一个地域集中的群体，没有某个自然或行政边界划分的地区或城市被认为专属于原始库尔德人。宪法法院还采用了一种历史解释即库尔德人和土耳其人一起来到了土耳其，他们共同定居在这里。宪法法院称，与土耳其人一样，库尔德人也来到了目前的土耳其领土，这削弱了库尔德人是土著的言论，因为库尔德人和土耳其人一起来到了现在的家园，这意味着库尔德人和土耳其人在定居历史方面没有什么不同。

因此，宪法法院认为，库尔德人不是少数民族，而且脱离土耳其民族和国家后，该民族不具有完整性。宪法法院认为自己有义务接受库尔德人的存在，但仍拒绝将他们视为土耳其民族之外的一个"民族"。宪法法院声称库尔德人在土耳其享有充分的权利和自由，与其他公民一样，没有任何区别、限制和歧视。库尔德人没有被剥夺任何权利，但他们受到统一法律的约束。库尔德公民有工作、生活和学习的权利，他们在国家行政部门有一席之地，他们可以是"工人、商人、医生、律师、公务员、士兵、法官、议员、部长甚至总统"。除了库尔德人的一些地方性和民族特征外，库尔德人与土耳其人在语言、宗教和历史上都是统一的，通过婚姻，血缘关系也得以建立。通过强调库尔德人和土耳其人有很多共同之处，很少有分歧，宪法法院试图破坏库尔德文化的真实性，同时，也暗示了他们与土耳其人没有什么不同。通过声称库尔德历史与土耳其历史相同推翻了库尔德人对自己的历史与土耳其人历史相异的主张。破坏了他们作为少数民族的权利，宪法法院试图确定库尔德人拥有全部权利和自由，并否认存在对他们的歧视。

土耳其宪法法院曾多次声称，在土耳其多个群体的语言、文化、民族起源都被否认，库尔德人的身份没有被禁止，这使他们在"私人生活"中"保有他们的本土语言、风俗和传统"。同时，在宪法法院看来，库尔德人的种族差异仍然是"有争议的"，是一个"假设"，或者指那些"所谓的"库尔德人。此外，宪法法院也看到了库尔德人作为一个"落后的目标"和"基于假设、评论和借口"的文化和语言需求均源自外国出于政治原因的势力的干预。在土耳其联合共产党（TBKP）的判决中，宪法法院明确指出"法律不允许使用库尔德人的身份和名称来追求库尔德主义或分裂的目标"。

同时，宪法法院也否认了民族同化的说法，称同化违反宪法和政党法律；否认国家对库尔德少数民族的同化政策，以否认他们的独立存在。因此，判决指出，提及生活在东部地区土耳其公民的同化问题，意味着把他们从主体民族中分离，并给予他们法律承认的义务。虽然宪法法院在某些判决中承认，东部地区的经济和社会情况比该国其他地区更糟，但解释说这并不能证明存在这种政策，或许该地区经历的更严重的掠夺是由于各种各样的原因而导致，国家为维护安全和统一而采取应急措施，这不等同于"强迫同化"。

显然，宪法法院在关于库尔德人的国家意识形态的重构中起着重要作用。它通过引用官方版本的历史，拒绝将库尔德人称为少数民族，并得到了支持。因此，在宪法法院看来库尔德人在埃尔祖鲁姆大会、锡瓦斯大会、国民公约或《洛桑条约》中都没有被提及。宪法法院回顾在洛桑会议上，库尔德人是土耳其国家完整的一部分，他们没有建立独立国家的愿望，也不想从少数民族保护中受益。宪法法院还表示，共和国历史上的库尔德叛乱并不能证明库尔德少数民族的存在，因为那些都是由外部势力组织的。

我们可以看到，宪法法院在少数民族事务上的矛盾也以更具体的形式重现了库尔德问题。虽然它没有完全否认库尔德人及其语言的存在，他们使用各种手段否认库尔德文化、语言和历史的真实性，否认其与土耳其民族文化、语言等的区别。同时，也否认了同化的说法，而称其为基于同化主义的意识形态。因此，库尔德人的民族身份并没有得到足够的尊重和相应的认定，使得库尔德问题久拖不决，究其主要原因也是由于土耳其民族主义者长期奉行的源于欧洲的单一民族理论，认为新的土耳其国家必须由单一民族构成，以保证国家的稳定和统一。虽然伊斯兰教是维系土耳其人和库尔德人团结统一的纽带，但其跨界而居的生活使得库尔德问题凸显了其国际性和复杂性，尤其在不同国家而居的库尔德人再受到外来势力的干扰，使得土耳其的库尔德问题增加了更多的不确定因素，其民族身份的认同更是无法得到更有效的解决。

四、结 语

生活在土耳其的库尔德人约有 1800 多万，虽为中东第四大族群，但时至今日仍是"无国家民族"，民族身份不被确认，或虽被确认但并未获得应有的尊重与保护，这一现状成为土耳其库尔德人的主要问题。究其缘由，主要是由于库尔德人的民族身份问题更多是在当时凯末尔主义思想指导下土耳其民族主义和世俗主义相结合的产物，对于当地的库尔德人而言，始终认为自身从土耳其公民的角度，其民族身份没有得到应有的尊重；同时，在民主和民族层面，土耳其的库尔德人也始终认为自己是最后被考虑的族群。因此，他们自身认为应该拥有自己独立的民族国家，这也是少数族群时不时反抗压迫继而希望建立自己国家的主要愿望，也使得库尔德问题成为中东悬而未决的热点问题之一。

参考文献

［1］曹兴，"没有祖国的民族"——多重国际舞台中的库尔德人，《中国民族》，2005 年第 3 期。

［2］李秉忠，浅析土耳其境内的库尔德人问题，《世界民族》，2008 年第 3 期。

［3］敏敬，土耳其库尔德民族主义的起落，《世界民族》，2004 年第 6 期。

［4］张瑞华，土耳其库尔德人的"民族认同"路径探析，《社会科学文摘》，2016 年第 9 期。

［5］周少青，和红梅，土耳其族群政策和立法的历史演变及其内在价值逻辑，《贵州民族研究》，2020 年第 11 期。

亚非文学

高丽文人李齐贤的杜甫文学接受研究

刘志峰

（西安外国语大学　亚非学院）

【摘要】李齐贤是高丽后期的重要文人，虽然传世作品数量有限，但其《汾河》《题长安逆旅》等中国使行汉诗作品化用了"齐鲁青未了"等诸多杜甫诗句，词《洞仙歌杜子美草堂》歌咏了杜甫草堂，诗话《栎翁稗说》中也以中国亲身经历精辟地点评过杜诗，李齐贤的汉诗创作反映出元朝统治下的东亚"理胜于辞"的文学审美志趣变化，其对以杜诗为代表的唐代文学的广泛学习涉猎对于打破此前高丽文坛拘泥于宋代文学的局限，开启高丽末期兼容并蓄文学风气有着重要意义。

【关键词】李齐贤；使行汉诗；杜诗接受

【作者简介】刘志峰，教授，博士，硕士研究生导师。研究方向：韩国语语言文学、韩国古典文学、中韩比较文学。

一、引　言

李齐贤（1287—1367），号益斋，又号栎翁，检校政丞李瑱之子，忠烈王二十七年（1301）十五岁成均试魁首，又中丙科及第，忠烈王三十四年（1308），选入艺文春秋馆。从政历经忠烈王至恭愍王，四次出任高丽宰相，忠肃王元年（1314）赴元大都辅佐太上王忠宣王，在大都"万卷堂"与赵孟頫、元明善、张养浩等元代知名文人多有交流；1316 年代替忠宣王前往西蜀峨眉山致祭；1319 年陪同忠宣王前往浙江普陀山进香；1323 年前往吐蕃朵思麻（今甘肃岷县）面见流配中的忠宣王，期间向元廷力陈反对"废国立省"挽救了高丽国体；恭愍王二年（1353）任知贡举选出李穑等三十三人及第，成为李穑的恩门座主。韩国学者闵丙秀评价李齐贤继往开来的文学史地位："出自益斋门下的牧隐李穑因尊重程朱之学，而使其文章有注疏语录的味道，但受到益斋影响的牧隐文学，被其后的阳村权近、佔毕斋金宗直等传承，益斋因此也确有对后世文学的开山之功。①"李齐贤自 28 岁入元追随忠宣王长期在中国生活，七入中华，前后在中国居住二十余年，曾历任高丽五朝要职，四次出任宰相，可谓"挽君王之声威，救家国于水火"的股肱之臣。

李齐贤的显著文学成就在于对中国音律的了解，进而开创了高丽乐府诗的新境界，他把高丽本土流行的民间歌谣以汉文乐府诗的形式重新演绎，为高丽传统文学与汉文学的结合开拓了思路，如徐居正《东人诗话》评价其乐府诗道：

> 乐府句句字字皆协音律，古之能诗者尚难之。陈后山、杨诚斋，皆以谓苏子瞻乐词虽工，要非本色语。况不及东坡者乎？吾东方语音与中国不同，李相国、李大谏、猊山、牧隐，皆以雄文大手未尝措手，唯益斋备述众体，法度森严。先生北学中原，师友渊源必有所得者。近世学者不学音律，先作乐府，欲为东坡所不能，其为诚斋、后山之罪人明矣。②

高丽文学虽大家辈出，但因本国语言异于中国，能够精通中国音律，创作乐府、长短句、词作的人物并不多见，李齐贤便是其中的杰出代表。根据相关韩国词研究，李齐贤是高丽、朝鲜两朝创作词作比较多且涉及词牌最广泛的文人，共作有 54 首词，涉及词牌沁园春、江城子、鹧鸪天、太常引、浣沙溪、大江东去、蝶恋花、人月圆、水调歌头、玉漏迟、菩萨

---

① [韩] 闵丙秀，《韩国汉诗史》，首尔：太学社，1996，第 171 页。
② 蔡美花、赵季主编，《韩国诗话全编校注》（一），北京：人民文学出版社，2012，第 183 页。

蛮、洞仙歌、满江红、木兰花慢、巫山一段云等①，中国学者夏承焘评价李齐贤词："益斋翘企苏轼，其词虽动荡开阖，尚有不足，然《念奴娇之过华阴》《水调歌头之过大散关》《望华山》，小令如《鹧鸪天之音麦酒》《蝶恋花之汉武帝茂陵》《巫山一段云之北山烟雨》《长湍石壁》等，皆有遗山风格，在韩国词人中应推巨擘矣。②"李齐贤还作过歌咏杜甫草堂的词《洞仙歌杜子美草堂》：

> 百花潭上，但荒烟秋草。犹想君家屋乌好。记当年、远道华发归来，妻子冷、短褐天吴颠倒。
>
> 卜居少尘事，留得囊钱，买酒寻花被春恼。造物亦何心？枉了贤才，长羁旅、浪生虚老。却不解消磨尽诗名，百代下令人，暗伤怀抱。③

对照"洞仙歌"格律可知，改词作属《洞仙歌》正体，符合"双调八十三字，前段三仄韵，后段三仄韵"的正体格律。该词应是1316年李齐贤代替忠宣王赴成都峨眉山致祭途中经过成都时所作，诗中提及的景物多出自760至765年杜甫成都草堂时期诗作，如杜甫760年所作《狂夫》："万里桥西一草堂，百花潭水即沧浪。"《卜居》："已知出郭少尘事，更有澄江销客愁。"762年所作《寄高适》："诗名惟我共，世事与谁论。"李齐贤《杜子美草堂》前段目睹草堂景致回忆起杜甫当年在此带领妻子开堂辟屋的场景，后段又结合杜诗典故自述羁旅生涯，感慨时光流逝、诗名蹉跎，不禁黯然神伤。李齐贤词将杜诗经典的诗语自然融入到长短句的韵致之中，身在草堂，既凭吊了杜甫，又抒发了个人的感慨，且引用杜诗多出自杜甫草堂时期作品，可见李齐贤对杜诗了解之深刻，自然地引杜诗入词给人新鲜之感，可见李齐贤作词功力之一斑。

李齐贤汉诗也得到了历代文人极高的评价，如徐居正《东人诗话》把

---

①［韩］柳己洙，《全高丽朝鲜词》，上海：华东师范大学出版社，2019，第14－33页。

②夏承焘校，张珍怀、胡树森注，《域外词选》，北京：书目文献出版社，1983，第4页。

③李齐贤，《益斋乱稿》卷十，《韩国文集丛刊》（2），第607页。

李齐贤与李仁老、陈澕比较，称"益斋绝句、乐府等篇精深典雅，舒闲容与，得与二老颉颃上下于数百载之间矣。①"同时赞扬李齐贤追随身在中国的忠宣王，对君王的一片赤诚，其所作诗篇"忠诚愤激"让"杜少陵不得专美于前"。朝鲜文人李德懋在读过《益斋集》后，更是称赞李齐贤诗为"余尝读益斋集，断然以益斋诗为二千年来东方名家，其诗华艳韶雅，快脱东方辟滞之习。②"

二、李齐贤的文学特色与杜诗接受

李齐贤词文学注重从多方面吸收营养，学者李宝龙将李齐贤文的主要渊源概括为太白精神、东坡风范、松雪情怀、故园传统③。李齐贤汉诗也有其兼容并包的一面，其中不乏受到杜诗影响的作品，如《题长安逆旅其二》："倦客重游秦树老，佳人一去陇云赊。愁听杜叟三年笛，怅望张侯万里槎。梦里家山空蕙帐，酒阑檐雨落灯花。宦情已似秋云薄，胸次犹余一寸霞。④"诗中颔联化用杜诗"三年笛里关山月，万国兵前草木风。（《洗兵马》）"该诗为李齐贤代替忠宣王前往四川峨眉山致祭途中路过长安时所作，展现出诗人羁旅中的困顿与愁苦，流露出对故乡的思念与对宦路的失意。其他李齐贤杜诗相关作品如下表：

李齐贤汉诗杜诗接受一览表

李齐贤汉诗	相关杜诗及名家诗作
《汾河》：汾河日夜流浩浩，两岸行人几番老。陶唐旧物山独在，万古兴亡青未了。刘郎曾此歌秋风，箫鼓动地愁鱼龙。平生谩有凌云志，未见仙人冰雪容。	《望岳》：岱宗夫如何，齐鲁青未了。

---

①蔡美花、赵季主编，《韩国诗话全编校注》（一），北京：人民文学出版社，2012，第190－191页。

②李德懋，《青庄馆全书》卷三十四，《清脾录》（三），《韩国文集丛刊》（258），第37页。

③李宝龙，《韩国高丽词文学研究》，北京：人民出版社，2011，第202－203页。

④李齐贤，《益斋乱稿》卷二，《韩国文集丛刊》（2），第519页。

续表1

李齐贤汉诗	相关杜诗及名家诗作
《登峨眉山》：苍云浮地面，白日转山腰。万像归无极，长空自寂寥。	《渼陂行》：下归无极终南黑，半陂以南纯浸山。
《雷洞平》：胡孙梯高天尺五，石路蜿蜒细于缕。路傍大树惊白昼，七十二神开洞府。奇岩壁立下无底，鸿洞云岚自吞吐。崖崩石出绝难度，恶木纵横若相补。飒飒何处泻奔流，俯听遥空喧万鼓。有时雨雹乱晴天，过客屏气谁敢侮。腐儒一见动心魄，雨眼昏花汗如雨。也知平地足游观，何事穷山愁仰俯。君不见天上金门似海深，仗卫森严罗九虎。狂夫雀跃蹈危机，达士龙潜卧环堵。	《赠韦七赞善》：尔家最近魁三象，时论同归尺五天。《江汉》：江汉思归客，乾坤一腐儒。
《眉州》：眉山僻在天一方，满城草木秋荒凉。过客停骖必相问，道傍为有三苏堂。三苏郁郁应时出，一门秀气森开张。渥洼独步老骐骥，丹穴双飞雏凤凰。联翩共入金门下，四海不敢言文章。迩来悠悠二百载，名与日月争辉光。君不见鸡林三李亦人杰，翰墨坛中皆授钺。韩洎绳枢笑无用，王家珠树誉成癖。机云不入洛中来，皎皎沧洲委明月。两雄已矣不须论，家有吾师今白发。	《送大理封主簿五郎亲事不合却赴通州》：渥水出骐骥，昆山生凤凰。《天育骠骑歌》：矫矫龙性合变化，卓立天骨森开张。苏轼《病中闻子由得告不赴商州三首其三》：策曾忏世人嫌汝，《易》可忘忧家有师。
《思归》：扁舟漂泊若为情，四海谁云尽弟兄。一听征鸿思远信，每看归鸟叹劳生。穷秋雨锁青神树，落日云横白帝城。认得纯羹胜羊酪，行藏不用问君平。	《公安送李二十九弟晋肃入蜀》：凭将百钱卜，漂泊问君平。
《感怀》：旅枕鸡号梦易回，征鞍欲拂思悠哉。霜风浙沥貂裘弊，星月阑干画角哀。清渭却思浮叶去，玄都非为看花来。孟尝宾客皆珠履，岂必三千总俊才。	《野老》：王师未报收东郡，城阙秋生画角哀。《泛江》：故国流清渭，如今花正多。《八哀诗》其七：春深秦山秀，叶坠清渭朗。

李齐贤汉诗	相关杜诗及名家诗作
《相州夜发》其二：旧游真一梦，浪迹又飘蓬。故国飞云下，征途畏景中。野平山隐地，村远树浮空。愧负平生志，非求汗马功。	《奉和严中丞西城晚眺十韵》：地平江动蜀，天阔树浮秦。
《许文贞公墓》：魏公怀粹德，倔起际风云。绛灌虽同列，唐虞欲致君。辟雍方绘像，泉路久修文。慕蔺嗟生晚，荒凉马鬣坟。	《奉赠韦左丞二十二韵》：致君尧舜上，再使风俗淳。
《朝那》：金天淑气胚崆峒，磅薄云山千万重。弹筝峡口草萧瑟，六月仿佛来西风。君不见汉家贵重麒麟功，将军多承茅土封。六郡豪强五陵客，半夜抚剑瞻边烽。走马宁论青海远，调弓已觉流沙空。岂念山东江淮困飞挽，亩昔一钟今不垦。纵令毡裘款塞旅庭实，所得何尝偿百一。圣元德宇同乾坤，外薄四海皆藩宣。瓜分封疆树懿戚，棋置列省专兵权。至元以来两甲子，野老奠枕羲黄年。我行朝那北，古垒生黍稷。羌儿剑买牛，胡妇事蚕织。尔辈安知蒙帝力，岂无段纪明。亦有赵充国，不忍使驱赤子除蝥贼。	《洗兵马》：汝等岂知蒙帝力，时来不得夸身强。
《山中雪夜》：纸被生寒佛灯暗，沙弥一夜不鸣钟。应嗔宿客开门早，要看庵前雪压松。	《重过何氏五首》其二：犬迎曾宿客，鸦护落巢儿。白居易《期宿客不至》：风飘雨洒帘帷故，竹映松遮灯火深。宿客不来嫌冷落，一尊酒对一张琴。

续表3

李齐贤汉诗	相关杜诗及名家诗作
《赵三藏李稼亭神马歌次韵》：拂郎神马来皇都，矫矫轩轩何所似。长风破浪云雷奔，海底乌龙欻飞起。龙耶马耶不可知，骨法谁问寒风子。世无玉山采，肯为一饥垂两耳。蹴裂交河冰，肯为一困甘遭棰。九重况得蒙主恩，三倍何论曾利市。照夜白师子花，故应醒醒难与比。腐儒并世空闻名，自恨年来返田里。写真傥有曹将军，作赞那无杜子美。愿观弄影玉辂前，安得亲奉明堂祀。	提及杜甫，以及腐儒等杜诗典故。

据考证现存李齐贤诗共有 276 首，形式以七绝、七律、七古、五古居多，徐居正《东文选》收录李齐贤诗 77 首，仅次于李仁老（84 首）、李穑（84 首）①，可见后世对其汉诗成就的认可。上述李齐贤汉诗化用了诸多杜诗诗句、诗语，其中《汾河》《题长安逆旅》《登蛾眉山》《雷洞平》《眉州》等都是其在前往峨眉山途中所作带有咏史意味的诗作，作为高丽文人能够饱览中国各地风光，自然也会联想起相关的名人典故，正如同元代文人赵孟頫在李齐贤前往西蜀前所作赠别诗中所言："三韩望巴蜀，相去万里余。栈阁如登天，剑门不可逾。谁令触炎热，鞍马事驰躯。王事有期程，吾敢久安居。道路何缅邈，山川亦盘纡。赖彼多古迹，庶可慰踌躇。勿言锦城乐，早归乃良图。秋高天气清，矫首西南隅。"希望李齐贤能够因一路之上的古迹得以宽慰。以上汉诗化用了杜诗"齐鲁青未了""下归无极终南黑""时论同归尺五天""乾坤一腐儒""渥水出骐骥，昆山生凤凰"等句，特别是李齐贤在《栎翁稗说》中记录了前往西蜀的路线为"道赵、魏、周、秦之地，抵岐山之南，踰大散关，过褒城驿，登栈道，入剑门，以至成都。又舟行七日，方到所谓峨眉山者②"，可见其入蜀

---

① [韩] 朴敬伸，《李齊賢의詩世界》，《韩国汉诗作家研究》（1），首尔：太学社，1995，第 282－283 页。

② 蔡美花、赵季主编，《韩国诗话全编校注》（一），北京：人民文学出版社，2012，第 139 页。

路线与杜甫自秦州入蜀路线一致，难免会有对杜甫与杜诗的感怀。来到蜀地，李齐贤对杜诗中描绘的景象有了亲身感受，不免感叹杜诗写景之描绘已入化境，在《栎翁稗说》评价道："杜少陵有'地偏江动蜀，天远树浮秦'之句。予曾游秦蜀，蜀地西高东卑，江水出岷山，经成都南东走三峡，波光山影荡摇上下。秦中千里地平如掌，由长安城南以望，三面绿树童童，其下野色接天，若浮在巨浸然。方知此句少陵为秦蜀传神，而妙处正在阿堵中也。①"李齐贤在诗话中点评杜诗《奉和严中丞西城晚眺十韵》诗句"地偏江动蜀，天远树浮秦"（此句引用有误，杜诗原句为"地平江动蜀，天阔树浮秦"），赞叹杜诗写景之传神，正是因为他亲自来到了蜀地与秦地，看到了当地的地理地势与河川景象之后，才对杜诗有了更深的体会。

又如李齐贤诗《吴江又陪一斋用东坡韵作》："十年俯首尘土窟，梦想沧洲欲愁绝。吴江清胜天下稀，我初闻之赵松雪。满船载酒携佳人，巧笑清歌玉齿颊。垂虹桥下白鸥飞，白波接天天四垂。停杯更待江月上，信棹自喜风帆迟。却忆岑参与杜甫，渼陂之乐真儿嬉。②"延祐六年（1319），李齐贤陪同忠宣王前往浙江普陀山降香，途经江苏吴江，作该诗次韵苏轼《将之湖州戏赠莘老》。苏轼原诗为："余杭自是山水窟，仄闻吴兴更清绝。湖中橘林新著霜，溪上苕花正浮雪。顾渚茶芽白于齿，梅溪木瓜红胜颊。吴儿脍缕薄欲飞，未去先说馋涎垂。亦知谢公到郡久，应怪杜牧寻春迟。鬓丝只可对禅榻，湖亭不用张水嬉。"李齐贤在次韵东坡诗末尾，回忆起杜甫在天宝十三年（754）陪同岑参游历渼陂湖所作《渼陂行》中的玩乐场景。李齐贤作于朝那（甘肃平凉）的《朝那》诗中也提到汉武帝麒麟阁、六郡、五陵，以及东汉段颎、西汉赵充国等相关历史典故及人物，展现出中国古迹与人文的广博了解。

再如李齐贤诗《感怀》之中借用杜诗诗语"画角哀"，并模仿杜诗《泛江》："方舟不用楫，极目总无波。长日容杯酒，深江净绮罗。乱离还奏乐，飘泊且听歌。故国流清渭，如今花正多。"《八哀诗其七》："春深秦

---

① 蔡美花、赵季主编，《韩国诗话全编校注》（一），北京：人民文学出版社，2012，第 143 – 144 页。

② 李齐贤，《益斋乱稿》卷一，《韩国文集丛刊》（2），第 511 页。

山秀，叶坠清渭朗。"等句，以"清渭"指代故乡，表达出羁旅征鞍中的愁苦心情。值得注意的是，《泛江》一诗作于广德二年（764）杜甫在阆中时期，诗人虽漂泊在外却始终思念长安，回忆起长安的花开世界，故以"故国清渭"做比。而《八哀诗》是大历元年（766）杜甫于夔州为缅怀王思礼、李光弼、严武、李琎、李邕、苏源明、郑虔、张九龄等八位友人所作，"春深秦山秀，叶坠清渭朗"正是杜甫回忆当年与郑虔在景色优美的长安高谈阔论的场景。而李齐贤《感怀》"清渭却思浮叶去，玄都非为看花来"句中，"清渭"指代故乡，"玄都"本为神仙居所，此处应指元首都，流露出诗人虽身在大都，却无心看那繁华，厌倦了面对高官显贵，期盼早日回归故国的思乡之情。

再如李齐贤诗《相州夜发》，该诗作于至治三年（1323）前后。1320年元英宗借修习佛法之名将忠宣王贬往吐蕃撒吉思（今西藏萨迦），后又转到朵思麻（今甘肃岷县），李齐贤于1323年4月赴甘肃临洮探望忠宣王，途径河南北部相州，在描写当地景色时写下"野平山隐地，村远树浮空"，而该句与杜甫宝应元年（762）写给严武的和诗《奉和严中丞西城晚眺十韵》中"地平江动蜀，天阔树浮秦"一句有异曲同工之妙。李齐贤此行路过河南焦作的元代文人许衡墓时曾作《许文贞公墓》（许衡谥号文正，此处应为误记），诗中称赞魏国公（许衡爵位）高尚有德，并怀有致君理想，最终成为一代理学、教育大家，诗中借用杜诗诗句"致君尧舜上"称赞许衡辅佐元世祖忽必烈的功绩。

再如李齐贤《山中雪夜》："纸被生寒佛灯暗，沙弥一夜不鸣钟。应嗔宿客开门早，要看庵前雪压松。"堪称其汉诗代表作，高丽文人崔瀣赞誉该诗"益老诗法尽在此诗[1]"，徐居正《东人诗话》称该诗"能写出山家雪夜奇趣，读之令人沆瀣生牙颊间"，原诗有注"乐天宿客不来嫌吟淡，似用仪礼宿宾之宿。子美犬迎曾宿客，则寄宿之宿。今用杜语。"用以说明"宿客"并非白居易诗"宿客不来嫌冷落，一尊酒对一张琴。（《期宿

---

①［韩］李家源著，赵季、刘畅译，《韩国汉文学史》，南京：凤凰出版社，2012，第174页。

客不至》)"中的"座上常客"，而是杜甫"犬迎曾宿客，鸦护落巢儿。（《重过何氏五首其二》)"中所用"投宿旅客"之义，从中可见李齐贤对唐诗的了解。此外，李齐贤还曾作《宝盖山地藏寺用少陵龙门奉先寺韵》："当年无极翁，道眠开胜境。短籬团云根，方塘倒峰影。叶落秋径微，松吟夜堂冷。投老窥玄关，泯泯惭猛省。"次韵杜诗《游龙门奉先寺》："已从招提游，更宿招提境。阴壑生虚籁，月林散清影。天阙象纬逼，云卧衣裳冷。欲觉闻晨钟，令人发深省。"次韵诗格式工整，也能看出因二诗都与寺庙题材相关，因而得以联想附和。李齐贤还曾作《赵三藏李稼亭神马歌次韵》：

拂郎神马来皇都，矫矫轩轩何所似。长风破浪云雷奔，海底乌龙欻飞起。

龙耶马耶不可知，骨法谁问寒风子。世无玉山采，肯为一饥垂两耳。

蹴裂交河冰，肯为一困甘遭棰。九重况得蒙主恩，三倍何论曾利市。

照夜白师子花，故应龌龊难与比。腐儒并世空闻名，自恨年来返田里。

写真傥有曹将军，作赞那无杜子美。愿观弄影玉辂前，安得亲奉明堂祀。①

原诗注释中有"马，西极拂郎国所献"，可见该诗是李齐贤次韵赵三藏、李穀《神马歌》的作品。至今北京故宫博物院仍然保存有元代宫廷画家周朗所绘《拂郎国贡马图》，据有关此图相关研究考证，该图绘于至元二年（1336）元惠宗接见拂郎国使臣时，"拂郎"本是阿拉伯人对欧洲人的称呼，有可能是北欧国家，可见该马应是北欧国家进献给元皇帝的贡品②。从李齐贤次韵诗句"骨法谁问寒风子"来看，李齐贤、李穀所见应

①李齐贤，《益斋乱稿》卷四，《韩国文集丛刊》（2），第531页。
②王大方，《元代〈拂郎国贡马图〉识略》，《内蒙古文物考古》，2007年第2期，第104-106页。

该并非马匹，而很有可能就是周朗所绘《贡马图》，李齐贤诗中多处援用杜诗《韦讽录事宅观曹将军画马图》内容，更是将曹霸画马与杜甫作赞并称道："写真傥有曹将军，作赞那无杜子美。"可见该诗应是见到拂郎国贡马图联想起杜甫称赞曹霸画马而作。

杜甫二诗作于广德二年（764），时杜甫在成都见到安史乱后被免官的画家曹霸，曹霸曾被玄宗赏识、名满天下，杜甫作《丹青引赠曹将军霸》回忆曹霸得到玄宗赏识、绘画凌烟阁的过往，盛赞其画技高超，画马有骨胜过韩干，又感慨才子落魄、英雄坎壈；又见曹霸所画《九马图》，不免感时伤今，联想到国家的衰乱。《丹青引赠曹将军霸》《韦讽录事宅观曹将军画马图》二诗如下：

> 将军魏武之子孙，于今为庶为清门。英雄割据虽已矣，文彩风流犹尚存。
>
> 学书初学卫夫人，但恨无过王右军。丹青不知老将至，富贵于我如浮云。
>
> 开元之中常引见，承恩数上南熏殿。凌烟功臣少颜色，将军下笔开生面。
>
> 良相头上进贤冠，猛将腰间大羽箭。褒公鄂公毛发动，英姿飒爽来酣战。
>
> 先帝天马玉花骢，画工如山貌不同。是日牵来赤墀下，迥立阊阖生长风。
>
> 诏谓将军拂绢素，意匠惨澹经营中。斯须九重真龙出，一洗万古凡马空。
>
> 玉花却在御榻上，榻上庭前屹相向。至尊含笑催赐金，圉人太仆皆惆怅。
>
> 弟子韩干早入室，亦能画马穷殊相。干惟画肉不画骨，忍使骅骝气凋丧。
>
> 将军画善盖有神，必逢佳士亦写真。即今飘泊干戈际，屡貌寻常行路人。
>
> 途穷反遭俗眼白，世上未有如公贫。但看古来盛名下，终日

坎壈缠其身。

国初已来画鞍马，神妙独数江都王。将军得名三十载，人间
又见真乘黄。

曾貌先帝照夜白，龙池十日飞霹雳。内府殷红马脑碗，婕仔
传诏才人索。

碗赐将军拜舞归，轻纨细绮相追飞。贵戚权门得笔迹，始觉
屏障生光辉。

昔日太宗拳毛骗，近时郭家师子花。今之新图有二马，复令
识者久叹嗟。

此皆骑战一敌万，缟素漠漠开风沙。其馀七匹亦殊绝，迥若
寒空动烟雪。

霜蹄蹴踏长楸间，马官厮养森成列。可怜九马争神骏，顾视
清高气深稳。

借问苦心爱者谁，后有韦讽前支遁。忆昔巡幸新丰宫，翠华
拂天来向东。

腾骧磊落三万匹，皆与此图筋骨同。自从献宝朝河宗，无复
射蛟江水中。

君不见金粟堆前松柏里，龙媒去尽鸟呼风。

李齐贤《赵三藏李稼亭神马歌次韵》中吸收了杜诗《韦讽录事宅观曹
将军画马图》中提及的"照夜白""师子花"等名马，以"腐儒"自比，
又将曹霸画马、杜甫作赞并列入诗，末句中"金粟堆"指唐明皇陵所在的
奉先县金粟山，"良媒"指龙马，用以比喻俊良贤才，李齐贤诗末句"愿
观弄影玉辂前，安得亲奉明堂祀"也表达出骏马对君王生前身后的守护，
可以看出杜诗对李齐贤诗的文学影响。不过，李齐贤诗中出现的堪比"海
底乌龙"，"龙耶马耶不可知"的"龙马"的丰姿，应与李白《天马歌》
有关，如"天马来出月支窟，背为虎文龙翼骨。""天马呼，飞龙趋，目明
长庚臆双凫。"等句，并引用了李白诗中关于相马者"寒风子""玉山禾"
等典故。李齐贤将杜甫、李白的咏马名作汇于一炉用以次韵，可见其高超

的作诗技巧以及对盛唐佳作的学习之勤、了解之深。

除钻研李、杜名作之外，益斋诗话《栎翁稗说》中对杜牧、王安石文学也多有称赞。《栎翁稗说》虽然仅有一卷，其中涉及李齐贤对《易经》《左传》《荀子》《礼记》《新唐书》等儒家经典与历史文献的理解，也有对屈原、陶渊明、李白、韩愈、柳宗元、刘禹锡、白居易、欧阳修、王安石、苏轼、苏洵、陈与义、杨万里等人诗作、散文、史笔的品评，不难看出李齐贤对唐、宋经典文学的广泛涉猎。

三、李齐贤文学成因及杜诗接受意义

纵观以上李齐贤汉诗，韩国学者朴贤玉将李齐贤诗划分为忠孝思想，对故国、故乡的渴望，爱民意识等四大主题，并指出益斋文学发挥出了现实作用，即以文学来实践道德，其文学创作的目的已经不再是词章之学，而是以经学为基础的社会建设。① 实际上至高丽后期，高丽诗文学已经从前期重视文学辞章与形式、显露诗人个体才华与个性的倾向转变为重视文学在国家外交、阐明性理、社会交际、教化民众等方面功用的实用态度。究其根本原因，还是东亚政治结构改变导致的哲学、文学倾向变化。

从唐、宋到金、元的兴替，统治方式与阶层文化的改变意味着文学审美志趣发生了根本改变。唐、宋时代的主流文化是中原文化，皇帝本人既是国家政治的统治者，也是国家文化的倡导者；而金、元国家的建立是基于强悍的军事力量，其统治者是北方少数民族，建国后维持国家运转依然需要依靠擅长汉文的贤臣与文人治国的体制。提到唐宋帝王，不难联想起《全唐诗》中收录的诸多帝王制作、唐玄宗对琴棋书画的品评、宋太祖之文治、宋徽宗之艺术成就，这些都是皇帝本人发挥出的国家文化导向作用，在这样的国家文化氛围中，文人争相展露文艺创作才华，期许以卓绝的作品获得帝王、权臣青睐，从而实现人生理想。反观金、元时代的皇帝

---

①［韩］朴贤玉，《益齋 李齊賢 漢詩研究—内容分析과文法의機能을中心으로》，《圆光汉文学》第 4 辑，1990，第 210 页。

虽然是国家政治的统治者（部分只是军事上的统治者），却难言文化上的作为，皇帝及统治阶层终究是游离于中原文化之外的，在重视征伐的国家文化之下，中原文学显然难以为少数民族统治者带来审美与感动，而"文学（以文治国之学）"才是为政者对文人的首要要求，这自然改变了当时文人对待文学的态度，比起华丽辞章的审美愉悦，深奥理学的观念说服更加容易被皇帝接受，"理胜于辞"于是成为元代文学的鲜明特色之一。类似情况也见于高丽中期武臣执政时期，掌权者的文学造诣如何难以论断，但比起文学鉴赏，能在刻烛须臾之间完成作诗、在对方作成之后旋即附和更能显性地彰显为文者的才华，这或许是高丽文人苦练刻烛作诗的文化背景。

金、元的这种文化取向显然也给高丽文人的创作带来了深刻影响。高丽前期使臣出使北宋曾以文章获得"小中华"美名，而随着元代统治者对文学态度的转变，"以文华国"已不再拥有受众，在元活动的高丽文人更多地是遵循"小事大以智"，以更为务实的态度"以文救国"，如李齐贤为阻止元"以行省代国"作《在大都上中书省都堂书》向元力陈元世祖旨意和高丽对元忠心，最终说服元遵守祖制、放弃吞并高丽，李穀向元御史台递交《请罢求童女疏》等。

此外，随着性理学传入高丽，"以文载道"的文学观念逐渐深入人心，重视形式的中古时期抒情文风逐渐被重视内容的说理文风所取代，宋诗重视理致的文学风格在这一进程中也起到了推波助澜的效果。青年李齐贤曾对座主权溥称应试文章"此小技耳，不足以大蓄吾德①"，可见其志向并不在于文学，而是更为博大的、足以涵养人性的儒学。李齐贤青年时期曾师从陪同忠宣王留居大都十余年的侍从白颐正，在得到朱熹著作后，他"自验其学之正"，成为高丽最早的理学先驱之一。② 虽然从目前的李齐贤著作

---

①李穡，《鸡林府院君谥文忠李公墓志铭》，《益斋乱稿》，《韩国文集丛刊》（2），第612页。

②李岩，徐健顺，《朝鲜文学通史（上）》，北京：社会科学文献出版社，2010，第390页。

来看，其性理学相关论述并不多见，但彼时在东亚地区掀起的理学思潮很明显已经影响到了高丽，李齐贤门生李穑、郑梦周等成为高丽理学的代表人物。

四、结　语

综上，从现存李齐贤有限的诗作与相关诗话来看，李齐贤汉诗对杜诗的吸收借鉴在整体作品中不在少数，《栎翁稗说》中也一条有对《奉和严中丞西城晚眺十韵》《夔州咏怀》《戏题韦偃画松》等杜诗的称赞与品评，作为高丽后期的代表文人，其门生学脉对高丽末期文学产生了重要影响。虽然碍于作品规模难以评价杜诗接受的全貌，李齐贤对于杜甫本人的评价较为有限，但李齐贤学习、钻研杜诗，广泛涉猎唐宋的文学创作特点，从某种程度来看，可以说视为对高丽中期杜诗接受主要人物李奎报文学态度的继承与延续，对于打破此前高丽文学拘泥于宋诗、苏轼文学的局限，开启高丽末期重视杜诗、兼容并蓄的文学风气有着重要意义。

参考文献

[1] [韩] 李家源著，赵季、刘畅译.韩国汉文学史 [M]，南京：凤凰出版社，2012.

[2] [韩] 柳己洙.全高丽朝鲜词 [M].上海：华东师范大学出版社，2019.

[3] [韩] 闵丙秀.《韩国汉诗史》[M]，首尔：太学社，1996.

[4] [韩] 朴敬伸.李齊賢의詩世界，《韩国汉诗作家研究》[M]，首尔：太学社，1995.

[5] [韩] 朴贤玉.益齋　李齊賢　漢詩　研究—內容分析과文法의機能을中心으로[J].《圆光汉文学》第4辑，1990.

[6] 蔡美花、赵季主编.韩国诗话全编校注（一）[M].北京：人民文学出版社，2012.

［7］李宝龙.韩国高丽词文学研究［M］.北京：人民出版社，2011.

［8］李岩，徐健顺.朝鲜文学通史（上）［M］.北京：社会科学文献出版社，2010.

［9］王大方，《元代〈拂郎国贡马图〉识略》［J］.《内蒙古文物考古》，2007 年第 2 期.

［10］夏承焘校，张珍怀、胡树森注.域外词选［M］.北京：书目文献出版社，1983.

科威特女作家莱伊拉·奥斯曼研究综述

吴奇珍

（西安外国语大学　亚非学院）

【摘要】莱伊拉·奥斯曼是科威特当代著名女作家，在科威特乃至阿拉伯世界享有很高的知名度。她已出版故事集、长篇小说、诗集等多部，作品题材多样、内容丰富而深刻，表达了新时代阿拉伯女性打破阿拉伯传统社会禁锢、追求自由与独立的强烈愿望，国内外学者纷纷将目光投向了这位大胆突破陈规旧俗的阿拉伯女作家。本文将从国内和国外研究成果两个角度，综述学界对莱伊拉·奥斯曼的研究，以期加强学界对她的关注和重视。

【关键词】莱伊拉·奥斯曼；科威特；研究综述

【作者简介】吴奇珍，助教，硕士。研究方向：阿拉伯语语言文学。

一、引　言

莱伊拉·奥斯曼是科威特当代著名女作家，1943 年出生于科威特，她的父亲阿卜杜拉·奥斯曼是当地的一名诗人。她从学生时代起尝试文学创作，1965 年首次在科威特当地的报纸上发表有关文学和社会话题的诗文，之后在科威特和阿拉伯报纸上发表多篇文章，出版多部文学作品，并参与了阿拉伯媒体承办的多档文学和社会类节目，在科威特乃至整个阿拉伯世界拥有很高的知名度。

她曾担任多家阿拉伯文学和文化机构的成员，其中主要包括：科威特作家协会会员、阿拉伯作家协会会员、科威特记者协会会员、科威特国家文委会文化、艺术与文学委员会（简称科威特国家文委会）会员、科威特女性文化协会会员、巴勒斯坦作家与记者联合会会员、贝鲁特阿拉伯文化学会会员、科威特民主讲坛成员、伊拉克与科威特人民友好协会新闻委员会会员。

她曾获得科威特国内和其他阿拉伯国家所授予的多项荣誉，其中主要包括：科威特国家新闻部授予的荣誉奖、科威特国家文学促进奖（故事组）、首届海合会国家文化节荣誉奖、也门亚丁大学授予的荣誉奖、也门旅游部授予的荣誉奖、也门萨那阿拉伯文化荣誉奖、卡塔尔文学之桥协会授予的荣誉奖、突尼斯阿拉伯女性创新者协会颁发的荣誉证书、贝鲁特伊斯兰文明大学授予的名誉博士证书等。

她著作等身，作品题材多样、内容丰富。其中短篇故事集有：《烟灰缸里的女人》（1976）、《移民》（1979）、《眼睛在黑暗里来临》（1980）、《爱情也多种多样》（1982）、《法塔希娅选择死亡》（1987）、《疯狂的爱》（1989）、《55 个爱情故事》（1992）、《黑色障碍》（1994）、《扎赫莱进了街区》（1995）、《每晚都发生》（1998）、《远行》（2000）、《悲伤之夜》（2005）、《很短》（2007）、《被遗忘的笔记本的故事》（2010）、《斗篷》（2011）；小说作品包括：《女人与猫》（1985）、《沃斯米娅跃出大海》（1986）、《尾骨》（2002）、《蝴蝶无声》（2007）、《带走她，我不想要她》（2009）、《第一夜的梦》（2010）、《索菲娅的故事》（2013）；自传作品有：《无边无界——让我畅所欲言》（1999）、《官司——一段现实经历》（2000）、《摆脱灰尘：一位女作家的传记》（2017）；游记作品有：《在也门的日子》（2004）、《旅行翅膀上的羽毛》（2019）；杂文集主要有：《苦涩等待的日记》（2003）、《一朵云的心》（2010）；诗集 1 部：《夜晚的玫瑰》（2008）。她的作品以女性特有的视角和笔触，反映了阿拉伯世界特别是海湾地区的妇女，在陈规旧俗之下所遭受的压迫和不公平的待遇，表达了新时代阿拉伯女性追求自由与独立的愿望和诉求。在她创作的诸多精彩的文学作品中，小说《沃斯米娅跃出大海》被阿拉伯作协评选为 20 世纪

105 部阿拉伯最佳中长篇小说之一。

除了内容精彩丰富的各类文学作品之外，她还在长达几十年的时间里参与过多场国内、国际会议和活动，例如：1987 年在叙利亚大马士革举行的"故事阅读"研讨会、1989 年在伊拉克巴格达举行的"阿拉伯女性与文化创新"研讨会、1995 年在摩洛哥穆罕默德五世大学举行的"女性的演讲"研讨会、1999 年在科威特大学举行的"小说与政治事件"研讨会、2005 年在卡塔尔多哈举行的"反对针对女性的暴力"座谈会、2006 年在法国巴黎举行的"阿拉伯文化中的小说与想象"研讨会等。此外，她还多次参与过书展、电影节和学生座谈活动。

莱伊拉·奥斯曼十分重视对阿拉伯文学新生力量的培养。她于 2004 年创立了以她的名字所命名的文学奖项"莱伊拉·奥斯曼"文学奖，用以鼓励科威特青年文学家开展文学创作。值得一提的是，2013 年阿拉伯小说国际奖（布克奖）的获得者、科威特 80 后文学家苏欧德·桑欧西曾凭借小说《镜中囚》，于 2010 年获得第 4 届莱伊拉·奥斯曼文学奖。

二、莱伊拉·奥斯曼的国内研究综述

目前国内学界对科威特女作家莱伊拉·奥斯曼的主要研究成果，主要可分为专著、译著（含译作）、期刊文章、学位论文四个方面。

首先，国内学者曾在学术专著中对莱伊拉·奥斯曼及其作品进行了介绍和评述。北京大学的仲跻昆教授在《阿拉伯文学史》的第三卷中简要介绍了莱伊拉·奥斯曼及其代表作品；〔黎巴嫩〕汉纳·法胡里（著）、郅溥浩（译）在《阿拉伯文学史》简述沙特和海湾国家女性作家短篇小说时，提到了莱伊拉·奥斯曼的短篇小说作品。

其次，随着国内学界对海湾地区文学，特别是科威特文学研究的不断深入，对莱伊拉·奥斯曼作品的译介工作也在不断推进。主要成果包括：原中国外文局《今日中国》阿拉伯文版主编王复翻译的《沃斯米娅跃出大海》（华文出版社，2017）；李羚溪翻译的《蝴蝶无声》（五洲传播出版社，2021）；中国社科院外国文学研究所的李琛研究员选编的《四分之一个丈夫》（河北教育出版社，1995）中收录了故事《烟缸中的女人》。

再次，国内学者还发表了多篇有关莱伊拉·奥斯曼的学术论文。中国社科院外国文学研究所的李琛研究员在《阿拉伯文学中的女性与女性意识》（1995）一文中，谈到莱伊拉·奥斯曼从小生活在一个妻妾成群的家庭中，因此她始终对女性爱的权利、反抗迫害婚姻的权利怀有强烈愿望；宁波大学的刘彬老师在《透视〈沃斯米娅跃出大海〉中的海洋情结》（2009）一文中，从时空延展、人格塑造、象征意义的构建三个方面，体现了人类对大海复杂而深厚的海洋情节；北京语言大学的刘瑾老师在《语言、权力与女性身体沦陷——评科威特女作家奥斯曼的小说〈蝴蝶无声〉》（2010）一文中，通过对"蝴蝶"的象征性内涵的解读，即作者在小说中用"蝴蝶"象征女性，用蝴蝶的无声象征阿拉伯社会中女性的群体性失语现象，反映了阿拉伯女性在社会中权利丧失和身体沦陷的现状；北京大学的仲跻昆教授在《阿拉伯文学在新中国的六十年》（2010）一文中，介绍了莱伊拉·奥斯曼的作品在国内的译介成果；北京大学的李海鹏老师在《也门之旅（2011）》一文中，翻译了莱伊拉·奥斯曼在也门旅行时的所见所闻；摩洛哥穆罕默德五世大学孔子学院志愿教师王雪蕾、北京第二外国语学院李仁龙老师在《科威特小说〈沃斯米娅跃出大海〉中的海洋意识分析》（2019）一文中，从海洋意识对人物塑造的作用、海洋意识对社会背景的反映、海洋意识的转变对人海关系的映射三个角度，揭示了作者对海洋、对人性与世俗的思考；宁夏大学的章洁颖同学、白楠老师在《中国对阿拉伯女性文学研究综述》（2021）一文中，在谈及国内学界在阿拉伯女性文学领域的译介时，介绍了目前国内有关该作家作品的翻译成果。

最后，国内目前还出现了两篇学位论文，分别是：上海外国语大学的王瓅苑撰写的硕士学位论文《论〈沃斯米娅跃出大海〉中的叙事策略》（2014），该论文主要以叙事学理论为指导，分别从人物塑造的手法、叙事视角的变化、话语方式的转变、叙述时间的跳动四个方面，通过对叙事策略的分析阐释了作品中的女性意识，突显了小说的主题及其社会意义；上海外国语大学的刘易所撰写的硕士学位论文《莱伊拉·奥斯曼的语言风格研究——以〈蝴蝶无声〉和〈女人与猫〉为例》（2019），该论文主要以阿拉伯语语言风格学理论体系为指导，分别从莱伊拉·奥斯曼语言风格的细腻丰富、简明通晓、民族地域特色、语言风格形成的因素四个方面分析了她在作品创作中的语言风格特征。

三、莱伊拉·奥斯曼的国外研究综述

与国内目前的研究成果相比，国外对科威特女作家莱伊拉·奥斯曼的研究成果要丰富得多，主要可分为学术论文、学位论文、译介成果、媒体报道四个方面。

在学术论文方面，阿拉伯世界的多位学者已对莱伊拉·奥斯曼的作品展开了研究和评论，文章数量多、内容及角度丰富。埃及学者赛义德·赛里姆发表了《〈沃斯米娅跃出大海〉的深入解读》一文（1990）；叙利亚学者阿卜杜·拉提夫·艾勒纳乌特发表了《莱伊拉·奥斯曼的作品之旅》的一文（1996）；伊拉克学者哈提夫·吉纳比翻译并发表了《莱伊拉·奥斯曼文学创新中的遗产与现代性》一文（1997）；伊拉克学者阿卜杜·拉提夫·侯赛因发表了《莱伊拉·奥斯曼与海湾女性的遭遇》一文（2000）；摩洛哥学者祖胡拉·基拉姆发表了《莱伊拉·奥斯曼创作经历》一文（2001）；埃及学者希琳·艾布·纳佳在《阿拉伯人》杂志上发表了《莱伊拉·奥斯曼故事入门：精神与情感交织的世界》一文（2002）；科威特学者纳兹尔·贾尔法勒收集并审校了《叙事之美与意义修辞：有关作家莱伊拉·奥斯曼的故事与小说创作经历的多篇文章》一书（2004）；科威特著名文学家、"科威特小说之父"伊斯玛仪·法赫德·伊斯玛仪发表了《一棵树的所学》（2005）；科威特学者纳希玛·埃伊斯在《海湾与阿拉伯半岛》杂志上发表《莱伊拉·奥斯曼故事中的群众性因素》一文（2006）；叙利亚学者赛姆勒·鲁黑·费萨尔在科威特《阐明》杂志上发表《〈蝴蝶无声〉的作品风格——读莱伊拉·奥斯曼的小说》一文（2007）；科威特学者莱伊拉·萨布阿娜在文学批评会议上宣读了题为《小说与故事中的性别交叉——以莱伊拉·奥斯曼为例》的学术文章（2008）；摩洛哥学者法蒂玛·凯德瓦在摩洛哥伊本·托法尔大学承办的《文学与人文科学》杂志上发表了《海湾女性叙事在摩洛哥——以莱伊拉·奥斯曼的〈黑色障碍〉为例》一文（2009）；学者侯赛因·穆罕默德·艾德在埃及作家公共协会承办的《创新》杂志上发表了《行动与阐释之间的改变——莱伊拉·奥斯曼〈第一夜的梦〉》一文（2010）；学者纳贾赫·易卜拉欣在科威特《阐明》杂志上发表了《蝴蝶无声——社会意识的呐喊》一文（2010）；巴勒斯坦学者哈伊法·穆加达拉发表了《莱伊拉·奥斯曼文学作品对阿拉伯女性的关注：读小说〈尾骨〉和〈蝴蝶无声〉》（2011）；萨巴赫·哈比斯·苏维法纳在科威特大学承办的《阿拉伯人文科学》杂志上发表了《莱伊拉·奥斯曼小说〈女人与猫〉中的人物刻画》一文（2012）；巴林学者法赫德·侯赛因在沙特吉达的《讲述者》杂志上发表了《莱伊拉·奥斯曼〈很短〉中生活现实的双重性》一文（2013）；埃及学者福艾德·伊扎姆发表了《小说〈蝴蝶无声〉中的中心人物建构》一文（2014）一文；学者玛丽莲·阿卜杜·纳比·阿卜杜·马吉德在《阿拉伯海湾》杂志上发表了《莱伊拉·奥斯曼故事集〈耳语〉中的时间及其流动性》一文（2015）；科威特学者莱依拉·穆罕默德·萨利赫在科威特《阐明》杂志上发表了《莱伊拉·奥斯曼——科威特文学叙事的坐标》一文（2016）；学者法雅德·黑比在以色列巴伊兰大学的《学会报》上发表了《与文本等重的题目：莱伊拉·奥斯曼的〈黑色障碍〉》一文（2019）；学者土耳基·艾哈迈德·拉贾·穆艾迪在《海湾与阿拉伯半岛研究》杂志上发表了《莱伊拉·奥斯曼小说〈官司〉中的复调性和文本连接性》一文（2020）；学者法蒂玛·阿里·阿布德在科威特《阐明》杂志上发表了《莱伊拉·奥斯曼小说〈蝴蝶无声〉中的悲剧视角》一文（2021）；学者尼达·艾哈迈德·马哈茂德·穆什阿勒在科威特大学承办的《阿拉伯人文科学》杂志上发表了《莱伊拉·奥斯曼的〈沃斯米娅跃出大海〉：科威特石油社会中的社会性与精神性阅读》一文（2021）；科威特作协出版委员会发布了《莱伊拉·奥斯曼：科威特与阿拉伯创新的坐标》一文（2022）；学者拉蒂法·阿卜杜拉·艾哈迈德·尤素福发表了《莱伊拉·奥斯曼〈摆脱灰尘：一位女作家的传记〉中的文本运行机制》一文（2022）。

　　为了进一步清晰地看出上述论文所涉及的角度，笔者将这些文章按解读作品内涵、反映社会问题、分析叙事技巧、女性书写、文学创作与技巧几个角度进行分类，并制作出了对应的图表。

国外学者关于莱伊拉·奥斯曼的论文研究角度

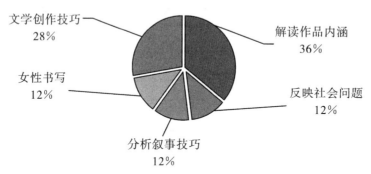

文学创作技巧 28%

女性书写 12%

解读作品内涵 36%

反映社会问题 12%

分析叙事技巧 12%

在学位论文方面，关于莱伊拉·奥斯曼的主要成果包括：以色列海法大学文学院的穆罕默德·卡希姆·萨福里 2001 年所撰写的硕士学位论文《不受禁锢的女人：莱伊拉·奥斯曼文学作品研究》；巴黎第八大学阿拉伯语系的阿曼尼·阿卜杜·白莉·哈斯里 2003 年所撰写的硕士学位论文《阿拉伯与海湾社会中的社会压迫》；巴勒斯坦伊斯兰大学的瓦利德·哈米德·穆罕默德·贾阿勒 2015 年所撰写的硕士学位论文《莱伊拉·奥斯曼小说中的叙事诗学》，该论文主要以《女人与猫》《沃斯米娅跃出大海》《蝴蝶无声》《尾骨》《带走她，我不想要她》共五部小说为研究对象，分别从叙述的诗学、叙述者的诗学、语言的诗学、叙事模式及人物形象分析四章内容，分析了其作品中的叙事美学；伦敦大学东方与非洲研究学院的萨布里·哈菲兹还撰写了题为《用温柔的语言书写激愤的词语》的博士论文。

在作品译介方面，莱伊拉·奥斯曼的文学作品已被译为多国语言，成果颇丰。根据目前得到的资料，她创作的部分故事被译为俄语，收录在题为《海湾之风》一书中；部分故事被译为南斯拉夫语，收录在题为《我心中有另一个世界》的第三世界女性文学家的作品选集中，该作品集共包括了来自亚洲和非洲的 22 位女作家；故事全集被译为德语，收录在题为《撕裂的墙壁》一书中；故事集《烟灰缸里的女人》被译为波兰语；故事集《眼睛在黑暗里来临》被译为格鲁吉亚语；部分故事被译为西班牙语，收录在《阿拉伯女性文学家》一书中；故事集《黑色障碍》由阿尔及利亚作家米勒宰格·巴塔什译为法语；部分故事被译为瑞典语，收录在《阿拉伯世界女作家作品故事选》一书中；部分故事译为意大利语，收录在《当代阿拉伯女性作家本体论》一书中；小说《沃斯米娅跃出大海》由东方学研究学者弗拉基米尔·沙加尔译为俄语，还被译为了意大利语。

在媒体报道方面，科威特国内以及阿拉伯世界的多家主流媒体均对莱伊拉·奥斯曼进行过报道。从报道的内容上看，主要可以分为对她本人的报道、对她作品的报道和对其社会影响力的报道三大类。

在对莱伊拉·奥斯曼本人的报道上，科威特国家电视台、科威特《观点报》电视台、科威特《消息报》电视台等多家电视台都曾播出过作者的访谈节目，莱伊拉·奥斯曼在节目中主要谈论了自己的成长经历、文学创作、婚姻与爱情、丈夫和子女、家庭与文学创作的关系、阅读与写作、旅行见闻、对阿拉伯之春的看法等等。她在访谈中表示，自己少年时的梦想是成为一名阿拉伯世界著名的作家，一个让大家喜欢的人，这个梦想一直伴随着她的成长和创作。她一共经历过三次危机，第一次是在婚事上与父亲对抗，第二次是丈夫的去世，而第三次是阿拉伯之春，她为阿拉伯人的遭遇感到痛心，那是因为她的父亲在她的心中种下了阿拉伯民族主义的种子，让她对阿拉伯国家始终怀有一腔热爱之情。

在对莱伊拉·奥斯曼的作品报道上，阿拉伯媒体的文章主要围绕作品内容、作品所反映的社会问题、作者优美而独特的叙事方式和文学创作特点等。黎巴嫩《广场报》在《莱伊拉·奥斯曼——揭开社会灰尘的小说家》一文中认为，莱伊拉·奥斯曼的多部小说探讨了多个社会话题，例如海湾社会中的阶层差距、腐败、传统的桎梏，以及由于阶层和教派原因被禁止的爱情等等；总部位于伦敦的《新阿拉伯人报》在《谁不爱莱伊拉呢？》一文中报道，莱伊拉·奥斯曼的多部作品都体现了她作为一名女作家高超的传记创作经验，例如故事集《黑色障碍》就讲述了她在伊拉克占领科威特期间的经历，《官司——一段现实经历》讲述了她因写作而在科威特法院受到审判的经历，这些作品都是她现实生活的写照。

在对莱伊拉·奥斯曼的社会影响力的报道上，科威特国家新闻部所发行的《科威特杂志》在 2019 年曾在头版封面上，评价她是科威特文学的偶像。科威特当代著名作家塔里布·里法伊在《贾利达报》上发文表示，莱伊拉·奥斯曼与一些遭受社会压迫的阿拉伯女作家不同，她从创作之初就敢于用自身独特的话语说出心中所想，即使这些内容会与社会主流观点有所冲突。她不仅是科威特社会中女作家的代表，也是许多女性在人性、社会和文化层面学习的榜样。

四、结　语

科威特女作家莱伊拉·奥斯曼以她个人的生活、阅读和创作经历，书写出了许多具有影响力的文学作品。本文主要从国内和国外研究两个层面，综述了学界对该作家的研究成果，国内外学界目前在该领域都取得了丰硕的成果，在学术论著、译介成果、媒体报道等方面均有涉及。相比国内的研究成果，国外研究成果无论是在数量还是在内容上都更加丰富和全面。近年来，国内学界对莱伊拉·奥斯曼的研究已不多，应当引起学界的关注，进一步加强对比研究。

参考文献

［1］仲跻昆.阿拉伯文学史［M］.北京：北京大学出版社，2020.

［2］［黎巴嫩］汉纳·法胡里著，郅溥浩译.阿拉伯文学史［M］.宁夏：宁夏人民出版社，2008.

［3］［科威特］莱伊拉·奥斯曼著，王复译.沃斯米娅跃出大海［M］.北京：华文出版社，2017.

［4］［科威特］莱伊拉·奥斯曼著，李羚溪译.蝴蝶无声［M］.北京：五洲传播出版社，2021.

［5］李琛选编.四分之一个丈夫［M］.河北：河北教育出版社，1995.

［6］李琛.阿拉伯文学中的女性与女性意识［J］.外国文学评论，1995（3）.

［7］刘彬.透视沃斯米娅跃出大海中的海洋情结［J］.宁波大学学报，2009（5）.

［8］刘瑾.语言、权力与女性身体沦陷——评科威特女作家奥斯曼的小说《蝴蝶无声》［J］.外国文学动态，2010（2）.

［9］仲跻昆.阿拉伯文学在新中国的六十年［J］.西亚非洲，2010（4）.

［10］李海鹏.也门之旅［J］.回族文学，2011（3）.

［11］王雪蕾，李仁龙.科威特小说《沃斯米娅跃出大海》中的海洋意识分析［J］.阿拉伯研究论丛，2019（1）.

［12］章洁颖，白楠.中国对阿拉伯女性文学研究综述［J］.文化学刊，2021（2）.［13］王㻛苑.论《沃斯米娅跃出大海》中的叙事策略［D］.上海：上海外国语大学，2014.

［14］刘易.莱伊拉·奥斯曼的语言风格研究——以〈蝴蝶无声〉和〈女人与猫〉为例［D］.上海：上海外国语大学，2019.

［15］莱伊拉·奥斯曼电视访谈.阿拉伯之春将我击碎（网址：https：//www.aljarida.com/articles/1476892282307939100/）

［16］总部位于伦敦的《阿拉伯人》媒体报道.《谁不爱莱依拉呢?》（网址：https：//www.alaraby.co.uk/؟من – الذي – لا – يحبّ – ليلى）

［17］科威特《贾利达》媒体报道.《莱伊拉·奥斯曼!》（网址：https：//www.aljarida.com/articles/1600185066529154600）

埃及散文家穆斯塔法·卢特菲·曼法鲁蒂
作品《目睹集》创作背景与影响

马璐雅

（约旦大学 文学院）

【摘要】穆斯塔法·卢特菲·曼法鲁蒂（مصطفى لطفي المنفلوطي,
1876－1924年）埃及现代著名散文家，是埃及作家协会主要成员
之一。自幼勤奋好学，酷爱文学，以擅长散文作品撰写而突出。
主要散文作品有《目睹集》（النظرات）和《泪珠集》（العبرات）。本
论文就该散文家生平及其重要作品《目睹集》创作背景和影响进
行研究，在以飨读者的同时，使更多阿拉伯文学学习者熟悉和了
解该文学家及其作品。

【关键词】穆斯塔法·卢特菲·曼法鲁蒂；《目睹集》；背景
与影响

【作者简介】马璐雅，约旦大学文学院硕士研究生。研究方
向：阿拉伯语语言文学、区域国别学。

一、引 言

穆斯塔法·卢特菲·曼法鲁蒂一生散文创作颇丰，其撰写风格对十九
世纪后半叶阿拉伯文学翻译和小说创作产生了深刻的影响。在阅读其散文
作品《目睹集》时能够感受到作者凝练优美的文字所体现的真挚充沛的情
感。《目睹集》最初是发表在埃及《穆埃伊德》（صحيفة المؤيد）报纸专栏中

的社会性杂文总集，因其措辞准确、行文流畅、针砭时弊、呼吁平等博爱而成为当时青年人散文写作的学习典范。《目睹集》所体现的叙事、抒情和哲理性散文是作者多种生活元素混合的结果，其审美风格的形成与作者本人的生活经历密不可分，他在散文中对埃及当时受英国殖民期间的社会风貌进行了直接描摹，平铺直叙的语言风格形成了其散文独特的风味与格调。因此，其散文风格完全有别于同时期埃及现代散文的创作风格，形成了独特的个人风格，即贴近生活、情感真挚、动人哀肠和简洁达意的"曼法鲁蒂风格"。

二、穆斯塔法·鲁特菲·曼法鲁蒂生平

穆斯塔法·鲁特菲·曼法鲁蒂（مصطفى لطفي المنفلوطي 1876 – 1924），是埃及近代林纾①式的翻译家，也是埃及现代最著名的散文家之一，被誉为"埃及现代散文之父"。曼法鲁蒂生于埃及阿西隆特省曼法鲁特镇的一个绅士家庭，幼年入私塾学习，接受了宗教思想的启蒙教育，后至开罗爱资哈尔大学继续深造，于1897年毕业，期间师从谢赫·穆罕默德·阿卜杜②（الشيخ محمد عبده），专攻阿拉伯语修辞学和语言学。曼法鲁蒂非常热爱文学，他一生虽并未走出国门，对外语更是一窍不通，但却拥有大量的翻译作品。经考证，其主要翻译的作品更多是借助于他人之手，后期是由他本人进行语言层面的加工与润色。曼法鲁蒂的大部分散文作品被收录在《泪珠集》和《目睹集》中。其主要的小说译著有《玛吉杜林》（مجدولين）、《为了王冠》（في سبيل التاج）和《美德》（الفضيلة）等。

同样，穆斯塔法·鲁特菲·曼法鲁蒂是一位民族情怀浓郁的作家，其新的散文创作风格的形成始于1895年，因当年艾资哈尔大学在政府代表谢

---

①林纾（1852—1924），字琴南，中国近代文学家、翻译家，古文翻译《茶花女》与《迦因小传》。

②谢赫·穆罕默德·阿卜杜（1845—1905），埃及散文家、改革家，毕业后在爱资哈尔大学和师范学院任教，他反对旧传统，主张创立一个维新的、提倡自由的学院派，1882年因参加阿拉比领导的革命被逐出埃及。

赫·穆罕默德·阿卜杜的领导下进行了现代科学改革，反对文学创作的墨守成规以及"宿命论"思想，吸收西方文明的精髓，改革阿拉伯文风。因此，在穆罕默德·阿卜杜的大力倡导下，艾资哈尔大学改革了课程体系，并引入了许多现代科目。曼法鲁蒂渴望学习，酷爱文学与诗歌。在恩师谢赫·穆罕默德·阿卜杜的现代科学改革的影响下，曼法鲁蒂开始了文学学习与创作。受恩师即益友的影响，他的写作风格和题材独具特色。1897 年于爱资哈尔大学毕业之后，曼法鲁蒂继续思考阿拉伯文风的创新思路，1907 年起，每周为《穆艾依德报》① （صحيفة المؤيد） 撰写社会批评类文章，受到了埃及社会的广泛关注，自此便开启了曼法鲁蒂的文学撰写生涯。后来，他在萨阿德·扎格鲁尔② （سعد زغلول） 的引荐下成为埃及作家协会的主要作家之一。曼法鲁蒂一生为阿拉伯现代散文发展做出了突出贡献，于1924 年 10 月病逝于故乡的热土，享年四十八岁。

三、穆斯塔法·鲁特菲·曼法鲁蒂作品概要

穆斯塔法·卢特菲·曼法鲁蒂的作品分为散文作品和翻译作品。其著名的散文作品有《目睹集》（النظرات）和《周报》（الأسبوعيات），这两部是二十世纪初他在《穆艾依德报》（صحيفة المؤيد）上发表的社会性杂文散文作品的总集，其中《目睹集》共汇编成三册，分别于 1910 年、1912 年和 1920年出版成册。

曼法鲁蒂的散文作品在保留传统思想和风格的同时，创新了阿拉伯散文的写作。1912 年，曼法鲁蒂编写了浪漫诗歌散文集《曼法鲁蒂选集》（مختارات المنفلوطي），其中臻选了阿拉伯古代及现代文学家的优秀作品，其中大部分作品则是曼法鲁蒂的原创诗歌散文作品。

---

①《穆艾伊德报》于 1889 年 12 月 1 日发行首期报纸，由埃及民族主义领袖、评论家、思想家穆斯塔法·卡米勒 （مصطفى كامل） 和埃及作家阿里·尤素夫 （علي يوسف） 创立，是当时最大的日报之一。

②萨阿德·扎格鲁尔（约 1857—1927），又译柴鲁尔，埃及独立运动领袖，华夫脱党创始人。

除了上述的散文作品以外，曼法鲁蒂的小说翻译始于二十世纪初（1910 年）。研究发现，他还是埃及现代一位林纾式的翻译家，因他对一些法文小说的翻译作品是先经他人翻译，再由他自己进行改编和润色，或由他人讲述故事之后，他再用自己的语言进行编纂撰写，因其阿拉伯语语言功底的深厚与卓越，后期人们将其归结为曼法鲁蒂的翻译作品。这些小说主要有：法国浪漫主义剧作家埃德蒙·罗斯丹（Edmond Rostand）的《西哈诺·德·贝尔日拉克》（Cyrano de Bergerac）被曼法鲁蒂译为《诗人的故事》（رواية الشاعر）；法国著名小说家阿尔芳斯·卡尔（Alphonse Karr）的著名悲剧小说《菩提树下》（Sous L'arbre de Bodhi）被译为《玛吉杜林》（مجدولين）；法国小说家贝尔纳丹·德·圣皮埃尔（Bernardin de Saint-Pierre）的初版小说《保罗与维吉妮》（Paul et Virginie）被译为《美德》（الفضيلة）；以及法国剧作家弗朗索瓦·科佩（François Coppée）的诗剧《为了王冠》（في سبيل التاج），曼法鲁蒂还为前三部作品重新命名，并把第一部和第四部由戏剧改编为故事。

至于《泪珠集》（العبارات）一书，则是一部由原创小说和从法文或英文翻译改编的小说组成的汇集。其中包括法国著名浪漫主义作家维克多·雨果的诗歌《祷告》（الدعاء）和《伏尔泰追悼词》（تأبين فولتير），以及英国文艺时期剧作家莎士比亚所著悲剧《裘力斯·凯撒》（يوليوس）中的《阐述的魅力》（سحر البيان）等。他在这本作品中用故事的形式揭露和描写了社会的弊病，作品语言犀利，直抵心灵。

鉴于曼法鲁蒂不懂法语和英语，选择原本之权全操于口译者之手，因而也产生了一些作品在翻译上的疵误。例如：原作题目的更改，把罗斯丹和科佩的戏剧改编成小说等。即使这样，十余部法语名作的翻译都被归于曼法鲁蒂，在现代埃及乃至整个阿拉伯世界位居首位，实属翘楚。

曼法鲁蒂小说的译笔也有其独到的特色与成功之处。例如，所译《为了王冠》，颇能保有原文的诗歌韵律，人物也能传原著之神。《美德》中关于维吉妮为了保有贞操与纯洁而宁愿跳海死亡这一段的心理描写，不仅原作的悲怆之情未改，有时连最难表达的戏剧冲突也能表达出来。曼法鲁蒂的小说作品和翻译作品在风格方面并无二致，都将译著的内容和观点以及所包含的哲学思想作了较大的改动。

四、《目睹集》创作背景与影响

（一）《目睹集》创作背景

1258 年之后，阿拉伯世界处于马穆鲁克王朝的统治时期，该时期阿拉伯散文远不如阿巴斯王朝那样兴盛，逐渐走向衰落，尤其在 1517 年，奥斯曼帝国开始统治阿拉伯世界之时，土耳其语被确定为官方语言，阿拉伯语和阿拉伯文学不被政府重视，逐渐走向衰落。虽然社会层面有部分文人创作了一些以诗歌和散文为主的作品，但其作品过于注重词藻的华丽，有矫揉造作之特点，其思想内容更多趋向空洞乏味，这种现象一直持续到十九世纪初，阿拉伯文学逐渐开始缓慢发展，其主要原因在于许多阿拉伯文学家赴西方国家学习，在学习西方语言、文化与文学的同时，也吸收了西方文学创作的手法，再将西方文学通过翻译的方式引进阿拉伯世界；与此同时，他们也积极进行创作，其中著名的有穆罕默德·侯赛因·海卡尔（محمد حسين الهيكل）（1888 - 1956），他因借鉴法国文学家小仲马的文学作品《茶花女》而撰写的第一部阿拉伯语小说《栽娜卜》（زينب）而轰动文坛。此时的散文也逐渐走向了复苏阶段，该时期具有代表性的是文学历史学家阿卜杜·拉赫曼·贾巴里特（عبد الرحمن الجبرتي）（1754 - 1825 年）的《古迹大观》（عجائب الآثار）和阿拉伯思想家里法阿·拉斐仪·塔哈塔维（رفاعة رافع الطهطاوي）（1801 - 1873）的散文作品《巴黎见闻锁忆》（تخليص الإبريز في تلخيص باريز）。此时的散文学家们更注重通过凝练的语言来反映人们的生活，但散文创作风格仍处于探索和变革阶段。

随着印刷业的出现，埃及以广播和报纸为代表的新闻业日趋繁荣，散文的创作更倾向于对内容的注重，摒弃矫揉造作的文风，该时期散文中的演讲词有了很大发展，正如阿卜杜·拉赫曼·凯瓦基比（عبد الرحمن الكواكبي）的《专制的特征》（طبائع الاستبداد ومصارع الاستعباد）（1855 - 1902），以及穆罕默德·穆韦利希（محمد المويلحي）（1858 - 1930）的《伊萨·本·希沙姆谈话录》

(حديث عيسى بن هشام)，均是通过散文作品来表达阿拉伯人民反对殖民以及对社会变革、自由生活的向往。

阿拉伯现代散文复兴的主要舞台在埃及，虽然去西方学习的埃及人回国后投身埃及文学的复兴，推动了埃及散文的发展，但留在国内未赴西方学习的阿拉伯散文家——穆斯塔法·卢特菲·曼法鲁蒂，以其作品形式的新颖，想象的丰富，贴近生活，哲理深邃，比喻新奇，行文句式紧凑，因而形成了独具特色的个人散文风格体——曼法鲁蒂风格。其风格典雅华美而不凸显雕饰，以平易畅达而不流于粗俗，内容未有板滞生涩之感，却有行云流水之美，使读者清新酣畅，明丽自然。

随着阿巴斯·马哈茂德·阿卡德、马奇尼、穆斯塔法·卢特菲·曼法鲁蒂、纪伯伦、米哈伊尔·努埃曼、梅·齐亚黛等一批散文家的出现，阿拉伯散文从内容到形式更是百花齐放，呈繁荣发展的态势。

根据作家的创作思想，阿拉伯现代散文分为传统派和革新派，传统派大多拥有较为高深的文学功底，作品力求语言完美和行文流畅，在抒发个人情感的同时，也书写个人对社会的认识以及对人生的思考，其主要代表人物有穆斯塔法·卢特菲·曼法鲁蒂、穆斯塔法·萨迪格·拉斐仪和艾哈迈德·哈桑·齐亚特等。而革新派大多受到西方文化的熏陶，其创作特点也借鉴西方思想文学的特点，注重作品的思想性和现实性。于是，在散文创作过程中，两派之间发生了论战，阿拉伯散文在双方的论战中更是得到了蓬勃发展，其种类也变得更加丰富，出现了取材广泛，包罗万象的小说、传记、戏剧、演讲词、杂文和随笔等。现代散文作品更注重语言的清新质朴，立意深刻，重视对社会的思考，摒弃了早期散文矫揉造作的病态文风。

穆斯塔法·卢特菲·曼法鲁蒂受谢赫·穆罕默德·阿卜杜的影响，并不相信后来人所杜撰的神话；他是典型的东方人，内心厌恶给东方世界带来腐化堕落风气的所谓的西方文明。他的作品中笼罩着一层悲观主义的阴影，但富有对生活的探索与思考，对人生的理解与感悟；一些文学家认为曼法鲁蒂的写作风格是悲婉哀沉的。研究发现，其散文作品内容饱含了对贫穷的思考与对穷人的同情，描写了对民族与个人不幸的悲叹，这恰恰体现了他的散文风格贴近生活、情感强烈并富有哲理。

同时，穆斯塔法·卢特菲·曼法鲁蒂是犀利的批评家而不是改良者，他运用笔力针砭时弊，但并未提出改革的建议，他的文章早期出现在《穆埃伊德》报纸上，他阿拉伯语的表达流畅、优美、不枯燥，文字表达的细腻性吸引了大众眼球，他风格的伟大要归结于埃及科学改革的起义，其风格超越了一般书籍撰写的风格，有别于当时文章结构的贫乏无力和文体的矫揉造作。

（二）《目睹集》之影响

穆斯塔法·卢特菲·曼法鲁蒂《目睹集》的语句表达优美，富有乐感，有音韵美，朗朗上口，这基于作者学术语言与修辞表达的深厚功底，同时，曼法鲁蒂作品内容集知识性和哲理性为一体，其作品风格对现代阿拉伯文学起到了重要的助力作用，为阿拉伯文学家的文学创作提供了更重要的借鉴。《目睹集》是阿拉伯历史上散文文学的标志之一，该著作由三大部分组成，共计 128 篇散文作品，其中叙事散文 64 篇，抒情散文 35 篇，哲理散文 29 篇。其文风突出，其文章受到广泛赞誉，正如已故的组亚特①（أحمد حسن الزيات）（1885 – 1968）赞誉他的文风最优美，具有影响力，其散文文风表达悦耳动听，有强大的感染力。当时埃及的文学读者们也普遍认为他的散文风格独特，是一种独特的艺术风格。但与此同时，围绕着曼法鲁蒂的创作风格也有许多争议，有人认为，曼法鲁蒂在此方面并未创新，其散文风格有别于当时埃及的散文创作风格，但通过阅读我们发现曼法鲁蒂所遵循的的文学框架完全符合阿拉伯人的撰写风格，其风格特点毫无疑问符合散文创作的三大根本：形散神聚、意境深邃和语言优美。鉴于曼法鲁蒂散文内容中所涉及的修辞造诣的高超，内容的多样性更受到人们对其作品的青睐。

曼法鲁蒂的散文文学创作对许多埃及文学家产生了深远的影响，例

①艾哈迈德·哈桑·组亚特（1885 – 1968）埃及及阿拉伯国家文化复兴的主要倡导者之一，于 1953 年凭借《叶海亚的信》获得拉姆文学奖。

如：易卜拉欣·阿卜杜·卡迪尔·马齐尼（1889 - 1949）和塔哈·侯赛因等。

五、结　语

穆斯塔法·卢特菲·曼法鲁蒂的一生不是恬静安逸的一生，而是历经千辛万苦的一生，更是为了人民呐喊的一生。他通过撰写散文不仅抒发了对自我生活的哀叹，更是对当时埃及在英国占领之下，外来殖民者的占领压迫使埃及人民忍无可忍的反抗，也是作者对所谓西方文明极大愤慨的体现。在作者的心中，国家的苦难和人民的苦难融合在一起，他是该苦难的号手，正如其文中动人哀肠的描写，简洁达意的语言表达风格深深打动人心，激起了人民对殖民者的痛恨，对祖国的热爱，更是激发了读者对其散文作品的艺术享受。

总之，穆斯塔法·卢特菲·曼法鲁蒂的散文在 20 世纪末埃及民族独立及阿拉伯文学复兴浪潮中独树一帜，引领了当时埃及阿拉伯散文的创作潮流，进而奠定了他在阿拉伯世界现代散文史上的地位。

参考文献

［1］　［埃及］艾哈迈德·爱敏著，阿拉伯文化史［M］.商务印书馆，1982.

［2］曹顺庆著，比较文学史［M］.四川人民出版社，1991.

［3］蔡伟良著，阿拉伯文学史［M］.上海外语教育出版社，2001.

［4］蔡伟良编著，灿烂的阿拔斯文化［M］.上海外语教育出版社，1997.

［6］侯传文著，多元文化语境中的东方现代文学［M］.社会科学文献出版社，2007.

［7］何芳川主编，中外文化交流史（上、下册）［M］.国际文化出版公司，2008.

［8］［黎巴嫩］汉纳·法胡里著，郅溥浩译，阿拉伯文学史［M］.宁夏人民出版社，2008.

［9］季羡林主编，简明东方文学史［M］.北京大学出版社，1987.

［10］季羡林主编，东方文学史［M］.吉林教育出版社，1995.

［11］季羡林主编，东方文学史（上、下册）［M］.吉林教育出版社，1995.

［12］李琛著，阿拉伯现代文学与神秘主义［M］.社会科学文献出版社，2000.

［13］李振中译著，李振中翻译作品：《阿拉伯埃及近代文学史》修订本［M］.世界知识出版社，2018.

亚非教学

外语学科国别和区域研究人才培养路径探析

陈泽华

（西安外国语大学　亚非学院）

【摘要】国别和区域研究是对外国语言文学学科内涵的深化和研究视野的拓展，交叉融合是其本质属性和重要特征。外国语言文学以其独特的学科属性，在国别和区域研究人才培养方面占有先天优势，掌握对象国语言是从事国别和区域研究的先决条件和基础。国别和区域研究人才培养模式设计必须在充分发挥外国语言文学学科既有优势的基础上，辅以政治学、经济学、历史学等学科的理论知识与研究方法，制定交叉融合特征明显的人才培养目标和课程体系，才能实现外语学科人才培养理论和路径的守正创新。

【关键词】外语学科 区域国别学 人才培养

【作者简介】陈泽华，博士，副教授，硕士生导师。主要研究方向：印地语语言文学、印度近现代史、非通用语教学。

【基金项目】西安外国语大学研究生教育综合改革研究与实践项目"外国语言文学国别和区域研究人才培养模式创新研究"（项目编号：22XWYJGA14）阶段性成果。西安外国语大学 2021年度高等教育教学改革研究项目《新文科背景下非通用语种跨学科融合人才培养研究》（XWK21ZG03）的研究成果之一。

一、引　言

随着我国改革开放和"一带一路"等重大战略的深入推进，国家对外语人才的培养提出了更高的要求。党的二十大报告指出，要全面贯彻党的教育方针，落实立德树人根本任务；国家"十四五"规划纲要也明确提出，要提高高等教育质量，推进高层次人才培养模式改革；教育部早在2019 年就正式启动了"六卓越一拔尖"2.0 计划，开始全面推进以交叉融合为主要特征的新文科建设。目前，高等教育改革已经步入深水区，如何提高教育质量，培养更多优秀的社会主义建设者和接班人，是每一位教育工作者必须认真思考的重大问题。外语学科肩负着为国家发展提供语言服务和智力支撑双重使命，随着我国综合国力的增强和科技的发展，外语教学从传统的听、说、读、写、译基本技能培养向国别和区域研究转型，已经成为历史的必然。在此背景下，国务院学位委员会、教育部 2022 年 9 月联合发布《研究生教育学科专业目录（2022 年）》，正式将区域国别学列为一级交叉学科，规定可授予经济学、法学、文学和历史学学位。区域国别学一级学科的设立，为外语学科的转型和发展提供了千载难逢的机遇，为提升外语人才培养质量、更好地满足国家对外语人才的需求指明了方向。由于作为交叉学科的区域国别学涉及多个学科领域，本文将重点探讨外语学科国别和区域研究人才培养模式创新这一核心问题。

二、国内区域国别学学科建设现状

理论研究方面，国内对国别与区域研究人才培养模式的探索十分有限，相关研究成果屈指可数。目前该领域相关的研究主要集中在对学科内涵、学科边界等宏观层面的探讨，对人才培养目标确立、课程体系设置等微观层面的研究明显不足。相关研究成果较少，主要有《新编区域国别研究导论》（郭树勇著）《区域国别研究：历史、理论与方法》（王逸舟等著）和《区域与国别之间》（吴小安著）等。钱乘旦、罗林、钟智翔等学者也曾撰文，对基于外国语言文学的国别和区域研究相关理论与方法进行了阐释，但对具体的人才培养模式却提及较少。

实践探索方面，国别和区域研究在国内仍处于起步阶段。根据教育部2022年9月公布的《学位授予单位自主设置二级学科和交叉学科名单》，目前北京大学、北京语言大学、南开大学、山东大学、广东外语外贸大学、中南财经政法大学、西安外国语大学等17所高校在外国语言文学一级学科下自主设置了国别和区域研究二级学科；上海外国语大学、华侨大学等4所高校自主设置了国别和区域研究交叉学科。此外，北京外国语大学成立了区域与全球治理高等研究院，开设包括对象国法律、国际关系等课程，旨在将外语学科同其他学科相结合，培养复合型人才。上海外国语大学借助上海全球治理与国别区域研究院这一平台，采用多元化培养模式和个性化培养方案，探索培养国际化国别区域研究人才之路。北京大学等多所高校成立了区域与国别研究院，积极探索外语学科与政治学、经济学等学科交叉融合的具体路径。

虽然我国在国别和区域研究人才培养方面积累了一定经验，但由于起步较晚、师资匮乏等客观原因，学科建设水平依然不高，无法真正满足国家和地方日益增长的人才需求。充分发挥外国语言文学一级学科的既有优势，积极探索国别和区域研究人才培养模式创新路径，不仅有利于提升各高校外语人才培养的整体质量，同时对推动国内国别和区域研究学科整体发展，都具有重要意义。因此，加大区域国别学学科建设和人才培养模式创新研究力度，在新文科理念的指引下转变学科发展思路，打造具有中国特色的区域国别学学科体系和人才培养模式，为国家整体战略布局和地方经济社会发展提供更加有力的智力支撑已经成为时代发展的迫切需要。

三、如何培养区域国别学人才

（一）要深化认知

区域国别学是新时代国家对高等教育人才培养提出的新要求。国别和区域研究人才的培养必须以习近平新时代中国特色社会主义思想为指引，坚持立德树人，强调价值引领，注重外语学科与政治学、经济学、历史学、社会学等学科的交叉融合；必须摆脱传统外语学科以语言、文学和翻译研究为主要任务的有限思维，在体现全球化视野、突出国家战略需求的基础上，厘定国别和区域研究人才概念及其内涵，在教育理念层面实现创新。

一是要深刻理解区域国别学的学科内涵。国别和区域研究以特定国家和地区为研究对象，以跨学科研究为主要方法，以服务于中国实现"两个一百年"奋斗目标、实现中华民族伟大复兴为宗旨，致力于揭示和描述特定国家和地区的发展规律与个性特征。基于外国语言文学的国别和区域研究主要以对象国或特定区域的语言为工具，借助历史学、哲学、政治学、社会学、法学、经济学等学科的理论和方法，探讨语言对象国和区域的历史文化、政治经济制度和中外关系等。它着眼全球与区域发展进程，提倡与政治学、经济学、法学等相关学科的交叉渗透，关注与我国国家利益和国际战略攸关的重大问题，发挥着基础信息提供者和领导决策思想库的双重作用。

二是要厘清外国语言文学与区域国别学的内在逻辑关系。开展国别和区域研究离不开对相关民族语言、思维模式、传统历史习惯的分析研究，掌握对象国语言是开展国别和区域研究的前提和基础。因此，国别和区域研究既是外国语言文学一级学科的重要支撑，也是对外国语言文学一级学科内涵的深化和研究视野的拓展。通过使用文本分析法、田野调查法、历史计量法、实证分析法等语言学、社会学、历史学和经济学的研究方法，吸纳其它学科成果，从而实现基于语言学、文学之上的外国语言文学理论的守正创新。

三是要注重培育学科共同体意识，彻底打破院校、学科、专业壁垒，最大限度实现优质教育资源互通与共享。国内现有的国别和区域研究人才培养多是在单一语种内部讨论"复语课程""外语＋方向"等具体培养路径的创新，教学资源融合度共享率不高。由于长期以来固有思维的存在，院校、学科和专业间壁垒很难彻底打破。区域国别学学科建设首先需要培育和确立学科共同体意识，要按区域或国别凝炼学科方向，设计相应的人才培养方案。对外语学科而言，就是要按照区域对外语语种进行整合，强调与非外语学科间的交叉融合，实现课程和师资等教学资源的共享，以共同体意识，推动专业和学科建设水平整体提升。目前国内高校开设的外语专业达 100 余个，但绝大多数属于非通用语种，由于师资、教材、课程等因素制约，发展速度较慢，建设水平极不均衡。学科共同体意识有助于改善各语种专业势单力薄、单打独斗的被动局面，有利于凝心聚力和资源共享，从而推动区域内语种专业集群式发展。

（二）要注重创新

国别和区域研究人才的培养离不开教学实践层面的创新。这就要求对传统外语教学模式和教学内容进行解构和重建，即从培养目标、培养模式、课程体系、教材建设、评价机制等多个维度全面体现区域国别学交叉融合的学科特征。在教学内容设计和教材建设方面，要严格比照人才培养目标，加大对象国专门领域知识的教学和研究力度，注重拓展学生的知识视野，提升学生适应未来工作的能力。在教学方法和教学过程方面，要强调以学生为中心的"翻转课堂"，研学结合，将传统教学方法与现代互联网技术和大数据平台高度融合，充分利用最新教育媒介和技术，革新教学方法，最大限度激发学生的学习兴趣和学习潜能，培育学生的创新思维和思辨意识。具体而言，要做好以下几个方面的工作。

1. 明晰人才培养目标

人才培养目标代表着教育的方向，深刻回答着"培养什么人、怎样培养人、为谁培养人"这一教育根本问题。外语学科国别和区域研究人才培养目标的确立必须以习近平新时代中国特色社会主义思想为指引，坚持立德树人，强化价值引领，以培养社会主义建设者和接班人为根本宗旨。同时，人才培养目标必须全面体现新文科建设理念，积极促进不同学科交叉融合，注重拓展学生的知识视野，培育学生的创新思维，有效对接国家战略需求和特定领域工作需要。

2. 创新人才培养模式

人才培养模式即教育产出的渠道和路径，人才培养模式创新是学科、专业发展的内在驱动力。国别和区域研究人才培养模式，必须聚焦国家新一轮对外开放战略和"一带一路"建设，积极推动学科间交叉融合，最大化实现优质教育资源共享。学生在精通对象国语言的同时，必须深入了解掌握对象国历史文化及专门领域知识，实现外语学科与法学、新闻传播、经济、艺术、历史等学科深度融合和优势互补，施行区域内"语言＋专业"人才培养模式，促进学生全面发展。

3. 优化课程体系结构

国别和区域研究需要整合优化传统外语专业的课程体系和结构，加强课程思政和对象国相关知识的教学力度，形成区域内政治、经济、法律、文化等不同培养模块，开设政治、法律、经贸等专业课程。同时要对通识类课程进行信息化处理，提升学生批评话语分析、美学鉴赏等能力和水平，不断推动课堂改革，强调学生中心主体地位，切实提升课程与人才培养目标的契合度。

4. 加强专业教材建设

国别和区域研究要求在已有教材的基础上，修订编写彰显时代特征和区域国别学建设理念的教材。新编教材应注重价值引领，部分增加介绍我国改革开放伟大成就、弘扬中华民族优秀传统文化等内容。同时要加强政治、法律、经贸类外语教材的建设，组织团队编写商务外语、法律外语、对象国政党制度等方面的专业教材。通过用对象国语言讲解对象国基本国情知识和专门领域知识，在夯实学生语言技能的同时，不断拓展和深化学生的知识视野。

5. 优化监测与评价机制

国别和区域研究对传统的教学方法、教学过程进行了解构和重建，这就要求建立与之相适应的全新的教学监测与评价机制，增加过程性评价的比重，利用大数据平台等现代技术，对教学实践中的各个环节进行即时监测、科学分析和评判。教学过程中可以通过学堂在线、超星课堂等线上教学平台和教学监测软件，及时采集各个教学环节的数据并进行分析，对发现的问题进行修正。教学质量监测与评价是实现人才培养目标、确保人才培养质量的重要一环，要运用系统科学的理论和方法，确立和构建多层次、多维度的教学质量监控与评价体系，形成人才培养全过程闭环式管理。

6. 打造高质量师资队伍

基于外国语言文学的国别和区域研究，强调外语学科与其他学科的交叉融合，因此建设一支结构合理、学术背景多元的高质量师资队伍是实现人才培养目标的先决条件。以现有外语学科师资为主体，通过"外引内培"，一方面积极拓展现有师资的研究领域，引导教师从语言学、文学不断向政治学、经济学等学科领域扩展；另一方面，引进精通对象国政治、经济、法律等专业知识的高级别人才，打造一支精通对象国语言、掌握国别区域研究一般方法和特定领域专门知识的高素质师资队伍。

四、结　语

交叉融合是国别和区域研究的本质属性和重要特征，掌握对象国语言是从事国别和区域研究的先决条件和基础。外国语言文学以其独特的学科属性，在国别和区域研究人才培养方面占有先天优势。唯有充分发挥外语学科的既有优势，同时辅以政治学、经济学、历史学等专门领域的理论，制定交叉融合特征明显的人才培养目标和课程体系，才能培养更多为国家和地方经济社会发展提供智力支撑的高质量人才。区域国别学作为教育部新设立的交叉学科，其学科建设依然处于探索和起步阶段，对外语学科而言，如何使新文科理念、区域国别学学科内涵与各外语语种人才培养模式实现高度有机融合，形成合力，依然是广大外语教育工作者需要深入思考的问题。

参考文献

［1］郭树勇：新编区域国别研究导论［M］，北京：高等教育出版社，2020 年。

［2］吴小安：区域与国别之间［M］，北京：科学出版社，2021 年。

［3］王逸舟等：区域国别研究：历史、理论与方法［M］，上海：上海人民出版社，2021 年。

［4］钱乘旦：关于区域国别研究的几个问题［J］，《学海》2023 年第 1 期。

［5］罗林，邵玉琢："一带一路"视域下国别和区域研究的大国学科

体系建构［J］，《新疆师范大学学报（哲学社会科学版）》2018 年第 6 期。

［6］钟智翔，王戎：论外语学科的国别与区域研究方向及其人才培养［J］，《国别和区域研究》2020 年第 4 期。

［7］王启龙：区域国别学十问［J］，《外语教学》2023 年第 2 期。

［8］杨丹：中国式现代化需要什么样的区域国别学［J］，《外语界》2023 年第 1 期。

中华优秀传统文化融入研究生专业课程思政

——以"韩国文学作品鉴赏"课程为例

宋　姣

（西安外国语大学　亚非学院）

【摘要】高校是立德树人任务实施的重要阵地，课程思政是高校落实立德树人根本任务的重要途径，课程思政要结合专业特点进行。中国是韩国的文化源流国，因此"韩国文学作品鉴赏"课程具有天然的思政优势。本文以"韩国文学作品鉴赏"课程为例，首先从课程思政的背景切入，继而分析青年学生尤其是韩语专业的研究生在对我国优秀传统文化认知践行方面存在的问题，接着通过具体的案例，展示将优秀传统文化融入文学鉴赏课程的具体过程。

【关键词】课程思政；优秀传统文化；韩语研究生专业课程；文化自信

【作者简介】宋姣，副教授，博士，研究方向：中韩文学比较。

【基金项目】本文系西安外国语大学校级科研项目（编号19XWB01）的部分研究成果。

一、引　言

2020年5月，教育部《高等学校课程思政建设指导纲要》（以下简称为《纲要》）指出："落实立德树人根本任务，必须将价值塑造、知识传授和能力培养三者融为一体、不可割裂。"《纲要》还指出要"结合专业特点分类推进课程思政建设",其中,对于文史哲专业课程,《纲要》指出"要在课程教学中帮助学生掌握马克思主义世界观和方法论,从历史与现实、理论与实践等维度深刻理解习近平新时代中国特色社会主义思想。要结合专业知识教育引导学生深刻理解社会主义核心价值观,自觉弘扬中华优秀传统文化、革命文化、社会主义先进文化。"习近平总书记在党的二十大报告中指出:"全面建设社会主义现代化国家,必须坚持中国特色社会主义文化发展道路,增强文化自信",为此我们要"传承中华优秀传统文化","不断提升国家文化软实力和中华文化影响力"。习近平总书记的上述指示英明决断,明确指出坚定文化自信在一个国家、一个民族发展中的重要性。在此背景下,研究中华优秀传统文化和课程思政教育的有机融合已成为思政教育创新发展方向之一。

文化与自然从辩证法角度来讲,是一对对立统一的关系。自然是大自然中一切事物的总和,文化属于社会历史范畴,是指人类在改造世界的过程中创造出的物质财富以及精神财富之总和。在我国,优秀传统文化是指居住在中国地域内的中华民族及其祖先所创造的、为中华民族世世代代所继承发展的、具有鲜明民族特色的、历史悠久的、内涵博大精深的传统文化、爱国思想、知行合一、以和为贵、宽恕思想、自强不息的奋斗精神①。中国优秀传统文化历史悠久,源远流长,是中华文明的智慧结晶,具有鲜明的民族特点,有着积极的历史推动作用。

目前课程思政已在各类课程中不同程度地建设起来,而课程思政在外语类课程中的研究多以英语课程为主,主要围绕教学管理顶层设计、课程教学效果、评价体系建设等方面进行了研究和探讨。然而有关小语种课程思政融入的研究相对偏少,而韩语专业研究生课程思政的研究更是尚未涉及。目前关于韩语课程思政的研究呈现以下几点特点:一是以本科、高职专业韩语课为研究对象,对研究生韩语课程缺乏必要的思考。二是以具体

---

①刘佳.中国优秀传统文化在高校思想政治教育中的价值与应用[D],东北农业大学硕士论文,2015.6.P7.

的韩语类课程或教材为对象进行课程思政建设的思考，系统性分析有待深入。三是以文化为切入点分析韩语类课程的讨论极度欠缺，没有讨论中国优秀传统文化融入研究生韩语课程的研究。因此本研究以韩语专业研究生专业"韩国文学作品赏析"课程为对象，通过具体课程案例的详细分析，探讨如何将中国优秀文化润物细无声地融入研究生专业课教学，以达到提高研究生的中国文化素养、增强文化自信的效果。

二、目前大学生对优秀传统文化认识尚存在问题

利用好研究生专业课课堂教学"主渠道"，将中华优秀传统文化教育和思政教育有机融合，能够有效解决"培养什么人、为谁培养人"这一根本问题。韩国语研究生专业课教学肩负着为国家培养和输送德才兼备的应用型人才的重要职责，硕士毕业生不仅能够以韩国语为工具进行研究，同时能够用韩国语讲好中国故事，传播中国声音，展现中国形象。因此，中华优秀传统文化教育进融入研究生专业课课堂十分迫切。然而当前研究生对我国优秀传统文化的认识存在明显不足，对优秀传统文化的意识较为薄弱，认同度较低。韩语专业的研究生对优秀传统文化的认识既具有广大青年学生的普遍性，同时也和自身专业特点有一定的联系。

当今社会处于多元价值观相互撞击与文化渗透的复杂情况交替之中，部分研究生思想观念受到了不同价值观念的冲击，表现在很多学生对西方的节日非常热衷，比如圣诞节、情人节等，而对中国的传统七夕节非常淡漠。此外阅读传统文化书籍是一种学习中国优秀传统文化行之有效的方法，然而据调查，在校大学生包括研究生目前阅读传统文化书籍的情况不够理想。笔者曾以本校朝鲜语专业本科生和研究生为对象，调查学生们曾阅读过哪些古代思想家的著作，结果非常不理想。大部分学生虽然部分读过《庄子》、《论语》，但是通篇阅读的却是极少数。另外研究生对优秀文化认识情况不理想，也与目前研究生专业教育情况有着密切关系。目前研究生在教学和学习过程中对自身专业知识的学习往往重视得比较充分，而对学生的思想道德培养则相对轻视，尤其人文社科等方面知识基础不够牢

固。目前国家加强科研诚信的管理，再加上很多院校为了提升本校的科研水平，往往在毕业条件中硬性规定研究生发表论文的刊物级别和数量。在此压力下，为了如期毕业，很多学生往往急于求成，忽视科学研究的客观规律，没有充分打好专业基础就盲目写论文。有的甚至铤而走险，寻找论文代写、代发途径，这充分说明部分研究生的科研诚信意识亟待提高。此外还存在诚信失范的问题，如考试作弊、替考、替考勤等现象频出，这些都违背了"明礼诚信"的道德规范。

韩语专业的研究生对优秀文化认知和践行方面，除青年学生思政问题的共性，还与自身专业特点有关。韩国自上世纪六十年代，经济发展迅速，跻身"亚洲四小龙"行列。世纪之交，韩国推进以"软实力"为手段的公共外交，着力宣传韩国文化、大量产出韩剧韩影和韩综，大力输出"韩流"。韩国语专业的研究生为了提高外语水平，不可避免地较其他专业的学生更多接触对象国的影像媒体，即韩剧韩影韩综，成为"韩流"的受众的主流。韩剧韩影韩综剧本新奇、题材多样、演员演技精湛、制作优良、道具场景精美，因而吸引了许多中国观众。然而"韩流"对青年大学生价值观产生一定的消极影响却不可忽视，具体表现如下：

1. 消费观：过度消费。韩剧作为一种商品，为了追求利益最大化，往往直接或间接植入大量广告。剧中俊男靓女使用某种商品的场景便会产生极大的广告效应，追剧追星的青年学生会不自觉地跟风购买该商品，不顾自身的消费能力，也不仔细考虑该商品的实用性。2013 年韩剧《来自星星的你》自播出在中国创下 50 亿的网络播放量[1]，剧中女演员使用的化妆品，甚至包括口红的色号，女演员的装扮，就连头上的发卡、头饰都被观众热搜。国内最大的购物网站淘宝上到处都打着"韩剧女主同款"的噱头，迎合很多人买不到正版也要买仿版的消费心理。由于韩剧的播出，韩国本土一大批品牌进入中国市场，对中国国产化妆品品牌带来不小的冲击。

---

①王冠蕙，柳垚. 韩剧中化妆品广告对中国女大学生消费观的影响 [J]. 四川文化产业职业学院学报，2016，P130.

2. **价值观**：容貌焦虑。韩剧中的男主身材挺拔、潇洒俊朗，女主温婉青春、肤白貌美。长期观看韩剧，会不自觉地把韩剧演员作为标准，在意并放大自己不符合"标准"的部分，从而陷入外貌焦虑，过分在意自己的外表，很多青年学生甚至为了改变自己不顾风险减肥整容。

3. **婚恋观**：偏激极端。尽管不同题材的韩剧风格不同，大多数韩剧都有美丽的爱情故事主线，尤其是"王子爱上灰姑娘"类型的韩剧，比如《继承者》《巴黎恋人》等，长期观看不免沉迷于虚幻爱情，崇尚不现实的恋爱。女大学生们在观看韩剧时，将剧中人的形象冠以未来伴侣身上，择偶趋势越来越偶像化、人物化、王子化[①]。近年来大学生因恋爱问题自杀的事情在很多高校都发生过，可见引导学生建立正确的恋爱观刻不容缓。

题材多变情节多样的韩剧丰富了青年们业余文化生活，在剧中人物的精致妆容的带动下，青年学生更加注意仪容仪表。然而韩剧也使部分青年学生盲目消费、盲目跟风。长期关注俊男靓女，也可能陷入容貌焦虑，对自己的外貌外表过分在意。此外经常观看不现实的爱情故事，还会产生错误的婚恋观，在恋爱问题上走极端。因此引导青年学生树立正确的世界观、人生观、价值观成为亟待解决的问题。

三、中国传统优秀文化融入"韩国文学作品鉴赏"课程思政案例设计

中国是韩国的文化源流国，自古以来中国的古典文化与文学源源不断给韩国作家带来深远影响。因此韩国文学作品鉴赏课程具有天然的思政优势，可以从中挖掘大量的思政元素。汉语、韩语等东方国家的语言与英语、法语等语言所承载着的西方文化不同，东方国家的语言所蕴含的东方文化与西方文化在意识形态和价值观念等方面存在巨大差异。因此英语等西方语言课程的思政教育更侧重培养学生的批判性的思维能力和价值判断能力，引导学生辩证地看待西方的意识形态与我国社会主流意识形态之间

---

① 陈爽.韩剧对女大学生婚恋观的负面影响［J］.才智，2012（07）。

的差异，提高学生的思想政治觉悟。中韩两国同处共同的汉字文化圈，中韩两国自古交往密切，韩国政治、文化、经济不可避免受到中国影响。鉴于中韩文化的近似性，授课教师可抓住中国作为韩国文化母国的先天优势，从课程中挖掘思政元素，着力从追溯中韩文化源头的角度展开，以此可以增强学生的文化自觉和自信，达到提升学生对中国文化认知度、提高学生中国优秀传统文化素养的效果。

　　"韩国文学作品鉴赏"是亚非语言文学研究生专业的核心课程，课程以历史唯物主义和辩证唯物主义为指导思想，以科学的方法分析韩国文学史以及作家作品，将知识传授与价值引领相结合，通过理论环节、作品鉴赏、小组发表等形式构建整个教学体系。如何运用比较文学的影响研究方法解析韩国古典文学作家作品的思想性和艺术性，是本课程的教学目标。通过本课程的学习，带领学生挖掘和解读韩国儒学大家及其作品中所蕴含的思政元素，可培养学生养成良好的思政意识并激发学生的文化自觉和文化自信。在鉴赏学习韩国文学作品过程中，潜移默化地转变为一次中国文化自觉的过程，并进一步提升学生的民族自豪感。

　　下面以"金时习的作品世界"一节为例，从教学案例的主题与目标、案例内容与意义以及教学过程三个方面，详细探讨将中华优秀传统文化融入研究生专业课程思政的全过程的具体方案。

（一）教学案例设计思路

1. 案例主题与目标

　　本次课程的思政主题是通过学习韩国朝鲜时期儒学大家梅月堂金时习的作品《金鳌新话》的内容，了解对《金鳌新话》产生直接影响的中国作品：《太平广记》《搜神记》和《剪灯新话》相关内容。思政目标是了解中国传统文化博大精深、魅力无穷，直接影响韩国古典文化与文学。韩国文学史上第一部汉文小说《金鳌新话》正是在中国作品的直接影响下而诞生的，从而达到增强学生们文化自信的效果。

2. 案例内容与意义

　　本节课程的教学内容包括金时习的生平以及《金鳌新话》收录的五部

作品内容和思想的介绍、与《搜神记》《太平广记》和《剪灯新话》的直接联系。教师引导学生围绕本节内容深入挖掘其中蕴含的中国元素，学生在阅读、鉴赏、讨论和总结的过程中，真正理解和把握朝鲜时期文人对中国儒教思想的接受程度，以及对中国传统文化的热爱。

（二）教学过程

1. 思政导入

用 PPT 展示《万福寺樗蒲记》小说开头部分、《太平广记》卷 295《赵文昭》文本原文，引导学生分析两篇小说的语言描写、人物设置是否存在相似性。

2. 思政贯穿

向学生讲解金时习的生平情况、时代背景，分析作者诗文中体现的儒、佛思想，了解其一生几波几折坎坷的人生经历，以及作者试图通过文章揭露现实的创作目的。

通过阅读《万福寺樗蒲记》小说原文开头部分，即"月夜梁生哀叹自己孑然一身，佛前樗蒲祈求婚姻，偶遇佳丽一名，二人私定终身"部分，继而展示《太平广记》卷 295《赵文昭》文本原文。同学们经过讨论，一致认为两篇小说在语言描写、人物设置方面高度相似。

《万福寺樗蒲记》中男主人公梁生为求佳偶，与殿内的佛像玩起樗蒲游戏。引导学生思考樗蒲戏是何物，最初产生于什么年代。列举与樗蒲有关的中国古诗词，以及现代古装影视剧中出现的玩樗蒲戏的情节。继而联系韩国民俗游戏——尤茨，说明其根源正是中国古代的樗蒲游戏。

接着展示《万福寺樗蒲记》的中间部分，即"女子（实为女鬼）分别时，赠与梁生以银椀；凭此信物女子的父母认梁生为女婿；女子父母为女儿设斋，女儿现身"部分。引导学生与《太平广记》卷 324《崔茂伯》故事对照并分组展开讨论。总结此部分的故事情节、人物设置与《崔茂伯》高度相似，得出结论为金时习此部分的创作直接受《太平广记》影响。

展示《万福寺樗蒲记》的结尾部分，即"女子向梁生讲述两人之间的三世姻缘后，与梁生告别；梁生至女子墓前作祭文吊唁”部分。接着展示《剪灯新话》之《滕穆醉游聚景园记》的结尾部分，引导学生比较两内容，分组讨论。总结金时习在创作此部分时，参照了《滕穆醉游聚景园记》的结尾部分。

发放《李生窥墙传》与《剪灯新话》《太平广记》相关作品的原文文本，引导学生思考中韩作品之间的关联、相似性，并进一步引出下一个课程重点，即《李生窥墙传》的中国元素。

3.课堂小结

本课程通过朝鲜时期金时习的生平情况、思想主张，结合他的小说《金鳌新话》中的《万福寺樗蒲记》与《太平广记》《剪灯新话》的相关作品对比，阐述了中国文学对韩国文学的影响关系，坚定文化自信，响应二十大提出的号召，即“全面建设社会主义现代化国家，必须坚持中国特色社会主义文化发展道路，增强文化自信”。

4.作业布置

巩固本节内容：搜集韩国民俗游戏尤茨，了解其游戏规则。与中国的樗蒲仔细作对比。搜集中国有关樗蒲的历史资料包括诗文、文学作品和历史记录，体会中华优秀传统文化传播到朝鲜半岛，并在半岛生根发芽开花结果。

在教学过程中，注意改革传统课堂讲授为主的教学方法，注重培养和发挥学生在学习过程中的主观能动性，通过个性化引导、交流讨论、小组风采展示等方式的有机融合，充分调动同学们的学习兴趣与课堂气氛，可有效提升课程思政教学效果。

四、结　语

在传统的教学模式基础上，将我国优秀传统文化通过以上案例的方式，融入“韩国文学作品鉴赏”课程，经实践教学，取得以下思政效果。

1.润物细无声。如何将思政元素巧妙地融入专业知识的学习，达到润物细无声的效果，是教学重点难点。金时习自幼熟悉汉文，在诗词歌赋方面表现出极高的天赋，"自髫龄已有诗声……后世必有知岑者，其书大抵述异寓意，效剪灯新话等作也"①。金时习饱读中国诗书，对中国文学、文字、文章非常熟悉且造诣超群，尤其是对明瞿佑的《剪灯新话》爱不释手，以至于模仿其体例和框架开始创作新的小说。了解金时习与中国文化的渊源，学生在学习专业知识的过程中自然地增强中国文化自信。韩国每逢春节，必不缺少的民俗游戏尤茨，其游戏形式、规则和中国的樗蒲戏有着高度的相似度。通过引导学生比较两种游戏之间的相似之处，得知韩国的尤茨正是源于中国的樗蒲戏，这一结论更加坚定了学生们的文化自信。

2. 提高文化鉴赏能力。我国已经进入互联网为主的新媒体时代，网上充斥着各种庞杂多元的信息，如果不加甄别，学生极易陷入迷雾。教师在选择思政素材时，可选择能够正确引导学生走向积极、正向的方向的材料，避免学生走弯路走错路。

中国优秀传统文化是我国几千年来集体智慧的结晶，是中华民族宝贵的精神财富。我国优秀传统文化主要包括爱国思想、知行合一、以和为贵、宽恕思想、自强不息的奋斗精神。目前研究生在教学和学习过程中对自身专业知识的学习往往重视得比较充分，而对学生的思想道德培养则相对轻视，尤其人文社科等方面知识基础不够牢固。韩国语专业的研究生由于专业的原因，较其他专业的学生，更多收看韩剧韩影韩综。然而韩流对消费观、价值观和婚恋观带来的消极影响不可忽视。本文以"韩国文学作品鉴赏"课程为例，首先从课程思政的背景切入，继而分析青年学生尤其是韩语专业的研究生在对我国优秀传统文化认知践行方面存在的问题，接着通过一节课程的案例，展示将优秀传统文化融入文学鉴赏课程的具体过程。中国是韩国的文化源流国，韩国文学作品鉴赏课程具有天然的思政优势，今后可以从中继续挖掘思政元素，将课程思政进行得更加全面更加系统。

---

①金安老《龙泉谈寂记》卷上

参考文献

［1］金安老.《龙泉谈寂记》卷上.

［2］刘佳.中国优秀传统文化在高校思想政治教育中的价值与应用［D］，东北农业大学硕士论文，2015.6.

［3］陈爽.韩剧对女大学生婚恋观的负面影响［J］.才智，2012.07.

［4］王冠蒽，柳垚.韩剧中化妆品广告对中国女大学生消费观的影响［J］.四川文化产业职业学院学报，2016.

［5］汪帅东.文化自信视阈下课程思政案例设计与教学实践［J］，东北亚外语研究，2022.3.

［6］刘学思.高职院校韩语教学的创新路径分析［J］.知识经济，2021.3.

［7］张姝.如何把思政融入大专院校韩语课程教学中的探讨与研究［J］.青春岁月，2020.29.

线上线下混合式教学模式实证研究

——以"高级韩国语Ⅰ"课程为基础

吴海利

（西安外国语大学　亚非学院）

【摘要】本研究通过 SPSS25 独立样本 T－检验对混合式教学模式与传统教学模式在在词汇、语法、阅读理解、翻译及写作学习及"高级韩国语Ⅰ"整体成绩上的差异进行了探讨，结果表明：两种教学模式在语法、阅读理解、翻译及写作学习上没有显著差异，但对词汇学习有显著的统计学差异。

【关键词】混合式；教学模式；教学效果

【作者简介】吴海利，副教授，博士。研究方向：韩国语语言学、国别与区域研究。

一、引　言

近年来，随着教育信息化的不断加速推进，教育部提出加快信息化时代的教育变革，改进教学方法和手段，倡导高校充分利用信息技术实施多样式的教学模式。《非通用语种类专业本科教学质量国家标准》指出要合理使用现代教育技术手段，注重教学效果，确保人才培养质量。非通用语种类相关专业混合式教学模式就在这种大背景下应运而生，科学合理地组织设计混合式课程教学，以最大限度发挥混合式语言学习的优势势在必行。混合式教学模式正在成为教育的"新常态"，也必将引发外语教学的生态重构。混合式教学模式、传统教学模式、线上教学模式可以形成优势互补。

"高级韩国语Ⅰ"是针对高校韩国语专业本科生三年级学生开设的专业基础课程，旨在通过朝鲜（韩国）语的中高级知识学习，加深和扩展韩国语语言知识和相关文化知识的广度和深度，巩固语言知识，培养学生的表达、理解能力及实际应用能力。三年级上学期学生应掌握基础语法约250个，单词约5000个①，具备了一定的听说读写译技能，有相对较强的自学能力，韩国语学习应从高效的输入转入有效的产出阶段。该课程作为专业基础课程，一般采用传统的授课模式。但传统的教学内容有时并不能满足学生的个性化需求。众所周知，外语教学不能光靠一本教材，需要更多课的延伸阅读，直观的影像资料，不断刺激学生的大脑。"高级韩国语Ⅰ"课程特点是知识点多，但相对来说课时少，光靠课堂的讲解是远远不够的，效果也不佳，需要学生在课外的学习平台。但是很多教师担心的是没有教师现场监督指导的线上课堂，学生的学习质量是否能够得到保证。本论文拟通过学业水平测试对传统教学模式与线上线下混合教学模式教学效果进行实证分析。

二、混合式教学模式的研究现状

韩国语教育界进行混合式课堂教学实践的比较多，但相关研究成果不多。宋仙花（2019）以应用韩国语专业学生为对象，以建设优质课堂，提升教学效率为目标，将《综合韩语》各课程分为单词、语法、课后练习、情景模拟四个模块，每个模块的教学均遵循"学习导入—知识讲解—知识应用—讨论分析—总结—作业布置"的教学步骤，进行教学构思建设、同步在线开放课程。指出线上线下混合式教学是以学生为主体组织教学，教学环节紧密相扣，线上线下师生互动极好，学生的自愿

---

①根据韩国国立国语院《国际通用标准韩国语教育标准模型》（第2阶段）初中级韩国语语法250个，单词4690个。

参与度高，很好地达到了教学目标，教学效果明显改善。郑春梅（2018）以《综合韩语3》课程为对象，通过网络交互系统，对线上和线下的教学内容的知识点重新整合。线上教学涵盖了每个单元的基本知识点，线下课堂教学内容以教师对每个单元的语法和单词的知识点进行总结，针对容易混淆的语法进行比较总结，进一步扩展知识、文化的介绍。线上对每个单元的知识点制作了微视频，结合课堂教学对知识点进行补充。线下主要是语法和文章的讲解，通过教师与学生的互动，改变传统教学方式的局限性，进而培养学生的语言技能，实现在交互式教学中知识内化的目的。

金红月（2021）进行了高级韩国语听力教学中混合式教学策略研究。指出，教师需要重视与课堂学习教材内容相关的辅助资料的选择，这与线下课堂听力学习的前期工作相关联，包括新词汇学习、新信息和知识的拓展等。王宗宣、覃思（2022）进行了韩国茶礼俗融入混合式韩语教学的路径研究，借助多媒体技术生动再现韩茶及韩国传统茶礼俗，模拟茶礼俗的应用场景，构建茶礼俗在线上线下教学的多种教学方式，兼顾虚拟仿真等各种教学方式，结合学生的韩语语言水平和文化认知水平，构建适当的韩国茶礼俗文化情景，融入韩语语言教学中，突出混合式韩语教学的先进性和创造性。高弼兰（2018）分析了传统韩国语课堂教学的缺陷，提出应该进行线上线下混合教学模式，以此来保证更好的教学效果。李倩（2019）是唯一一篇以非专业韩国语学者（二外）为对象，进行混合模式下《大学韩国语》课程的研究。教师课前选取教学内容中的重点单词、语法制作微课，在课前预习环节中帮助学生通过视频影像或语音资料进行学习，前提要求实现目标任务。同时，教师在习题环节，可设置题目对此环节进行进一步检测，实现教学效果动态掌握。拓展的内容如：电子阅读资料的推送，根据不同教学内容可以安排在不同环节进一步加深学生对主题的理解。线下主要是以学生活动为主，如分组讨论等，训练学生的听说读写译等语言技能。

韩国语教育相关的线上线下混合式课程的研究成果虽仅有几篇，但也为本研究的开展提供了宝贵经验。混合式学习具有强大的生命力（胡杰辉，2021：3），混合式学习是外语教学的新常态已经成为学界共识，开展韩国语混合式课程及相关研究有其必要性和重要性。本文以先行研究作为基础，利用 SPSS 25 数据统计分析工具，对传统教学模式与线上线下混合教学模式教学效果进行实证分析。

三、研究设计

（一）研究问题

本文试图在"高级韩国语Ⅰ"教学中采用线上线下混合式教学模式，目的是通过分析学业水平测试结果，检测混合式教学模式与传统教学模式的教学效果。具体来说本研究主要解决以下问题：

（1）两种教学模式对韩国语专业学生在词汇学习上是否存在不同效果？

（2）两种教学模式对韩国语专业学生在语法学习上是否存在不同效果？

（3）两种教学模式对韩国语专业学生在阅读理解学习上是否存在不同效果？

（4）两种教学模式对韩国语专业学生在翻译学习上是否存在不同效果？

（5）两种教学模式对韩国语专业学生在写作学习上是否存在不同效果？

（6）两种教学模式对韩国语专业学生在"高级韩国语Ⅰ"整体学习上是否存在不同效果？

（二）研究对象

笔者于 2022 年至 2023 年学年度第一学期在中国某大学韩国语专业申请了针对三年级上课程"高级韩国语Ⅰ"的线上线下混合课程。本论文以该年级两个平行班的 47 名学生作为研究对象。实验班（混合式教学模式）共计 23 人，其中男性 1 人（4%），女性 22 人（96%）；对照班（传统教学模式）共计 24 人，其中男性 4 人（16.7%），女性 23 人（83.3%）。两个班同一科目、同一教学大纲、同一教材、同一教师。

表 1　样本基本信息

	人数		百分比	有效百分比	累积百分比
有效	实验班	23	48.9%	48.9%	48.9%
	对照班	24	51.1%	51.1%	100.0%

为了检查两样本方差是否齐性，样本来自的总体是否服从正态分布，针对实验班与对照班"高级韩国语Ⅰ"的先修课程"中级韩国语Ⅱ"进行了 T - 检验，结果显示两组数据来自正态分布的群体，数据的方差齐，满足独立性条件（F = 4.556，显著性 = 0.038 < 0.05，假定等方差 sig = 0.265 > 0.05）。两个班在受试前精读科目学业水平成绩没有显著差异。

（三）实验步骤

第一步：申报线上线下课程课程。本研究的起止时间为 2022 年 9 月 1 日至 2023 年 1 月 13 日。按照学校的规定，对 X 大学韩国语专业的三年级 1 班（实验班）的"高级韩国语Ⅰ"课程采用线上线下混合教学模式，三年级 2 班（对照班）采用传统教学模式，即线下教学模式。该校"高级韩国语Ⅰ"课程每周 6 课时（6 学分），总学时为 108（18 周 x6 学时）。实验班线上课时为 36 学时，线下课时为 72 学时。

表 2　两班线上线下课时数

	线上学时	线下学时	总计
实验班	36	72	108
对照班	0	108	108

第二步：利用"学习通"平台建设线上课程。线上课程的内容包括导入、课件、重点单词（释义及例句）、语法讲解视频与练习、扩展阅读、课文及扩展听力、讨论、测试及作业。进行线上课的时候，教师会通过签到、抢答等多种方式检查学生是否在线学习，并回答实验班学生的线上提问。线下课时会对线上课进行简单复习、测试或答疑，但不会重新讲授。实验班与对照班教学内容一致、教学进度相同。

第三步：测试。本文采取定量分析的方法，即通过学生的期末学业水平测试，分析研究混合式教学模式与传统教学模式下"高级韩国语Ⅰ"的教学效果。期末学业水平测试试卷结构包括词汇、语法、阅读理解、韩汉互译、写作等五个部分。本文采用常用的 Cronbach's Alpha 系数作为信度检验的测量指标，用来测量问卷结果的稳定性或一致性的程度。测试试卷的 Cronbach's Alpha 系数为 0.633，位于 0.6 – 0.8 之间，表明试卷具有相当的信度。

表3　期末水平测试

试卷结构	测试内容	测试题型	题目数量	分值比例
词汇	词汇	单词互译	20	20%
语法	语法	连线	10	10%
阅读理解	词汇理解 语法理解 短篇阅读 长篇阅读	选词填空 匹配 单项选择	23	50%
翻译	韩汉互译	段落翻译	2	10%
写作	写作	短文写作	1	10%

四、研究结果

本研究结合实验班及对照班的"高级韩国语Ⅰ"期末学业水平测试数据，比较混合式教学模式与传统教学模式在词汇、语法、阅读理解、翻译及写作学习及"高级韩国语Ⅰ"整体成绩上的效果差异。

1）混合式教学模式与传统教学模式在词汇学习上的效果差异？

表4　词汇学习

	人数	平均分	标准差	F 值	t 值	p 值
实验班	23	17.78	2.158	2.828	2.553	0.014 *
对照班	24	15.75	3.179			

（p < 0.05*　p < 0.01**　p < 0.01***）

从上表可以看出，两种教学模式在词汇学习上呈现出显著性（p<0.05），意味着混合式教学模式与传统教学模式对学生的词汇学习有统计学上的差异性，实验班的词汇部分平均分数（17.78）明显高于对照班的平均分数（15.75）。

2）混合式教学模式与传统教学模式在语法学习上的效果差异？

表5　语法学习

	人数	平均分	标准差	F 值	t 值	p 值
实验班	23	8.83	1.230	2.785	1.416	0.164
对照班	24	8.17	1.880			

（p<0.05* p<0.01** p<0.01***）

从上表可以看出，两种教学模式在语法学习上没有呈现出显著性（p>0.05），意味着混合式教学模式与传统教学模式对学生的词汇学习没有统计学上的差异性。

3）混合式教学模式与传统教学模式在阅读理解学习上的效果差异？

表6　阅读理解学习

	人数	平均分	标准差	F 值	t 值	p 值
实验班	23	40.6957	5.10289	0.020	−0.558	0.579
对照班	24	41.5417	5.27487			

（p<0.05* p<0.01** p<0.01***）

从上表可以看出，两种教学模式在阅读理解上没有呈现出显著性（p>0.05），意味着混合式教学模式与传统教学模式对学生的阅读理解没有统计学上的差异性。

4）混合式教学模式与传统教学模式在翻译学习上的效果差异？

表7　翻译学习

	人数	平均分	标准差	F 值	t 值	p 值
实验班	23	8.13	1.546	0.012	0.220	0.827
对照班	24	8.02	1.850			

（p<0.05* p<0.01** p<0.01***）

从上表可以看出，两种教学模式在翻译学习上没有呈现出显著性（p>0.05），意味着混合式教学模式与传统教学模式对学生的翻译学习没有统计学上的差异性。

5）混合式教学模式与传统教学模式在写作学习上的效果差异？

表8　写作学习

	人数	平均分	标准差	F 值	t 值	p 值
实验班	23	7.8696	1.45553	0.012	0.220	0.827
对照班	24	8.0833	1.60615			

（p<0.05*　p<0.01**　p<0.01***）

从上表可以看出，两种教学模式在写作学习上没有呈现出显著性（p>0.05），意味着混合式教学模式与传统教学模式对学生的写作学习没有统计学上的差异性。

6）混合式教学模式与传统教学模式在"高级韩国语Ⅰ"整体成绩上的差异？

表9　写作学习

	人数	平均分	标准差	F 值	t 值	p 值
实验班	23	85.75	5.851	7.332	1.155	0.225
对照班	24	83.17	9.197			

（p<0.05*　p<0.01**　p<0.01***）

从上表可以看出，两种教学模式在"高级韩国语Ⅰ"整体成绩上没有呈现出显著性（p>0.05），意味着混合式教学模式与传统教学模式对学生的"高级韩国语Ⅰ"整体成绩上没有统计学上的差异性。

五、结　语

本研究通过SPSS25独立样本T-检验对混合式教学模式与传统教学模式在在词汇、语法、阅读理解、翻译及写作学习及"高级韩国语Ⅰ"整体成绩上的差异进行了探讨，结果表明：两种教学模式在语法、阅读理解、翻译及写作学习上没有显著差异，但对词汇学习有显著的统计学差异。总体来说，两种教学模式在"高级韩国语Ⅰ"整体成绩上没有显著差异。

本研究的结果对于非通用语种类相关专业实施包括混合式教学模式的多样式教学模式具有一定启示意义和参考价值。线上教学虽然遭到不少质疑，但因其能够充分发挥学生主体性，学生能够主动学习，掌握知识，提高能力，所以具有广泛使用价值。尤其是词汇学习，线上自主学习的效果好于传统模式的课上教师讲解，告诉我们词汇学习需要主动性和自主性。

当然，本研究也不可避免地存在一些问题，如样本的数量偏少等，这些都是今后开展相关实证研究需要切实改进的方面。

参考文献

［1］高弼兰.韩国语线上线下混合教学模式的分析研究［J］.现代职业教育，2018（14）：186.

［2］胡杰辉.混合式外语教学的理论内涵与研究范式［J］.外语界，2021（04）：2－10.

［3］金红月.高级韩国语听力教学中混合式教学策略研究［J］.吉林省教育学院报，2021，37（06）：74－77. DOI：10. 16083/j. cnki. 1671－1580.2021.06.017.

［4］李倩.混合模式下《大学韩国语》课程的改革与实践［J］.散文百家（新语文活页），2019（06）：190.

［5］刘徽，滕梅芳，张朋.什么是混合式教学设计的难点？［J］.中国高教研究，2020（10）：82－87＋108.

［6］阮晓蕾，詹全旺.混合式学习视域下的大学英语"线上＋线下"课程建构行动研究［J］.外语电化教学，2021（05）：101－106＋15.

［7］宋仙花.基于"互联网＋"的高职园区优质课堂建设研究——以《综合韩语》课程为例［J］.现代交际，2019（01）：26－27.

［8］王宗宣，覃思.韩国茶礼俗融入混合式韩语教学的路径研究［J］.福建茶叶，2022，44（01）：137－139.

［9］文秋芳. 提高"文献阅读与评价"课程质量的行动研究［J］. 中国外语教育, 2012（1）.

［10］郑春梅. 基于线上线下混合教学模式的《综合韩语3》课程改革初探［J］. 科技视界, 2018（04）: 114 + 13.

［11］Hockly N. Blended learning［J］. ELT Journal, 2018, 72（1）: 97 - 101.

［12］Garrison DR. Blended learning as a transformative design approach［A］. In Rogers PLet al.（eds.）. Encyclopedia of Distance Learning（2nd Ed.）［C］. Hershey: IGI Global, 2009: 200 - 204.

［13］Whittaker C. Introduction［A］. In Tomlinson B & Whittaker C（eds.）. Blended Learning in English Language Teaching: Course Design and Implementation［C］. London: British Council, 2013: 9 - 24.

新时代外宣翻译视阈下朝鲜语专业
"三进"课程思政教学路径

刘巧云

（西安外国语大学　亚非学院）

【摘要】《习近平谈治国理政》多语种版本"三进"工作对于引领我国外语人才培养方向，提高我国外宣翻译和国际传播能力建设有重要的意义。培养具有文化自信，国家、民族意识，坚定信念的国家传播人才是当代外语专业最为迫切的需要。因此，本文从外宣翻译视角，以《习近平谈治国理政》翻译鉴赏课为例，选定一些文化负载词、"民族国家意识"词汇、"国际意识"词汇，将文化自信、国家民族意识、国际意识有效地融入韩语翻译课程教学中，培养学生站在中国立场，准确介绍中国元素和讲好中国故事。

【关键词】外宣翻译；"三进"课程；思政教学路径

【作者简介】刘巧云，讲师，硕士，研究方向：韩国语语言文学、翻译教学

一、引　言

为深入贯彻落实习近平新时代中国特色社会主义思想和党的十九大精神，贯彻落实习近平总书记关于教育的重要论述，中共中央办公厅、国务院办公厅印发《关于深化新时代学校思想政治理论课改革创新的若干意

见》，要求全面推动习近平新时代中国特色社会主义思想进教材进课堂进学生头脑（以下简称"三进"），把社会主义核心价值观贯穿国民教育全过程。我校积极响应习近平新时代中国特色社会主义思想"三进"教育工作，增设了《习近平谈治国理政》韩国语翻译鉴赏课、翻译实务课等三进系列课程。"三进"系列课程是围绕外宣翻译教学展开的。在习近平新时代中国特色社会主义新形势和中国国际地位的变化背景下，外宣翻译的性质也随着发生变化，外宣翻译为中国自己的国际话语体系的构建服务，为国家的发展提供服务。如何有效地把中国领导人讲话的核心理念 - 中国思想传播出去，如何有效地把中国的话语体系转换成外语，这是我们当前面临的最大挑战。

习总书记说过我们不仅要会做还得会说，会做不会说就是不善于在国际上宣扬我们的观点。要解决会说的问题，首先要对中国的政治话语体系要有一个深刻的理解；其次，翻译中的国际视野（朱义华，2019）。因此，外宣翻译应当立足于中国国情，根植中国文化，把握政治基调，"贴近中国发展的实际，贴近国外受众对中国信息的需求，贴近国外受众的思维习惯"（黄友义，2004：27）。外宣翻译者不仅应具备跨文化交流能力和娴熟的翻译技能，而且应对自己的历史文化有深刻的理解和自信，应具有坚定的政治立场和极强的政治素养以及国际传播意识。本研究从外宣翻译这一视角出发，从文化传播、政治维度、国际传播三个层面探索"三进"系列课程思政教学途径。

二、外宣翻译

党的十九大以来，中国特色社会主义进入了新时代，在习近平中国特色社会主义新时代的指导下，党和国家提出了很多治国理政的新理念、新思想和新主张，从而产生新的政治话语体系，这些政治话语的传播主要通过外宣翻译这一途径来实现。习近平主席在十九大报告中强调，"要推进国际传播能力建设，讲好中国故事，展现真实、立体、全面的中国，提高国家文化软实力"。外宣翻译作为一种特殊的翻译形式，以让世界了解中国为目的，以英语等外国语为信息载体，把真实的、立体、全面的中国展示给外国民众，"增进国际社会对中国发展理念、发展道路、内外政策的认识和了解"，"立足中国国情、根植中国文化，从党和国家的利益出发客观、真实地向向外国人和海外华人传播社会主义新中国的对外政策、经济文化、建设成就、国家的主张与立场，争取世界人民的了解、信任和支持"。(黄泽存，1992)

针对外宣翻译应遵循的原则问题，有学者提出自己的观点。邱大平（2018）提出在"文化和政治层面"，译者必须侧重"以我为准"的翻译取向，在"语言层面"，译者应坚持目的语取向，两种取向统一于政治话语外宣翻译的实践。潘卫民和郭莹（2018）提出译者在政治语篇的翻译实践中，要做到文化自觉和文化自信，译者文化自信是当代翻译活动践行文化"走出去"战略的必然要求。赵启正（2013）提出，外宣翻译是"向世界说明中国，让世界了解中国"。黄友义（2014）提出对外介绍的素材，要贴近中国的发展实际和国外受众者的需求，语言表达上要贴近国外受众的思维习惯，即"三贴近"原则。赵祥云、赵朝永（2022）指出中国特色政治话语外译要遵循"政治等效"和"政治特效"两种原则，译者应秉持国家意识、政治意识，确保译文准确传达原文话语的政治内涵。

综上所述，在新时代背景下，外宣翻译本质上是对外宣传与传播国家文化、自塑国家形象、构建国家话语权的跨文化传播活动。培养文化自信、坚定的政治立场和信仰、具有国际传播能力的高素质翻译人才，是新时代我国战略需求。

三、外宣翻译视视阈下朝鲜语专业"三进"课程思政路径

（一）文化自信的建立与培养

文化自信已然成为中国共产党及中华民族提高文化软实力、构建社会主义文化强国的时代要求（潘卫民，郭莹，2018）。翻译中坚持文化自觉意识，有利于弘扬民族文化自信（刘孔喜、许明武 2018）。《习近平谈治

国理政》涵盖了大量的中国古诗词、历史典故、熟语等中国传统文化精髓，是"文化自信"教育的重要素材，在对这部分文化负载词进行翻译教学过程，不仅要从翻译理论技巧、语言技能层面培养学生的翻译技能和语言表达技能，更要帮助学生深入理解中国文化，吸收其核心价值观，建立文化自信，增强其文化身份的构建以及对中国优秀文化的自豪感和认同感，更好构筑中国精神、中国价值、中国力量，增强其传播中国文化的使命感。

例1

原文：中华民族的昨天，"雄关漫道真如铁"。中华民族的今天，"人间正道是沧桑"。中华民族的明天，"长风破浪会有时"。（《中文版p35》）

译文：중화민족의 어제날은 그야말로 "험요한 요새 철벽 같던 시기" 였다고 말할 수 있습니다. 중화민족의 오늘날은 바로 "벽해가 상전됨은 세상의 정도' 라고 말할 수 있습니다. 중화민족의. 앞날은 거센 바람이 물결 가르는 그날" 이라고 말할 수 있습니다. 《朝文版p41》

习近平总书记引用了三句诗词把中华民族的"昨天""今天""明天"贯通起来，生动地诠释了中华民族迎来了从站起来、富强到强大起来的伟大飞跃，该诗句蕴含了我国优秀的传统文化，代表着以爱国主义为核心的伟大民族精神。告诫我党以史为鉴、不忘初心，方得始终，勿忘昨天、无愧今天、不负明天；告诫中华儿女不忘初心，为兴国、强国、进而实现中华民族伟大复兴事业而奋斗。译文采用了改译的翻译方法，内容形式保持原文的风格，而基于目的语受众原则，为了让译文读者可以理解原文，以便于更好宣传中国文化，在语言用词上做了改变，"中华民族的昨天到了'险要的关隘就如铁壁一样牢不可破'的时期，中华民族的今天走在'碧海变桑田的正道上'。中华民族的明天将会迎来'劲风劈波斩浪'的那一天"。

例2

原文："功崇惟志，业广惟勤。"我国仍处于并将长期处于社会主义初级阶段，实现中国梦，创造全体人民更加美好的生活，任重而道远，需要我们每一个继续付出辛勤劳动和艰苦努力。（《中文版p41》）

译文："공적이 높은 것은 뜻이 컸기 때문이고 업적이 큰 것은 부지런했기 때문입니다."우리 나라는 지금은 물론 앞으로도 장기간 사회주의 초급단계에 처해 있게 될 것입니다. 따라서 중국의 꿈을 실현하여 전체 인민들에게 보다 행복한 삶을 마련해 주는 것은 장기적으로 수행해야 하는 무거운 과업이므로 우리 모두가 계속 부지런히 일하고 어렵게 분투하여야 합니다. (《朝文版 p48》)

"功崇惟志，也广惟勤"，出自《尚书·周书·周官》，意思是：取得伟大的功业，是由于有伟大的志向；完成伟大的功业，在于辛勤不懈地工作。强调既要有高远的志向，同时也要付出辛勤的努力，"志"与"勤"二者，缺一不可。习近平总书记借用这一历史典故来激发中华儿女的斗志，为实现伟大的"中国梦"，不断努力奋斗。译文以直译的方法将其典故中的"志""勤"的文化价值观表达了出来了，目的语受众者很容易理解和接受。

例 3

原文：行百里者半九十。距离实现中华民族伟大复兴的目标越近，我们越不能懈怠，越要加倍努力，越要动员广大青年为之奋斗。(《中文版 p50》)

译文："백리 길을 가는 사람은 구십리를 반으로 잡는다"는 말이 있습니다. 우리는 중화민족의 위대한 부흥의 실현이라는 목표에 가까워질수록 계으름을 피우지 말고 더욱더 배전의 노력을 기울여야 하며 더욱더 이 목표의 실현을 위한 분투에 광범한 청년들을 동원시켜야 합니다. (《朝文版 p60》)

"行百里者半九十"出自《战国策·秦策五》，全文是"行百里者半九十。此言末路之难也"。意思是一百里的路程，走到九十里也只能算是才开始一半而已。比喻做事愈接近成功愈困难，愈要认真对待。鼓励广大青年要坚持下去，为实现中华民族伟大复兴。韩国语没有相似的谚语，不能采用套译的方法。译文采用了直译，保留了原文的风格，展示了谚语的文化内涵。

（二）政治立场的建立与提高

外宣翻译最显著的一个特点是带有较强的政治性，在政治层面始终要坚持"以我为准"的原则。我国翻译家程镇球曾在《政治文章的翻译要讲政治》说到：作为翻译政治文章的工作人员，一定要有敏锐的政治头脑和政治敏感性，要经常关注国际形势，注意到国际形势的改变。2019 年 3 月 18 日，习近平在学校思想政治理论课教师座谈会的讲话中就"为谁培养人"的问题讲到"为党育人、为国育人"，"我党立志于中华民族千秋伟业，必须培养一代又一代拥护中国共产党领导和我国社会主义制度、立志为中国特色社会主义事业奋斗终身的有用人才。在这个根本问题上，必须旗帜鲜明、毫不含糊"。《习近平谈治国理政》是我们国家政治文献的重要部分，表示中国的立场与想法，译者要保持高度的政治敏感性。《习近平谈治国理政》涉及的政治话语非常丰富、涉及的内容非常广泛，具体包括社会制度、国家领土主权、民族、国家性质等几个层面，政治话语也是受国际广泛关注的话题，在进行翻译教学过程，要从思政角度，培养和建立学生的政治立场、提高学生的政治觉悟。

第一，"社会制度"词汇翻译。我国的社会制度与西方社会制度不同，我们坚持走中国特色社会主义道路，这是我党和人民实践取得的根本成就，党和国家的长期实践充分证明，只有社会主义才能救中国，只有中国特色社会主义才能发展中国。"中国特色社会主义"该翻译为"중국 특색 사회주의"还是"중국 사회주의? 中国特色的社会主义，是在党的领导下根据中国国情实行的社会主义，它既不同于传统的社会主义，又不同于资本主义，它是以民为本，以社会主义市场经济为主导，以共同富裕为根本目的，以公平正义为内在要求，以民主政治为重要保障的社会体系。因此，使用"중국 특색 사회주의"更为贴切。在翻译时，不能漏掉"特色"这个重要的信息。要保持高度的政治敏感性，要秉承严谨慎重的态度。

中国特色社会主义是以民为本，一切权利属于人民，是人民当家作主，人民行使国家权利的机关是全国人民代表大会和地方各级人民代表大会，人民代表大会制度是中国人民民主专政的政权组织形式，是中国的根本政治制度。"人民代表大会"该如何翻译？在韩国最大的搜索引擎"naver"网站中搜索"인민대표대회"，发现有以下几种定义："한국의 국회격인 중국의 '전국인민대표대회'（全国人民代表大会类似于韩国的国会）（현대 중국 오리엔테이션)" "중국 인민대표대회는 중국의 지방의회에 해당하 는 기구（中国人民代表大会类似于中国地方议会）（시사상식사전）等，韩国

人理解为"韩国的国会或者议会",所以,在外宣翻译时,引导学生理解"人民代表大会"的内涵,选择恰当的翻译策略,应该采取直译+释译的方法进行翻译,应将其翻译为"인민대표대회 (인민대표대회: 당의 지도, 인민이 국가의 주인으로 국가권력을 행사하는 국가 기관) 人民代表大会 (在共产党的领导下,人民当家做主,人民行使国家权利的机关。)"

第二,"国家主权"词汇翻译。当前,我国面临的最大的国家主权领土问题就是台湾问题。在碰到领土主权方面的问题,在进行翻译时,一定要提高警惕性,提醒学生时刻牢记国家主权领土问题,提高自己政治觉悟。例如,习近平总书记在 2014 年 5 月 7 日讲话中提到:"两岸关系和平发展是两岸同胞顺应历史潮流作出的共同选择。台湾自古以来就是中国领土,世界上只有一个中国,台湾是我们中国的一部分"。朝文版的《习近平谈治国理政》,将"两岸关系"译为"양안 관계",而在韩国最大的搜索网站"naver"里,我们搜索"양안 관계",两岸关系被韩国的媒体定义为"中国与台湾之间的关系":

1)양안 관계 (两岸关系) 란 대만과 중국의 관계를 말한다. (namu. wiki)

2)중국 – 대만과 양안 관계. (blog. naver. com)

3)중국과 대만의 관계 (양안 관계 两岸关系) (blog. naver. com)

可见,在韩国,韩国人把台湾看作是一个独立的国家。台湾自古以来就是中国领土的一部分,世界上只有一个中国。因此,我们在外宣翻译时,教育学生要站在国家立场,维护国家利益,应该用"중국 대만과 대륙 관계"来表达。"중국 대만과 대륙 관계"的表述不仅表达我们中国的主权态度,同时表达我们坚决维护国家主权的决心和意志。

第三,"民族"词汇翻译。在涉及"民族"词汇的翻译方面也要注意国家民族意识。近年来,受到国内外反动势力的挑拨、煽动,我国出现了少数不法分子攻击、谩骂少数民族,宣传错误的民族主义思想,蓄意制造民族仇恨、民族对立,企图破坏国家的安定团结。中华民族是一个命运共同体,我们要坚决抵制任何破坏民族团结的行为。2014 年 9 月,习近平在中央民族工作会议暨国务院第六次全国民族团结进步表彰大会上提出"中华民族共同体意识"理念。"加强中华民族团结,长远和根本的是增强文

化认同，建设各民族共有精神家园，积极培养中华民族共同体意识"，"中华民族共同体意识"是民族团体之本，"各民族只有把自己的命运同中华民族的命运紧紧连接在一起，才有前途，才有希望"。中国自古以来是一个多民族的国家，中华各民族人民在长期历史发展中形成的文化上兼容并蓄，经济上互相依存，情感上互相亲近，你中有我，我中有你，谁也离不开谁，是一荣俱荣，一损俱损的命运共同体。在翻译教学过程中，首先让学生了解"中华民族共同体意识"的内涵，引导学生从外宣翻译视角，从维护国家民族利益的立场出发，采用恰当的翻译策略。比如：中国外文局和中国翻译研究院提供的"中国关键词"数据库中，中华民族共同体意识的译文就是"중화민족공동체 의식"，采用了异化策略下的直译翻译法，既保持跟原文的风格一致，又体现了原文所蕴含的国家民族意识。

第三，"国家意识"词汇翻译。当前，韩国新闻媒体对中国特有事物和概念的报道存在不太友好的声音，"中国霸权""中国威胁论"等歪曲丑化中国形象的论调甚嚣尘上。

例如，韩国几大媒体对"中国梦"的报道，给"中国梦"贴上了"中国野心""中国霸权"等标签。

4）야심찼던 중국의 꿈: 이즈음 되면 "미국을 제치는 세계 제 1 의 패권국가"라는 중국의 꿈

充满野心的中国梦：把美国踢出局，成为世界第一霸权国

5）중국의 꿈이 미국을 넘어서 세계의 중심이 되는 게 꿈인데

中国梦就是要超越美国，成为世界的中心

6）시진핑의 꿈, 곧 전세계의 패권국이 되려는 그러한 야망

习近平的梦想就是要打算成为世界的霸权国

"中国梦"等同于"霸权国""把美国踢出局，成为世界第一霸权国""超越美国，成为世界的中心""习近平的梦，成为世界的霸权国的野心"。在韩国媒体上，对"中国梦"的相关报道出现最多的词条是"霸权国"。"霸权"这个词带有威胁、侵略的色彩。韩国受西方塑造的中国形象"中国威胁论"的影响，站在西方国家主导下的"国际传播中所建构的中国形象"的角度去歪曲的理解"中国梦"，给中国的国际形象造成极大的负面

影响。"中国梦"这一观念是习近平总书记在参看《复兴之路》展览时提出的，有着深刻的政治内涵。习近平同志指出，"实现中华民族伟大复兴，就是中华民族近代以来最伟大的梦想。这个梦想，凝聚了几代中国人的夙愿，体现了中华民族和中国人民的整体利益，是每一个中华儿女共同的期盼"。"中国梦"的本质是实现国家富强、民族振兴、人民幸福。"中国梦"并不是要称霸世界，并不是要去掠夺和威胁别的国家。因此，在外宣翻译时，引导学生正确把握该概念内涵，从维护国家的国际形象出发，进行翻译活动。参照《中国关键词》数据库提供的译文，应译为：

중국몽［中国梦：중국의 꿈 은 시진핑（習近平）국가주석이 2012 년에 처음 제시한 개념으로 국가의 부강（國家富强），민족의 부흥（民族復興），인민의 행복（人民幸福）및 사회의 조화（社會和諧）등을 통해 중화민족의 위대한 부흥을 이룩함을 뜻한다］。

通过直译＋注释的策略来诠释"中国梦"，传达真实的中国，让韩国读者接触关于"中国梦"的文化信息，打破西方国家长期以来灌输和移植给韩国民众的"中国霸权国""中国威胁论"的形象壁垒。

（三）国际传播意识和能力的培养

习近平总书记于 2013 年在全国宣传思想工作会议指出，"要精心做好对外宣传工作，创新对外宣传方式，着力打造融通中外的新概念新范畴新表述，讲好中国故事，传播好中国声音"，强调指出"推进国际传播能力建设，明确了创新外宣方式、建设话语体系和讲好中国故事的目标要求"。国际传播能力被认为是国家软实力的重要组成部分，与国家形象、国家利益以及国际话语权紧密相关。《习近平谈治国理政》涉及到习近平总书记为核心的党中央治国理政新理念、新思想、新战略，因而产生了新的话语体系，这些新的话语的译介关系到党和国家的对外宣传工作和对外话语体系的构建。在政治语篇翻译教学中，从"向世界说明中国，让世界了解中国"的外宣翻译视角出发，培养学生的国际传播意识和能力，讲好中国故事，传播好中国声音。

例1："一带一路"

'일대일로'이니셔티브（"一带一路"倡议）

'일대일로'전략（"一带一路"战略）

'일대일로'프로젝트（"一带一路"项目）

2013年9月和10月，习近平出访中亚和东南亚时提出来的，该倡议以"共商、共建、共享"为原则，以"利益共享、责任共担当"为目标，造福参与共建的国家和人民。"发展""合作""共赢"是地区和全球的大势所趋、人心所望，该倡议顺应了全球合作潮流和时代发展的要求，表达了中国为世界求和平、谋发展的强烈愿望。在外宣翻译时，必须掌握用词的政治含义和分寸，《中国关键词》将"一带一路"翻译成"'일대일로'이니셔티브"，采用了直译和借译的方法，借用了英文的"initiative"一词来表达。"initiative"在英语里是"主动权，首创精神，新方案，倡议"的意思，充分地表达了中国是这个倡议的发起者、主导者，带领世界其他国家创造幸福生活的愿望，"一带一路"倡议的提出体现了新时代中国智慧，体现了中国对世界经济发展所承担的责任担当，达到了价值等价效果。而在韩国的媒体网站上，搜索到的信息有"일대일로 전략（一带一路战略）""일대일로 프로젝트（一带一路项目）"等。"일대일로 전략（一带一路战略）"表达带有强烈的威胁、侵略、霸权等色彩，是建立在不平等的基础之上的一种策略。而中国提倡的"一带一路"涵盖了"和平合作、开放包容、互学互鉴、互利共赢"的"丝路精神"，秉承"丝路精神"展开与其他东南亚国家之间的合作的愿望。在外宣翻译时，要展现一个不具有威胁性的复兴中国形象，要将中国的崛起与霸权划清界限。因此，"일대일로 전략（一带一路战略）"译文完全背离了原文的政治内涵，有损国家形象。另外，"一带一路"涉及面很广，"一带一路"始终强调依靠跨越时间和空间的非线性运动创造了一个看似线性的由中国领导的繁荣的未来，将古代陆上丝绸之路和海上丝绸之路的历史记忆，与当下中国的经济发展、与"一带一路"沿线国家间的经贸合作、与中国对世界经济发展所承担的责任等时代命题结合在一起。"一带一路"穿越了千年时光隧道，涉及许多国家和地位，是多方位、多类型的项目合作。因此，"일대일로 프로젝트

（一带一路项目）"译文涵盖不了如此丰富、庞杂的内容，表述不符合原文。

例2：

原文：构建人类命运共同体

译文：인류운명공동체를 구축하다（《中国关键词》p355）

2013年习近平总书记关于"构建人类命运共同体"的重要论述，成为新时代中国特色社会主义思想的重要组成部分。当今世界已经成为一个不可分割的整体，全人类的命运早已密切地联系在一起，在全球经济一体化、地球气候变暖、世界性灾难等一系列严峻挑战面前，我们人类命运休戚与共，共建人类命运共同体是我们人类共同生存发展的未来方向。人类命运共同体思想表达了"和而不同""和合共生""天下大同"的新世界主义"天下观"，彰显了中国智慧和中国力量。在韩国语词汇中能找到意义等价的汉字词，所以译文采用了直译的方法。基于意义等价基础的直译不仅实现了翻译形式的简洁性和可读性，还保留了原文的语言特点和民族文化风格。目的语受众者不仅能明白其内在含义，还能感受到原汁原味的源语文化。

例3：

原文：中国特色大国外交

译文：중국특색 대국외교

习近平总书记在2014年中央外事工作会议上指出："中国必须有自己特色的大国外交"[1]。"中国特色大国外交"指的是中国作为一个大国，应有自己民族特色的外交，不是与其他大国之间的战略博弈，而是站在全人类命运的高度，高举和平、发展、合作、共赢的旗帜，将中国人民的根本利益同世界人民的利益有机结合起来，通过构建新型国际关系打造人类命运共同体，努力实现中国与世界的共赢（刘建飞，2017）。《中国关键词》采用了直译，直译后的句子结构跟原文保持一致，清晰易懂，有效地宣传了与其他国家和平发展、合作共赢的中国特色外交形象和大国形象。

---

[1]"习近平出席中央外事工作会议并发表重要讲话"，新华网，2014年11月29日。

四、结　语

外宣翻译是"讲好中国故事，传播好中国声音，阐释好中国特色"的重要手段，在构建中国国际形象中起着重要的作用。因此，外宣翻译应立足于中国国情，根植于中国文化，"以我为主"，把握政治立场。从外宣翻译维度出发，"三进"课程思政采用显性的专业技能教育和隐性的思政教育相结合的方式，把中国古典诗词、历史典故、谚语等文化负载词的译文赏识和翻译练习相结合，培养学生的文化自信、民族自豪感；把握政治基调是外宣翻译的根本原则，在"社会制度""国家主权""民族"词汇的翻译实践活动中，通过显性引导和隐性塑造相结合，提高学生的政治敏感性和国家民族情怀；国际传播能力跟国际话语权、国家形象紧密相连，推动国际传播能力建设、打造融通中外的新概念、创新外宣方式是外宣翻译人才建设的目标和要求。在外交词汇的翻译活动中，引导学生运用批判地眼光看待中国外交词汇的译文，培养学生的国际传播意识、提高学生的国际传播能力。

参考文献

［1］朱义华.外宣翻译的新时代、新话语与新思路.中国翻译，2019（1）.

［2］黄友义.坚持"外宣三贴近"原则，处理好外宣翻译中的难点问题.中国翻译，2004（6）.

［3］黄泽存.对外宣传的理论与实践［M］.济南：山东友谊出版社，1992.

［4］邱大平.论政治话语外宣翻译取向的二元统一.中南大学学报，2018（6）.

［5］潘卫民、郭莹.政治语篇翻译的文化自信———以《毛泽东选集》英译为例》.外语教学，2018（6）.

［6］赵启正.公共外交：向世界说明中国.新华日报，2013（7）.

［7］赵祥云，赵朝永.中国特色政治话语英译中的译者 决策及其主体意识研究.外语教学理论与实践，2022（4）.

［8］刘孔喜，许明武. 翻译中的文化自觉与文化自信之思———以中西两场翻译论战为例.西安外国语大学学报，2018（3）.

［9］尹剑波、陶红梅、张慧.外宣翻译的多维度模型研究.安徽理工大学学报，2021（4）.

［10］刘建飞."一带一路"建设的根本之道是民心相通.理论视野，2017（6）.

泰语专业实践课堂改革建设

——以《旅游泰语》课程教学为例

侯 鹏

（西安外国语大学 亚非学院）

【摘要】本文以西安外国语大学《旅游泰语》课程为例，阐释了传统教学模式在培养"一带一路"所需要的非通用语人才中的局限性。为充分体现旅游泰语课程的实用特色，提高教学效果，本次实践型课堂建设在"成果导向"的指导下，引入"翻转课堂"模式，打破固有的教学思路，将知识传授安排在课前，知识内化放在课堂，以多样的课堂活动刺激语言技能的输出。重新构建后的《旅游泰语》课堂教学效率更高，教学质量更好，这为非通用语实践类课程的改革探索了新的道路。

【关键字】旅游泰语；翻转课堂；实践课堂；教学改革；成果导向（OBE）

【作者简介】侯鹏，助教，硕士。研究方向：泰国语言文学

【基金项目】本文系西安外国语大学 2021 年度高等教育教学改革资助项目"泰语专业实践型课堂探索—以《旅游泰语》课程为例"（项目编号 21BY21）的阶段性研究成果。

一、引 言

2013 年，"丝绸之路经济带"和"21 世纪海上丝绸之路"即"一带一路"由中国国家主席习近平提出，它旨在借助古代丝绸之路的文化符号，

打造一个政治互通、经济融合、文化包容的利益、命运和责任共同体。目前，"一带一路"倡议已经成为了在国际社会颇受欢迎的全球公共产品，也是合作前景做好的国际交流合作平台。"一带一路"的顺利推进离不开我国非通用语人才培养的支持，非通用语种在其中的战略作用极为重要。虽然英语等通用语言发挥了重要的作用，但是要真正走进沿线国家的民众，了解他们的民族文化与思维模式，拉近与当地人的感情，就必须要用当地的语言来沟通；通用语只能达意、难以表情，只能通事、难以通心[1]。同时，"一带一路"倡议的不断推进也对非通用语学科建设和人才培养提出了更高的要求。2015 年 10 月，教育部印发了《关于加强外语非通用语种人才培养工作的实施意见》（教高［2015］10 号），明确提出了加快培育国家急需非通用语种人才，加强外语非通用语种人才培养工作，更好服务国家对外开放战略特别是"一带一路"战略，进一步为"一带一路"倡议的推进提供语言和智库支持。"一带一路"倡议的实施对于非通用外语的发展来说是重大的历史机遇。因此，如何提高人才培养的质量，突出非通用语的实用性特色，优化专业外语的教学模式就成为了非通用语发展的重中之重。目前非通用语人才培养体系主要体现是在"外国语言文学"一级学科下招生的单一语言文学学科，课程设置主要针对外语听、说、读、写、译等基本外语使用技能，这使得学生知识结构单一，而"一带一路"战略需要的非通用语人才既要精通语言，又要对对象国的政治、经济、社会、文化等某一专业领域有深入的了解[2]。

泰国作为海上丝绸之路重要的组成部分，是"一带一路"倡议推进的积极因素。再加上东盟（东南亚国家联盟）自贸区建设的推进，社会对于泰语专业人才的需求量越来越大，对泰语人才的要求也越来越高[3]。因此，培养具备创新性的实践型泰语人才是泰语专业建设中一项迫切需要推进的工作。西安外国语大学作为我国西部地区唯一的非通用语人才培养基地，担负着整个西部地区融入"一带一路"倡议的重任。依据西安外国语大学"培养具备健全人格与专业知识、国际视野与文化自觉、创新精神与实践能力的复合型、国际化人才"的总目标，泰语专业旨在培养具有良好的思想道德素养、扎实的泰语语言技能和深厚的人文素养、广泛的科学文化知识，具备国家情怀、创新精神、国际视野、跨文化交际能力，适应全球化工作环境，能够胜任语言、文化、外交、经贸、区域国别研究等领域工作的泰语应用型人才。因此，在培养方案的修订过程中，除了传统听、说、读、写、译等语言技能的培训，还专门设置了旅游泰语、商务泰语、文秘泰语、进出口贸易泰语等实践类课程。但就目前的情况来看，此类偏重实践的课程在授课过程中仍然采取以教师讲授的传统教学方法，没有充分突出此类实践课程的特色。

针对这一现状，笔者在主持参加西安外国语大学教学方法改革实验课题中进行了大胆的尝试和探索，把泰语本科专业旅游泰语课程体系的重建和实践放在首位，对现有的泰语本科专业旅游泰语课程体系的弊端提出改进措施和对策，以期革新固有的教学思路，并以旅游泰语课程教学改革为例，试图对旅游泰语课程重新定位并提出新方案，进而为地方人才建设和发展提出具有实际意义的策略。

二、《旅游泰语》课程性质及教学现状

旅游泰语课程在各院校的泰语本科人才培养方案中基本被列为培养方向课程或模块选修课程，开设年级为本科二、三年级。与听、说、读、写、译等语言技能基础类课程不同，旅游泰语更加强调对语言知识的综合应用能力，要求学生已经掌握扎实的语言基础技能，并在实际语境中有效应用已掌握的语言技能，因此，旅游泰语课程具有极强的实用性。另外，旅游泰语同时还具备对师生跨学科知识的要求，除了泰语知识之外，该门课程对旅游相关知识也有着一定的要求，如沿途导游、景点讲解、游客接待等知识，如何利用泰语技能开展旅游及相关活动，是本门课培养的核心技能。最后，旅游泰语课程也具备很强的文化性，因为该门课程往往与开设院校所在地的文化、旅游资源等息息相关，在课程设置上基本都是针对当地的旅游资源开展。例如，西安外国语大学泰语专业所针对的就主要是陕西范围内的旅游资源，突出陕西旅游资源的特点，通过学生泰语技能在旅游活动中的应用搭建起陕西和泰国的旅游互通，在旅游活动中用泰语讲

述"陕西故事""中国故事"。

虽然旅游泰语在泰语人才培养方案中的定位与一般语言技能类课程不同，但是目前此门课程的教学形式却未能充分体现这门课程的特殊性。传统旅游泰语教学模式最常见的类型仍然是演绎法教学模式，教师在课堂中起主导作用，以知识的讲解为主，穿插个别对话练习，最后讲评总结，教学步骤按部就班。但根据实际情况来看，传统的教学流程并不能充分调动学生的学习兴趣，课堂气氛容易沉闷，学生的学习也仅仅针对泰语知识，无法将所学到的知识进行运用和内化，学生的学习相对被动。此外，以教师讲授为主的传统教学模式使得教学步骤整齐划一，采用一致的课程标准、同本教材、无差别的教学方式、完全相同的学习时间，但是学生的学习却具有个性差异化，语言技能基础掌握程度不一，内化知识所需的时间也不同，这样的一刀切很容易忽视学生的个性化学习需求，很难在有限的课堂时间内达到教学效果。最后，现有的针对旅游泰语的教学内容也未能突出此类课程的跨学科性和文化性，基本还是以泰语词汇、句型的知识为主题，旅游知识强调较少，教学内容与各地的旅游资源之间的衔接也不够紧密，模糊了旅游泰语与其他听、说、读、写、译等语言基础技能课程之间的差别。

三、《旅游泰语》实践课堂改革

根据"一带一路"倡议对非通用语人才的要求和目前旅游泰语课程的教学现状，笔者希望通过引入翻转课堂和任务驱动教学模式等新型的课堂组织方式，打破已有的教学思路，探索旅游泰语实践课堂组织的新模式，培养出更加实用的泰语人才。具体改革实践如下：

（一）以"成果导向"为指导方法的培养方式

成果导向教育（Outcomes-Based Education，简称 OBE），最早出现于美国和澳大利亚的基础教育改革当中。于 1981 年由美国学者斯派狄提出，被认为是追求教育教学卓越的正确方向，迅速获得了广泛重视和应用，

OBE 被定义为"清晰地聚焦和组织教育系统，使之围绕确保学生获得在未来生活中获得实质性成功的经验。"[4]OBE 强调设立明确的学习目标，在教学开始之前，应该明确学生需要达到的学习目标。学习目标应该具有可衡量性和可实现性，帮助学生明确自己需要达到的目标，同时也为教师提供了衡量学生学习成果的标准。这种教学模式强调学生的主体地位。在学习过程中，学生应该成为学习的主体，积极参与到学习任务中。教师应该为学生提供必要的指导和帮助，鼓励学生思考和探索，发挥学生的主观能动性。另外，它还强调提供多样化的评价方式。在学习过程中，应该注重多样化的评价方式，不仅仅注重知识的掌握，还要注重实际应用能力的提高。可以通过实际项目的实施、成果展示等方式对学生进行评价，鼓励学生在实践中提高能力。更重要的是，教学过程中应加强学生与实际场景的联系。在教学中，应该加强学生与实际场景的联系，将课程知识与实际应用场景紧密结合起来。可以通过模拟场景、实地考察等方式，帮助学生更好地了解实际应用场景，并将所学知识应用到实际场景中去。

本项目中《旅游泰语》实践型课堂的实施将会在"成果导向"教学方法的指导下完成。成果导向教学强调打破传统以教师为中心的教学模式，突出学生的主体地位，以学生的学习成果达成为目标。本项目所倡导的教学理念与成果导向教学方法高度一致，在《旅游泰语》实践课堂建设中，学生将成为教学的核心和主体，教师、教材、教学活动等均为辅助因素，帮助学生达成学习目标，即与旅游活动相关的泰语技能的学习与训练。

（二）以"翻转课堂"为主要形式的课堂模式

翻转课堂式教学模式，是指学生利用课前或课外实践自主学习，通过视频、图片及文字等多样的形式为学生呈现知识性内容，课堂实践不再用于知识讲解，而是变成了老师学生之间和学生与学生之间互动的场所，学生与老师之间相互沟通，教学效果大大得到提升。同时，它是一种以学生为中心的教学模式，将课堂时间用于解决问题、探讨和应用知识，而将讲授知识的过程放到课堂外完成。

在本次的《旅游泰语》实践课堂探索中，强调了学生主导的学习过程。在"翻转课堂"中，学生成为学习的主导者，教师的角色转变为学生学习的指导者和辅助者。学生根据教师要求对教学内容进行提前预习，提出问题、尝试解决问题。另外，在课堂上，教师引导学生共同探究和解决问题，学生通过讨论、合作和互动，进一步加深对课程内容的理解和应用能力。其次，在"翻转课堂"中，课后的学习也非常重要。学生通过自主学习和课后作业，巩固所学知识，并通过课后拓展学习更深入的知识和技能。此外，多媒体教学和技术支持在本次实践课堂探索中也起到了关键作用。学生通过在线学习平台、视频课件、网络资源等进行自主学习和拓展，同时教师也可以通过网络教学平台、在线授课等方式为学生提供支持和指导。最后，在本次"翻转课堂"中，注重学生的能力提高是非常重要的。教师应该注重培养学生的学习能力、解决问题能力和团队合作能力等综合素质。

总之，本次《旅游泰语》实践型课堂建立了以"翻转课堂"模式为主要的课堂形式，打破了固定的教学范式和习惯。与旅游泰语相关的知识将以课前任务的形式派发给学生，例如单词和句型、文化背景等内容，学生通过观看视频、阅读文字材料等方式完成，在课内的主要任务为检验泰语知识的应用，教师为学生设置旅游情景，如机场接送、酒店入住、景点游览等，让学生进入接近真实的语境中应用语言。教师在这样的实践课堂中起到的主要作用并不是讲授，而是一个纵观全场的指挥者，将学生安排到不同的情境中，观察记录学生泰语运用的情况，并为学生进行反馈。

（三）实践活动与语言学习紧密结合

本次《旅游泰语》实践型课堂探索的另一重点为旅游活动设置和泰语技能培训。根据泰语专业本科培养方案的规定，《旅游泰语》为培养方向课程经贸方向模块的专业选修课，学时为 2 学时/周，共 16 教学周。在 16 周的教学时间中，教师为学生安排了不同形式的教学实践活动，例如主题为"中泰旅游概况"的教学周，邀请了泰语母语者参与到课堂中，以访谈的形式介绍国家的旅游概况，学生对自己感兴趣的内容进行发问，从而达到泰语技能训练的目的；又如"景点讲解"的教学周，组织学生前往西安市的著名景点，进行实地泰语讲解，让学生在真实语境中锻炼语言技能。

在《旅游泰语》教学活动的实际开展中，强调引入多样化的教学资源，在课堂教学中，教师为学生引入了多种教学资源，如图片、视频、音频等，让学生通过视听、口语等多种方式学习泰语。同时，可以通过在线学习平台提供学习资源，让学生可以随时随地学习。其次，由于《旅游泰语》强调语言技能输出的特点，教师为学生提供了真实场景模拟练习，让学生在模拟场景中练习了泰语口语。例如，在旅游场景中，模拟了订酒店、购物、交通等常见情景，让学生在实践中学习。与此对应，在本次实践课堂探索中，教师十分注重培养学生的语言输出能力，鼓励学生多讲、多练、多交流，提高泰语口语水平，并通过小组讨论、角色扮演等方式培养学生的口语表达能力。另外，也非常强调建立互动式学习氛围，在实践课堂中，教师十分注重建立互动式学习氛围，鼓励学生之间互相交流、互相学习，利用小组讨论、集体练习等方式营造良好的学习氛围。最后，《旅游泰语》实践课堂的探索还包括评价方式的多样化。在评价方面，不再注重考察学生对孤立语言知识的掌握，而是采用了多样化评价方式，不仅注重学生的泰语口语水平，还重点关注学生的实践能力、沟通能力、协作能力等方面。

四、《旅游泰语》实践课堂改革的主要创新点

首先，本次《旅游泰语》实践课堂的探索实现了差异化教学，学生在课前可以根据自身情况和基础，选择适合自己的学习时间、频率、方式，达到更好的学习效果。教师在课堂的答疑环节，也可以针对学生提出的各种问题进行解答，具体问题具体分析，更有针对性。另外，根据学生课堂的表现及课后反馈，学生的学习主动性被充分调动，解决了传统教学模式下学生学习动力不足的问题。最后，本次实践课堂的探索还解决了旅游泰语传统课堂教学时间有限的问题，更有效地关联了学生的语言应用技能，旅游泰语一门典型的实用型课程，注重培养的是学生的实际运用能力，但在传统课堂上，训练学生运用语言的时间有限，往往不能充分展开这一环

节，教师评讲也比较仓促。翻转课堂中，课前学习，布置任务，能节省宝贵的课堂时间，上课评讲、进行进一步深入训练都称为现实，更好地实现了教学目标。

五、结　语

总之，"一带一路"倡议大举推进，我国社会和国际社会对于非通用语人才提出了更高的要求。为了提升泰语人才培养质量，培养方案中设置有实践类课程，但总体而言仍缺乏行之有效的方法。因此，泰语专业实践类课程的传统课堂模式改革势在必行。为了培养具备职业竞争力的创新型泰语人才，我们必须学习借助多样的信息化教学资源，创立实践课堂。但目前专门针对泰语专业实践课堂建设的教育教学改革项目还十分缺乏，本项目旨在探索如何建设泰语实践课堂，为我校非通用语种专业实践课堂建设提供实践经验。

未来非通用语种专业实践课堂建设可以注重从以下方面入手。首先亟待解决的问题是实践了课程的总体设计，这需要根据专业特点和学生需求，设计适合的实践课程，包括实践活动的类型、内容和难度等。同时，结合实践课程的目标，制定相应的教学计划和教学方案。第二个重点是教材选择，实践类课程也不能完全脱离教材进行，教师应当选择符合实践课程需求的教材或讲义，选择适合的教材，有助于提高学习的积极性和兴趣。第三，实践环节设置对于实践课堂能否顺利运行起着至关重要的作用。根据实践课程的目标和教学计划，设置适当的实践环节，如语言学习营地、文化交流活动、志愿服务活动等。同时，为学生提供必要的实践指导和支持。此外，实践课堂的建设离不开教学设施建设的支持，学校应提供适合的教学设施和场地，如语音实验室、多媒体教室、文化展示区等，以满足实践课程的需求。同时，也可以通过线上平台等方式，为学生提供更广泛的实践机会和支持。最后，在师资队伍建设方面，各类实践课程应建立一支专业化的师资队伍，包括专业教师和实践指导员等。师资队伍应具备丰富的实践经验和跨文化交流能力，同时也应不断提升自身的专业水平和教学能力。

参考文献

［1］杨万洁. (2017). "一带一路"背景下泰语本科专业翻译课程体系改革与实践探究——以泰汉笔译课程教学改革为例. 中国外语非通用语教学研究 (5)，65 – 71.

［2］马素文. (2019).翻转课堂在"经贸意大利语"课程中的探索及实践.中国外语非通用语教学研究 (5)，128 – 132.

［3］段召阳. (2017)《〈基础泰语〉课程教学改革与实践——以云南师范大学〈基础泰语〉课程教学为例》.中国外语非通用语教学研究 (5)，92 – 97.

［4］邱剑锋，朱二周，周勇，& 仲红. (2015).OBE 教育模式下的操作系统课程教学改革.计算机教育，(12)，28 – 30.

美育融入外语类高校青年思想政治教育实践研究

陈芳清歌

（西安外国语大学　亚非学院）

【摘要】共青团工作、高校课程思政与美育教育在高校人才培养工作中同向而行、互融互通，三者之间存在有效连接，且最终落脚于高校育人功能的实现。在三者间开展良性互动，不仅有利于实现各自领域的发展与进步，同时通过"立美育德"提高高校青年的审美鉴赏力以及对美的创造力，从而更好的达到对青年学生进行思想政治教育的目的，使其成长为德、智、体、美、劳全面发展的社会主义建设者和接班人。

【关键词】高校；青年；共青团工作；课程思政；美育

【作者简介】陈芳清歌，助教，博士。研究方向：美育、文艺学。

【基金项目】西安外国语大学 2022 年度校级科研项目"研究阐释习近平总书记在庆祝中国共产主义青年团成立 100 周年大会讲话精神专项"项目《生态美学视域下高校共青团工作与美育建设耦合机制研究》（22XWD02）阶段性成果。西安外国语大学 2021 年度高等教育教学改革研究项目《新文科背景下非通用语种跨学科融合人才培养研究》（XWK21ZG03）的研究成果之一。

一、引　言

　　青年是民族复兴中不可或缺的先锋力量，解决青年的思想教育问题是有关党和国家发展的战略问题。习近平青年观是马克思主义青年观中国化的最新理论成果，系统论述了"培养什么样的青年"以及"怎样培养青年"等重大问题。马克思主义青年观是马克思主义关于青年的社会地位和历史作用的基本观点和原则，强调要高度重视青年的历史地位与成长发展。马克思主义青年观是不断发展的。在中国共产党人争取民族独立、人民解放和国家富强的伟大历史进程中，青年发挥了重要的先锋作用，关于青年工作的理论也得到了进一步丰富和发展。习近平总书记关于青年工作的重要思想，是新时代背景下对青年成长、青年使命、青年工作等问题的深刻回答。习近平青年观赓续了党的青年教育思想，其内涵包括对青年认知观、价值观、教育观等方面的认识，强调了"无论过去、现在还是未来，中国青年始终是实现中华民族伟大复兴的先锋力量！"

　　中国青年要成长为肩负建设中国特色社会主义现代化和实现中华民族伟大复兴使命的时代先锋，就要树立坚定且正确的理想信念，发展完整的人格。康德根据人类心智结构划分的知、意、情三种基本要素，并将真善美分别置于三个领域，将其作为人类永恒追求的价值目标。知性求真，意志求善，情感求美。康德的哲学和美学思想对中国现代思想的发展产生深远影响。蔡元培等中国现代美学家倡导在知识教育、审美教育和意志教育三个方面塑造完整人格。党的二十大报告紧密结合中国发展实际，指出"教育是国之大计、党之大计。培养什么人、怎样培养人、为谁培养人是教育的根本问题"，"要全面贯彻党的教育方针，落实立德树人根本任务，培养德智体美劳全面发展的社会主义建设者和接班人"。高校构建"德智体美劳"全面育人体系需要重视对青年的思想政治教育及美育工作，通过"课程思政"融合"美育教育"的途径帮助青年塑造完整人格，树立正确的人生观、价值观、审美观。

二、外语类高校青年美育教育与思想政治教育的契合

青年作为国家的未来和希望，青年的价值观影响着国家的命运。培养富有担当民族复兴重任的时代新人需要重视对广大青年的思想引领，以文化人、实践育人。与"一般人"相比，青年人的主要特点是实践活动参与层面的欠缺。（刘新刚、卢鑫，2018：92）对于外语类高校青年来说，在当今新媒体时代环境下，获取信息渠道广泛，与国际社会交流增多。青年思想呈现出总体活跃、积极良好的发展态势，但在学习对象国语言的同时易受到其文化观、价值观的影响，也存在一些不足和隐患。我国外语类专业多为零起点教学，语言技能培养时间长，语言学习时间分散，青年学生在进行语言学习的过程中，存在一定"重专业课、轻思想教育"的问题，思想政治教育、美育教育学习不够深入，仍需进一步加强的问题。

课程思政是青少年接受思想政治理论教育的第一课堂，是高校对学生进行思想价值输入的主阵地、主渠道。共青团工作融入高校人才培养全过程，通过开展内容丰富、形式多样的实践活动达到思想教育的目的，是对广大青年进行政治锤炼的第二课堂。课程思政第一课堂与共青团第二课堂是广大青年在理论学习与实践活动中学习中国特色社会主义和共产主义的重要载体，具有对青年进行思想引领的共同任务。目前，我国发展面临着国内外环境深刻复杂的变化，习近平总书记对青年与青年思想政治教育有关问题的论述为进一步推进和拓展新时期中国青年思想政治教育工作指明方向。注重基层实践和榜样力量是习近平青年思想政治教育的重要实现路径。（王海建，2017：14）美育既是审美教育，也是思想教育及心灵教育。美育对于青年思想政治教育具有重要的实践意义。

党的十八大之后，由于"美丽中国"概念的提出，高校美育工作者开始思考如何将美育的特殊作用与育人优势有效结合，培养学生成长为向往真善美、创造真善美的"美丽中国"建设者。但从总体上看，美育建设虽一度取得了历史性成就，但仍然是整个教育事业中的薄弱环节。由于不同学段教育对象不同，社会对高校美育相对关注较少，对高校美育中的外语类专业学生美育关注更少。基于外语类高校人才培养特点，促进美育与外

语类高校青年思想政治教育的有机结合，需要将美育融入课程思政与共青团工作中，进一步强化学生的文化认同、家国情怀、道德素养。

三、以"立美育德"为导向的外语类高校青年思想政治教育实践

习近平在纪念五四运动100周年大会上指出："无论过去、现在还是未来，中国青年始终是实现中华民族伟大复兴的先锋力量。"习近平新时代青年思想产生于中国特色主义事业发展的关键时期，要求青年将个人理想与社会理想统一起来，勇于承担实现中华民族伟大复兴的中国梦的时代使命。在新时代背景下，中国青年面临更多的机遇和挑战。美育为科学正确设立高校青年人才培养目标提供指引，在新时代高等教育教学中体现出理论内容之美、实践形式之美、教育环境之美，进一步帮助学生明确自身所担负的时代使命与责任担当，树立崇高的理想信念、远大的奋斗目标和坚定的文化自信，符合新时代高校人才教育对于服务"国之大计"这一政治站位高度。

（一）文化立美

文化认同尤其是对外来文化价值的认同足以瓦解一个国家的政治制度、一个民族的向心力。（闫顺利、敦鹏，2009：39）中华优秀传统文化蕴涵着丰富的思想政治教育资源及美育精神，对做好高校共青团思想引领工作同样具有重要价值。在课堂教学中，通过不断深挖中国优秀传统文化中蕴含的中华民族精神，激发学生的文化自信与民族自豪感，一是引导学生弘扬优秀文化，培养家国情怀，树立正确三观，积极面对人生，有利于青年牢固树立正确的人生理想信念，培养青年成为民族复兴的时代新人。二是在引导学生充分体会中华传统文化之美的同时，提升其欣赏美、感知美、热爱美、创造美的能力，促进青年大学生在美的文化环境中学习知识，在推动社会进步中实现自身发展。从中华优秀传统文化教育的基本内涵入手，提升外语类高校青年人才培养体系中厚植文化的沃土，帮助学生传承自己民族的优秀传统文化，提升学生的文化自信与家国情怀，潜移默化地影响每一个青年学生的思维方式和行为举止，实现基于中华优秀传统文化的人文素养与基于社会需求的素质能力之间的深度融合及良性互动。

（二）思政立美

将美育教育融入到大学生思想政治教育全过程。马克思理论教育是高校思想政治教育的首要切入点，需要形成体现自身教育特色的教育教学模式。外语类高校对青年大学生的思想政治教育工作是一项系统工程，必须从整体上把握学生思想动态，统筹各方面因素。高校青年工作与课程思政在对象、目标具有高度一致性。思政工作的一项重要功能便是培养青年学生美的心灵，使学生具有求真向善的价值观。在高校开展共青团工作及课程思政建设中应注重审美教育工作。对于外语类高校来说，将美育教育融入专业课程是党的青年工作的重要组成部分。课程思政在外语类高校课程中应注重语言学习与文化同向同行，特别是注重对文化课程内的美育功能挖掘，将思想政治教育与美育的培养目标统一起来，实现美育教育在课程思政中的有效渗透，从而达到良好的教育效果和积极的教育意义。在高校教育教学中加强美育是时代要求，是教育面向现代化，面向世界和未来的需要，对于高校做好思政课工作及青年工作具有重要意义。

（三）实践立美

实践是马克思主义哲学和美学的中心概念。马克思肯定人的本质力量的活动必须是对象性的活动，实践成为了人实现自由活动的路径。美育实践以马克思主义美育观为指导。美育教育同共青团实践育人工作一样类属于素质教育，是培根铸魂的工作，承担着立德树人根本任务。结合新文科背景下大学生美育实际需求，提高学生的审美和人文素养，全面加强和改进美育是新高校人才培养当前和今后一个时期的重要任务。外语类高校青年工作应在深刻分析共青团工作实践现状的基础上，剖析在培育青年大学生成长成才中出现的主要问题，如因美育理论认识不清导致的基层团组织思想阵地发挥不充分、因美育活动开展不均导致的基层团组织主动性弱化、因美育方式创新不够导致的团属网络媒体运用不足等问题，针对问题提出切实可行的高校共青团建设的实践路径，探索创造独具特色的美育实践活动形式，以美育推动共青团工作的工作活力。同时，在课程思政中融合美育教育，将课堂教学和实践教学充分结合，让学生在实践中更好地理解理论、运用理论，探索外语类人才教育美育与思想政治教育融合现实路径。

四、美育融入外语类高校青年思想政治教育工作路径

当前随着社会不断发展，我国已进入社会主义新时期。习近平总书记在北京大学师生座谈会的讲话中强调重视青年马克思主义理论教育问题，他指出"要抓好马克思主义理论教育……让学生深刻感悟马克思主义真理的力量，为学生成长成才打下科学思想基础。"新时代中国青年成长成才需要党的培养。在新时代背景下，党和国家要努力加强青年美育工作，推进以美育人、以美化人。美育教育以"润物细无声"的方式将思想政治教育内化于心，外化于行，为践行社会主义核心价值观提供了实践可能，努力培养适应时代需求、理想信念坚定、全面发展的社会主义事业建设者和接班人。

（一）主动适应时代需求，明确学生美育教育目标

新时代中国青年的使命以及新时代中国青年运动的主题与方向，是在坚持中国共产党的领导下，为实现"两个一百年"奋斗目标、实现中华民族伟大复兴的中国梦而奋斗。广大青年学生只有与时俱进，才能真正成长为担当民族复兴大任的时代新人。在同一所高校中，不同专业的学生呈现出美育基础不一，美育资源不平衡的问题。现阶段外语类高校美育教育，未能充分在学科方面进行美育融合，美育教育与外语类专业学科教育关联不够。由于大学长期以来形成的自主学习和主动探究特质，部分学生存在认识不到位，存在重学习轻思想，轻视美育教育的情况。因此，将美育教育融合共青团工作、课程思政工作，首先应充分理解把握习近平青年观的中心思想。在第一课堂与第二课堂的具体课程实践中改善教学形式，避免知识的简单传授。加强与学生的互动环节，激发学习兴趣。因此，外语类高校人才培养应重视突出思想政治教育的重要地位，创新课堂教学方式方法，着力培养具有历史使命感和社会责任心，富有创新精神和实践能力的外语类复合型人才。

（二）丰富美育课程资源，优化外语类专业课程思政

美育教育不仅仅是美术教育、艺术教育。目前，美育课程存在内容无趣枯燥，教学方法简单化的普遍问题。教学中缺乏和学生的互动，一些课程仅在艺术理论方面对学生进行讲授，未上升到审美教育的层面，未能真正体现美育课传达美学的特质和教育意义。在对外语类高校青年学生进行美育教育时，为保障思想教育效果，应根据既定的课程目标，充分推进课程形式的多元化，完善专业教学的环境生态，引导学生构建具有求索性的学习实践共同体。一是厚植文化的沃土，潜移默化地影响学生思维方式和言行举止，实现学生人文素养与专业知识间的良性互动。二是根据既定的课程思政目标，充分推进课程形式的多元化，完善专业教学的环境生态，鼓励学生互相帮助、自主学习、积极思辨。课程本质内涵完全契合三全育人与创新能力培养的思政理念。三是鼓励学生将专业所学与课堂知识紧密融合，增加青年学生语言产出的机会，将知识、能力、素质有机融合，培养学生中外文化互鉴的辩证思维和"向世界说明中国"的能力。

（三）推进美育评价改革，融入课程思政评价体系

在新时代背景下，美育作为高校育人工作的重要内容，美育教育应在一定教育理念下进行，坚持以习近平新时代中国特色社会主义思想为指引，通过美育提高外语类高校青年学生审美鉴赏力及对美的创造力，更好的潜移默化的达到学生思想政治教育目的，教育学生恪守"为党育人、为国育才"初心使命，塑造学生心灵美、道德美、品格美，培养我国社会主义建设事业所需要的，具有马克思主义美学理论修养，坚持四项基本原则，德、智、体、美、劳全面发展的高层次人才。美育是指在学生所修的各种课程，特别是专业课程中，把美的感觉和兴趣融入教育的各个方面，促使学生把审美活动融入日常的学习和生活之中，充分利用中华传统文化，把美的内涵融入学生的思维和行为之中，从而促进学生的审美能力和心灵的提升与发展。在美育教育育人实践中，以青年学生为中心、以"三全育人"为指导思想，以美育人为主导原则，构建真正行之有的课程思政评价体系和评估制度，以确保美育与课程思政工作、共青团工作形成发展合力。

五、结　语

新时代青年是社会发展的生力军，推动着我国实现民族复兴伟业。面对当前复杂的国际国内形势，青年工作的开展关系中华民族伟大复兴事业的实现进程。我国青年群体主要在高校内部，这一主体"正处于人生成长的关键时期，知识体系搭建尚未完成，价值观塑造尚未成型，这就需要用社会主义核心价值观教育学生"。（李晓京、孙国辉、张超、廖满媛，2021：2）党的二十大报告强调，"广泛践行社会主义核心价值观。……深入开展社会主义核心价值观宣传教育，深化爱国主义、集体主义、社会主义教育，着力培养担当民族复兴大任的时代新人。"在不断变化、发展的新时代下，培育和践行社会主义核心价值观是一个长期的历史过程。外语类高校做好青年工作要以"习近平青年观"为指导，以立德树人为根本任务，把对青年的思想政治教育工作贯穿于教育教学全过程，将美育融入外语类高校青年思想政治教育实践，引领高校青年工作进入新局面。

参考文献

[1] 刘新刚、卢鑫.马克思青年观对青年思想教育的启示 [J].中国青年社会科学，2018（01）.

[2] 王海建.试析习近平的大学生思想政治教育理论 [J].现代教育科学，2014（09）.

[3] 闫顺利、敦鹏.中华民族文化认同与国家凝聚力——兼论新形势下的统一战线工作 [J].中共石家庄市委党校学报，2009（01）.

[4] 李晓京、孙国辉、张超、廖满媛.以"习近平青年观"引领高校思政工作进入新局面 [J].教育教学论坛，2021（27）.

浅析"新文科"背景下外语类大学生就业指导与服务体系建设

米 钰

（西安外国语大学 外国语言文学研究院）

【摘要】近年来，为强化人文社会科学学科专业发展，使人文社会科学人才培养服务于国家经济社会领域的全面深化改革、服务于国家国际话语能力的有效提升，"新文科"建设的概念被提出并日益深化，在此背景下，语言类院校如何深度聚焦新文科背景下机遇与挑战，有效依托社会背景与市场需求分析，深入剖析语言类高校大学生的就业创业现状，探索提升语言类大学生的就业创业意识，提高语言类大学生就业创业质量的有效路径，构建专业化、科学化、体系化的外语类大学生就业指导与服务体系成为目前语言类高校亟需解决的问题。

【关键词】新文科 语言类 就业创业 体系建设

【基金项目】西安外国语大学首批新文科研究与改革实践项目："新文科"背景下基于语言大数据的外语类专业建设改革与实践（项目编号：XWK21YB06）。

【作者简介】米钰，研究实习员；硕士；研究方向：教育管理。

一、引　言

为进一步提升高等教育发展质量，提升高等教育的服务能力与人才培养贡献水平，"新文科"的概念在 2018 年被首次提出。"新文科"建设旨在不断强化人文社会科学学科的基础学科培养能力，以学科交叉融合为基础，对学科专业体系进行调整升级，培养具有较高学术素养、服务于社会经济发展与国家建设的新时代人文社会科学学科人才。语言专业作为人文社会科学学科的主要分支，在其人才培养体系上，如何有效依托"新文科"的发展背景，紧跟新文科建设的发展机遇，在探索人才培养的有效路径的基础上，充分发挥高校在学生就业创业能力提升上的能动性，实现语言类院校毕业生的就业创业质量提升，对于对接国家社会经济发展、服务国家新文科战略需求具有重要意义。

二、外语类高校学生就业问题分析

1. 专业技能单一，求职竞争力减弱

随着目前新文科背景的提出，打破以单一或个别学科为基础人才培养体系，探索学科交叉融合学科体系构建，培养具有多学科专业技能的应届毕业生输出，是对接当前社会的主流人才需求的有效手段。近年来，从大多数语言高校的毕业生就业需求来看，除传统的教育类行业仍相对偏向于单方面的英语技能水平外，越来越多的就业岗位对具有人工智能、经济、管理等其他专业背景的复合型英语人才有更高的需求，许多年来，各外语类院校在建立人才培养机制时，一直以技能型以及通用性的各语种外语类专业人才培养为目标，将人才培养重点主要放到了学生的听、说、读、写等专业化的技能提升上，因此，在一定程度上，很大一部分语言类院校并未及时对接国家发展需求，仍然存在以纯语言技能培养为主，位涉及其他交叉学科技能培养的问题。缺乏复合型人才培养平台、缺乏交叉性人才培养机制、造成了语言类毕业生就业竞争力的下降。

2.就业指导不系统，队伍专业化不足

开展职业生业规划，是学生清晰认识个性发展特点，了解相关职业特性，掌握社会需求的重要手段，作为语言类院校，扎实学生的语言功底，强化语言技能培训，是大多数语言类院校在课程设置上的重要切入点，部分院校虽然为低年级学生开设了职业生涯规划课程选修课，为高年级开设就业形势与政策讲座，举办了简历制作和面试等辅导课程，但是与国家发展战略，特别是"新文科"发展背景的结合度不足，课程设置没有根据语言类院校的学生特点，如何将学生的专业基础、语言及文学素养培育与职业技能与职业方向规划相结合，使学生能够把握新文科发展机遇，拓宽就业视野，接受系统的就业创业培养体制与系统化指导。是目前语言类院校就业创业指导与服务体系建设的关键。此外，目前各高校从事就业指导工作的主要为辅导员，她们其中大多均没有参加过就业指导系统课程的学习和培训，对于如何将新文科的战略背景与语言类院校的就业创业指导工作相结合缺乏理论基础与教学实践，因此，职业化专业化就业指导队伍的缺乏，也是制约语言类院校就业创业服务体制建设的重要问题。

3.高校相关部门机构缺乏对学生长期、全面的了解

在高校中，教师及学工队伍是是学生就业创业指导工作的主要力量，对学生深入、全面的了解，切实掌握学生的就业创业心理，了解学生的就业需求，为学生提供对接社会需求的就业创业指导与就业创业规划是切实有效开展毕业生就业指导工作的基础，在高校毕业生走向社会之前，大一至大三学年使学生就业创业能力累积的重要阶段，也是高校教师与学工队伍深入了解学生兴趣、能力、职业发展规划的关键时期，全面信息的获取是毕业阶段做好就业指导工作的关键。在语言类院校中，存在学工队伍与学生专业体系偏离，学工沟通工作的欠缺或者辅导员岗位的调动，一定程度上影响了毕业生就业工作的开展。

4.就业意愿不强烈，毕业生求稳心态明显

语言类高校专业学生通常以沟通与语言表达能力见长，一定程度上逻辑思维能力与动手操作能力相对较弱，受传统就业思维的影响，语言类专业学生更倾向于翻译、同传等类型的就业岗位，或者是语言类教师或者相

应的政府职能部门的相应工作，在此基础上，较多数毕业生会选择考公或者考取研究生等就业方向，毕业生就业意愿不强烈。此外，对于专业匹配岗位认知的局限性，使众多语言类高校学生求职过程中不明确自己的就业方向，不关注就业招聘信息，不参加校园招聘，处于被动观望状态，甚至一度抱有逃避和畏惧毕业的心理。

三、新文科背景下外语类大学生就业指导与服务体系建设路径

1.强化就业创业指导体系构建，加强分类指导

在新文科背景下，强化就业创业工作的整体规划与统筹安排是建设就业指导与服务体系的关键，如何通过探索学科交叉来培养适应国家百年发展的外语类人才、为学生提供更为开阔的学科发展方向与就业前景是建设就业指导与服务体系的重中之重。在此基础上，统筹学科设计，基于新文科建设的发展背景，设计新型就业创业工作体制，在广泛开展就业工作的基础上，着重启动就业促进各项重点工作，及时将人才培养与新文科背景下的市场需求相对接，通过走访就业市场，密切关注就业市场动向，把握就业需求变化，更加针对性开展新文科背景下的学生就业工作，此外，打破传统的就业工作单一推进模式，加强专业课教师在交叉、前沿技能培养上的指导作用，强化就业创业规划学工团队在激发学生就业意愿进行职业规划的促进作用，提升外语高校二级院系在对接市场需求、开拓就业市场方面的沟通作用，在系统化的体系构建背景下，层层推进，逐级突破，推荐就业指导与服务体系的稳步构建。

2.强化学生主体意识培养，加强就业指导

在就业创业工作的开展中，毕业生群体是各项工作开展的主体也是关键，在日常的教育工作中，潜移默化地向学生渗透国家新文科的发展战略，使学生在了解外国类专业的就业优势的基础上，对国家的学科发展规划、学科就业前景有更为清楚与清晰的认识，鼓励学生树立主体意识，发挥自身主观能动性，结合国家发展背景，树立积极的就业态度和正确的就业观念，结合外语学科专业优势制定职业规划确定就业方向，选择适合自

己的就业岗位，为后期有针对性地开展就业指导和服务工作做好准备工作。此外，语言类院校应该及时细致做好近年来毕业生的就业意向统计与分类指导工作，结合新文科指导思想，对学生的就业方向与服务培养工作进行更新与调整，针对性的开展简历制作技巧、面试技巧等就业技能培训，拓宽就业信息发布范围，时刻跟进毕业生最新求职与备考状态，密切关注学生在求职、备考过程中遇到的困难和疑惑，有针对性地开展就业指导服务工作。

3. 重视教师技能提升，开展职业规划课程建设

传统就业创业服务"单兵作战"的特点，已无法满足新文科背景下人才培养与就业创业工作开展的需求。结合外语类院校的特点，凝聚多方力量为学生提供更加专业的职业规划与职业指导是提升就业创业服务质量的关键，学校可选派相关教师参加各项专业化职业生涯规划相关培训，加强对教师就业指导能力与职业规划能力的提升，如配发相关书籍、参加相关辅导活动等，使教师特别是辅导员能够具备一定的专业能力，为学生提供更加专业、高效的指导。将职业规划与指导专业技能与外语类的专业培养相结合，在充分分析外语院校学生各阶段特点的前提下，针对性地开设职业规划指导。院校可加强对就业指导课程的系统开设，增强不同阶段的针对性指导，让每个学生都有机会参加职业生涯规划相关的学习，树立积极向上的就业观，低年级学生开展外语专业锚定与职业规划类相关指导，对高年级学生开展新文科视域下的职业选择与求职技巧等相关培训，在指导学生扎实外语专业知识的基础上，了解现阶段新文科背景下不同岗位对工作者的交叉知识和综合能力的需求，以及职业和岗位发展空间等问题。此外，作为学生培养的主阵地，外语类院校可打破学校专业壁垒，邀请可融合交叉的院校开展进一步的交流合作，为毕业生进行就业指导与专业提升，引导学生将理论与实践相结合，引导毕业生正确认识就业方向，树立积极的就业态度和正确的就业观念。

4. 强化市场对接，拓宽学生就业渠道

为进一步落实新文科突出交叉融合的理念，推动外语类院校专业知识培养与专业应用产向的转变。外语类高校应当注重与就业市场的对接，加

强与政府机关、企事业单位、科研院所之间的进一步的协作和交流，在不断助推新文科成果产业化的基础上，进一步拓宽语言类专业毕业生的就业路径。一方面，院校可采取就业市场调研方式，以外语类专业毕业生近几年主要就业城市为主，涵盖了企事业单位、培训机构、民营企业等多类型单位，涵盖技术人员、销售、教师、翻译等多类型岗位，进一步了解就业环境不断开拓外语专业学生实习就业岗位，调研全方位多角度地了解学生的就业选择与现阶段的市场需求，从而更好地服务于学生的求职就业工作。此外，外语类院校可通过建立更多的实习、就业基地等方式，加强与企业之间的合作交流。通过多渠道搭建就业平台，与多家单位签订实习协议等方式，增加学生与企业及工作岗位的接触机会，让学生在通过课堂教学强化自身专业技能学习的基础上，充分利用课余时间，有更多的机会参与实习实践，提前加深对工作、对岗位的理解，明确自身的职业选择。同时，院校可加强校友资源的开发，利用校友拓展就业渠道，鼓励校友业为学生提供就业、实习岗位，在缓解就业压力的同时，增强校友与在校生的爱校荣校意识。

参考文献

［1］王静可.新时代高校就业创业指导服务体系建设研究——以 L 学院为例［J］.中国多媒体与网络教学学报，2023，（01）：155－158.

［2］蒋丽婷.新文科学生就业指导课程实践教学探索——以南京邮电大学为例［J］.教育信息化论坛，2021（06）：105－106.

［3］王洁.新文科建设背景下如何实现高校毕业生就业的跨界融合［J］.山西青年，2021（05）：107－108.

［4］董胜欢，刘云丽，菅迎宾，王会娟.“三全育人”理念下高职院校学生就业创业指导路径研究［J］.石家庄铁路职业技术学院学报，2022，21（04）：94－97.

［5］郭勇朝，刘倩，林春梅.新形势下广西高校毕业生就业指导与服务新路径研究［J］.现代商贸工业，2023，44（07）：103－105.

二十世纪末以来印度汉语教学之发展与思考

Khatib Ahmad Khan（李哲凯）

（西安外国语大学　亚非学院）

【摘要】印度和中国之间的文化交流历史悠久，两国自古以来一直是相互学习、相互交流的。近年来，随着中印关系的变化，两国之间的交流日渐频繁，使得印度汉语学习者越来越多，在印度掀起了一股"汉语热"，因此有关印度汉语教学现状的分析研究也逐渐引起了人们的较多关注。于此方面当从两个方面进行讨论，一者，对印度汉语教学存在的问题及现状进行整体观照，二者，通过调查研究，针对印度汉语教学存在的问题，客观地给予一些建议，将在一定程度上推动印度汉语教学现实状况。

【关键词】中印文化；汉语教学；现状分析；印度汉语教学

【作者简介】Khatib Ahmad Khan（李哲凯），讲师，博士，博士后。研究方向：印度汉语教学，佛教历史。

一、引　言

语言是人们相互沟通的桥梁，也是我们了解一个国家最好的钥匙。汉语在印度外语教学中的地位得以不断提升，有着深刻的政治、经济、文化等多方面的原因。随着中国实力增强，汉语的国际影响力不断提升，中印往来不断增多，更多人希望借助汉语更好地与中国开展交流与合作。印度尼赫鲁大学中国与东南亚研究中心教授狄伯杰认为，"越来越多的印度人热衷学习汉语，一个重要原因就是两国经贸往来日益频繁，中国企业在印度拓展市场，急需印度本土人才，特别是懂中文的人才，很多印度年轻人看到了其中的机会"①。

整体上说，对外汉语教学界致力于印度汉语教学研究的学者比较少。经过对该问题研究现状的全面了解和认识，可以得知，截至目前，只有两位中国学者曾经发表过具有代表性的文章，分别为赵守辉 1996 年发表于《世界汉语教学》学术期刊上的《印度国际大学中国学院的汉学研究与汉语教学》② 和 2011 年谷俊、杨文武在《南亚研究季刊》第一期上发表的《印度汉语教学的发展状况、问题及对策思考》③。本文以这两篇文章为线索，试图围绕二十世纪末以来印度汉语教学所面临的问题与其发展趋势展开讨论和分析。

据本文调查的最新数据显示，印度目前共有 40 所大学开设了汉语教学课程。其中，尼赫鲁大学和印度国际大学有本科、硕士和博士专业课程；Doon 大学、锡金大学、古吉拉特中央大学、贾坎德中央大学有本科和硕士专业课程；贝拿勒斯印度教大学有硕士和博士专业课程；桑吉大学有硕士专业和业余制班文凭课程；孟买大学有本科专业和业余制班文凭课程；德里大学有全日制班文凭课程和业余制班文凭课程；孟买大学今年刚开始汉语本科专业课程。剩下来的 30 所大学只有 1/2/3 年的业余制班的汉语文凭课程。业余制班每周有 2 – 3 节课，每周 4 – 6 小时的课程。这些大学是：Amity 大学、金达尔全球大学、SRM 大学、国立伊斯兰大学、印度理工学院马德拉斯、印度理工学院孟买、马尼帕尔大学、英语与外国语大学，海德拉巴德、Tejpur 大学、旁迪切里大学、阿里格尔穆斯林大学、摩揭陀大学、班加罗尔大学、旁迦普大学、奥兰加巴德大学、韦洛尔科技大学、

---

①廖政军：印度汉语教学需求旺与资源少并存，人民网. http：// world. people. com. cn/n/2012/0809/c1002 – 18708977. html.

②赵守辉，印度国际大学中国学院的汉语研究与汉语教材［J］，世界汉语教学，1996 年第一期（总第 35 册），106 – 108.

③谷俊，杨文武《印度汉语教学的发展状况，问题及对策思考》南亚研究李刊，［J］，2011，（1）.

Kalyani 大学、加尔各答大学、普纳大学、印度理工学院班加罗尔、印度管理学院班加罗尔、印度管理学院加尔各答、印度管理学院阿默达巴德、Maharshi Dayanand 大学、PDM 大学、Diblugarh 科技大学、神雄甘地国际印地语大学、新那烂陀大寺大学、I. K. Gujral 旁迦普科技大学、拉夫里大学（LPU）。

随着中印关系日益友好，中印经贸明显增长，带来大量就业机会。大量留学中国的印度学生、来中国做生意的商人想在抵达中国前掌握一点基础的日常用语；两国旅游业发展刺激汉语学习的热情等等，这些都会在一定程度上再次提升汉语在印度外语教学中的地位。最近印度最出名的"印度管理学院"为了给自己学生良好的工作机会，也开设了汉语教学课程。印度已经掀起了一股汉语热，在这股热浪下也暴露了印度汉语教学的很多问题，其中最重要的是所谓"三教"问题，就是教师、教材和教学方法的问题。"三教"问题能较客观地够反映印度大部分大学的汉语教学现状和困难。

二、印度汉语教学现状及问题

为了更好地了解印度学生学习汉语的情况，包括学习汉语的动机、目的、态度、方法以及在学习汉语过程中所遇到的问题和困难，作者曾经通过调查问卷的方法，对 200 名来自印度的汉语学习者进行了问卷调查研究。其中，专门设计了涉及印度汉语教学的问题。具体数据如下：

您认为印度的汉语教学方面还存在哪些问题？

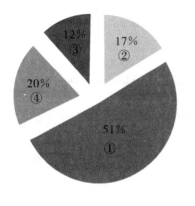

①师资匮乏

②教材老旧

③教学形式枯燥单一

④学校对汉语教学的重视程度不够

其中，"师资匮乏"占51%，一半以上的被调查者认为，如今印度教育机构汉语老师的匮乏是一个非常大的问题。其次，"教材老旧""学校对汉语教学的重视程度不够""教学形式枯燥单一"等问题所占比例相差不多，也是印度学生认为汉语教学确实存在的问题。

接下来本文针对这些问题进行进一步的梳理和分析。

（一）教师问题：汉语专业师资力量薄弱

根据国家汉办国际推广领导小组办公室的一项数据，截至2019年6月，全球已有155国家（地区）设立了539所孔子学院和1129个孔子课堂。其中，亚洲35国（地区），孔子学院126所，孔子课堂112个；非洲44国，孔子学院59所，孔子课堂41个；欧洲43国（地区），孔子学院184所，孔子课堂322个；美洲26国，孔子学院150所，孔子课堂559个；大洋洲7国，孔子学院20所，孔子课堂95个[1]。全世界学习汉语的人数将超过1.5亿人，对外汉语教师需要量至少500万人。截止今日，印度全国汉语学习者已达到2万人，其中专业学习者大约2000人左右[2]。

尽管全球"汉语热"现状动力十足，但由于各种历史原因，印度汉语教学界依然存在师资基础薄弱、整体水平参差不齐等严峻现象。印度作为1.36亿人口的大国家，孔子学院数量不是特别理想。目前印度只有两所孔子学院（韦洛尔科技大学孔子学院和孟买大学孔子学院），另两所在建立过程中（拉夫里科技大学汉语教学中心和金德尔全球大学汉语言培训与研究中心）。虽然印度本国教师有比较扎实的语言基础和多年的教学经验，但作为非汉语母语者，他们在发音训练、词汇辨析、词语搭配、成语解释、语法点分析等方面无法像汉语母语者那样准确无误地将汉语知识传授给汉语学习者。目前，印度汉语师资力量主要由本国汉语教师和受中国政

---

[1] 国家汉办网；孔子学院/课堂 http：//www. hanban. org/confuciousinstitutes/node_10961. html.

[2] 学汉语人数达到两万"汉语热"在印度持续升温（2018）人民日报 http：//paper. people. com. cn/rmrb/html/2018 – 04/26/nbs. D110000renmrb_ 03. html.

府委托到印度教书的中国教师构成的，后者所占的比重特别小。

"2010年12月，温家宝总理访问印度，共同发表"联合公报"，公报中说明，中方欢迎印度中等教育从下个星期起将汉语作为外语列入印度学校课程的决定①"，而印度外交部则已要求初等教育委员开始研究将中文纳入印度中学义务教育，让汉语跟英文一样成为印度第三个官方语言。但，如果从目前印度全国中学的总数量和已有的汉语教师资源来看，将中文纳入学校义务教育教学大纲中，还是一个艰巨的任务。印度全国有34.73455万所高中学（公立、私立都含)②，规模庞大，而教师资源、硬件配置、资金分配等基础非常薄弱，所以将中文教学的规模扩大至印度所有公立中学目前看来是无法实现的。

本文经过调查研究发现，开设汉语教学课程的40所印度大学总共只有89名汉语教师。为了提高印度汉语教学的水平并保障其可持续发展，不仅需要通过引进中国的师资力量为印度汉语教学注入新鲜血液，更需要注重印度本土优秀教师队伍的培养和成长，使印度汉语教学得到实质性的改善。

（二）汉语教学中的教材问题

目前印度汉语教学中的教材严重制约着汉语教学效果。本文经过调查发现印度汉语教学教材方面主要存以下两方面的问题：

1. 现有教材的质和量都不能很好地满足教学的需要

印度大部分书店基本上找不到中文读物的身影，带拼音的图书更是屈指可数。尽管现行教材经过多次修改与补订，但其语言语体依然与现代汉语的普通话差异甚大。目前印度各所高校的主要综合汉语教材为《基础汉语课本》《桥梁：实用汉语中级教程》《新使用汉语课本系列》以及《汉

---

①杜相泽，廖政军，王磊：愿你们做中印文化交流的使者（温家宝总理与泰戈尔国际大学师生交流侧记)，[N] 人民日报，2010 (12).

②印度政府教育部网（2018）https：//mhrd. gov. in/sites/upload_ files/mhrd/files/statistics-new/ESAG – 2018. pdf.

语会话301句》《现代汉语高级教程》五部教材，这些教材可以被誉为"经典教材"，主要针对初级和中级汉语学习者。专门语法教材只有一部教材叫《外国人实用汉语语法》，该教材由易到难的方式编排，逐步增加难度，适合不同水平的汉语学习者使用。《汉语新闻阅读教程》这部教材用于提高学生的汉语阅读能力，并掌握汉语新闻类词汇和表达方式。独立的汉语口语教材只有两部，分别为《汉语口语教程》和《发展汉语·中级口语》。文史类教材清单相对丰富，囊括介绍中国文学、中国历史、中国国情等方面的书籍，主要针对高级汉语学习者，进而对语言水平的要求非常高。尼赫鲁大学、德里大学以及印度国际大学的汉语教师们除了"标配教材"之外还会收集《人民日报》《解放日报》《环球时报》以及中文门户网站上发表过的新闻类报道和短篇文章，并将合适的内容整理成阅读素材供学生阅读。由于印度汉语教师选取的素材并没有统一的标准，所以教学素材的选择上存在一定的随意性，选材缺乏科学依据和针对性。

印度汉语教材的出版时间主要为上个世纪80－90年代，最新的教材也已经有快十年的历史。大多数印度汉语教材的来源是中国大陆，主要是中国汉办、中国驻印度大使馆/领事馆或友好大学赠送的书籍。尽管这些教材经过多次修改与补订，但其语言语体依然与现代的普通话差异甚大。我们可以拿《基础汉语课本》来举个例子：该教材很多词语已经被时代所淘汰，内容滞后过时，毫无新鲜感，有些词过于书面化。比如，教材中的"进城""大伙""小卖部""同屋""因特网"等词语在现代汉语中使用频率很低，实用性不强；"同志""小姐""恐龙"原是褒义词，但因被寄予负面的色彩而失去了原来的意思。印度学生学到的词汇在日后的交际没有太大的作用，反而令他们的负担有所增加。

除了这些教材之外，有些学校（比如古吉拉特大学）也在尝试着使用中国国内不久前出版的新型汉语教材系列，如《发展汉语》《博雅汉语》《汉语口语速成》等教材，但由于师资力量薄弱，本土教师使用这些教材的能力有限，所以截至目前使用这些汉语教材只不过是一个宏观的想法，实际情况事与愿违。这个现象让古吉拉特大学以及其他试图进行所谓"教材改革"的学校继续使用已熟悉的汉语教材，并按照已定型的教学模式授课。

2.语法点设计缺乏基础研究，影响到教材的科学性

印度汉语教材在语法点设计方面也有相对严重的问题：教材中设计的语法点主要来自于课文，难易程度上缺乏循序渐进、从易到难的排列，语法教学没有一个比较清晰的思路和框架，完全根据课文内容而编排的，国内外汉语语言学研究的新成果未能及时运用以解决语法设计体系的弱点问题，导致印度学生难以理解并准确把握这些语法点，教师也无法达到预期的教学效果，学生的汉语能力无法取得一个跨越性的进步。教材编辑组没有充分考虑对课文中的语法点进行分类、梳理和对比，导致语法点的难易程度缺乏可比性和合理性，从而影响到整个教材的科学性。

（三）教学方法问题

印度汉语教学在教学方法方面也存在很多不足，比如：

1.过分重视传统翻译法

语法翻译法是印度教师最常用的一种教学法，语法翻译法是以系统的语法知识教学为纲，依靠母语，通过翻译手段，主要培养第二语言读写能力的教学法，印度教师一直沿用到现在。但是翻译法有严重的不足：忽视口语教学和语音教学，缺乏听说能力的培训，过分依赖母语和翻译手段，过分重视语法知识教学、死记硬背语法规则，不重视语义；教学内容枯燥无味或者过深过难，而且不利于语言交际能力的培养。

在印度很多大学汉语专业课上老师们还常用一种教学方法是直接法。直接法是主张以口语教学为基础。按照学生习得母语的自然过程，用目的语直接与客观事物相联系而不依赖母语，是语法翻译法相对立的一种第二语言教学法。但是直接法也存在很多不足：对成年人学习第二语言的特点认识不足，对课堂教学的现实也考虑不够，加强口语教学，对读写能力的培养重视不够；过分强调模仿，偏重经验，对人的积极、主动学习强调不够，忽视对语法规则的掌握。而且这种方法对教师的言语技能要求也高，在实际操作中并非所有的老师都能做的。

2.教学方法的大胆探索不够，缺乏多样化

通过本文对印度汉语教学方法的分析，其突出问题主要原因在于印度

本土教师本身。印度汉语教师所运用的教学方法是上个世纪传统汉语教学体系的产物，以传统的翻译法为主。教师是整个教学过程的主角，而学生相当于配角和观众，只能被动地接受知识，无法积极参与到教学活动中。母语的负迁移即母语的干扰在任何一门外语教学中是普遍存在的现象。汉语作为汉藏语系语言，而印度的语言属于印欧语系，差别大，又有方言的差异，同时加上汉语属于表意文字，这些都会不同程度地影响印度学生在汉语方面的学习。虽然印度本土教师在课堂上还会采用别的教学方法，比如阅读法、直观法、情境创设等方法，但是翻译法仍然是印度教师的首要选择。更不用说运用其他的现代教学技巧和手段。找出准确、主动、适合印度学生的汉语教学方法是目前印度汉语教学界的当务之急。

除了教学方法问题之外，印度汉语教学界还存在一些其他问题，比如：

（四）印度汉语教学中的文化壁垒

约束印度汉语教学进一步发展的主要原因之一是文化壁垒。为了避免中国文化对印度的本土文化造成影响，印度政府在教育和文化方面实行着针对中国文化的一系列措施，因此很多印度人对中国传统文化的了解与认识不多，更不用说学习汉语的环境与氛围。比如，印度电影市场或书店货架上基本上看不到中国的影子；能看到中国影片或买到中文图书极少；如果两国广播电视台想联合举办某个活动，都必须先报给印度外交部审批，才能开始具体落实。这样的例子比较多，在很大程度上使印度汉语教学放慢了发展的脚步。

（五）印度汉语教学与中国研究的脱节问题

印度汉语教育与中国研究没有相结合。汉语教学领域的专家学者汉语语言各项能力相当好，但在中国历史、政治、经济等方面知识的储备量相当少。而且不少专家不会中文，只能通过英文或别的外语材料获取信息，这种现象在一定程度会影响印度学者对汉语研究的客观性，且容易产生偏见。

（六）课外汉语教学活动不够丰富

传统的课堂授课固然是主要教学模式，但教师也不应该忽视课外活动的力量。在印度大学虽然定期会举办一些汉语知识竞赛、学生才艺表演、汉语讲座等业余活动，但这些活动的频率并不多、在教学计划中所占的比例不高，学生大部分时间和精力放在家庭作业和复习上。举个例子，学习期间印度各所大学经常会收到一些中国驻印度机构的求助申请，派遣会说中文的学生给中国技术团队提供翻译服务，但大部分高校一般会拒绝这样的申请，不允许学生前往帮忙。印度老师认为，大量的作业和考试是最有效的教学手段，因此他们会给学生布置很多课后练习，使学生错过了练习汉语的机会。

（七）中印汉语学界交流有限

虽然中印两国交往越来越多，但是因为在政治体制、文化、宗教习俗等方面存在较大差异，这在一定程度上制约了两国汉语学界的交流与合作。中印两国的文化、历史与社会结构不同，其风俗习惯、思维模式、世界观、宗教信仰等方面也存在着一定的差异，在禁异方面体现得更加明显。从宗教文化冲突、饮食文化冲突以及社会文化等方面，印度汉语教学经常遇到跨文化交流方面的问题。

三、对印度汉语教学的建议

基于以上七个方面的问题，加上作者曾经对 200 名印度学生进行的问卷调查结果，得出以下结论：大部分学生学习汉语是希望汉语可以成为以后工作中的一个可以利用的实用工具，并且学生们学习汉语都是有一定的目的性，他们对待汉语以及汉语学习的态度整体上是积极的。本文提出以下几方面的建议来进一步改善印度汉语教学的现状问题。

（一）构建语言环境，优化课程和教材设置

印度的汉语教学必须改变"学好综合课，走遍全天下"的思路，应重视学生的能力训练，增加听说训练。学校可以定期举办汉语演讲大赛、作文大赛、故事大赛；举办文化讲座、书画欣赏、电影赏析、传统手工艺品展示等文化活动；还可以尝试探索新的教学形式，如品美食学中文、游学等。

此外，当前印度使用的汉语教材已经过时，且缺乏有针对性的教辅材料。所以，教材的修订和修编工作也应尽快开展。若是教材缺乏科学性和严谨性，将很难达到良好的教学效果，学生阅读起来也会事倍功半。所以，当务之急便是编纂出一套满足大众需求、符合汉语学习规律、适应印度学习者文化背景和民族习惯的汉语教材。有了科学的汉语教材作为标准规范，印度的汉语教学才能走上正轨，结束当前印度汉语教学领域鱼龙混杂的情况。

（二）巧用对比法，提高针对性

语法使用不规范、笔画顺序错误、因文化差异导致的对某些词语的错误理解，这些都是印度学生在汉语的学习过程中时常遇到的问题。印度的汉语学习者对于语序的掌握也存在较大问题，他们会将时间和地点状语置于句末，例如：正常用法是"后天早上十点我们在天安门广场见面"，印度人却会说"后天我们见面在天安门广场早上十点"；把"我说过吗"说成"我有说过吗"等等。基于上述情况，教师需要在授课过程中特别留心对中印两种语言体系的异同点进行分析比对，只有掌握了印度学习者学习汉语的难点，才能做到有的放矢，更有针对性地进行授课。

（三）探寻全新的汉语授课模式

随着汉语教学被纳入印度的国民教育体系，两国间的教育合作也迎来了新的机遇，提高印度的汉语教学水平是各类合作项目的根本目标。待到印度本土的汉语教学水平达到一定层次，可以考虑将目前在中国境内开设

的语言基础课程转移到印度进行，据笔者了解，印度的部分培训学校同样具有这样的期待。如此一来，印度学生可以在抵达中国深造前就具备一定的语言基础，为下一阶段的进修打下坚实的基础。这样也可以减轻学生的负担。

提升教学水平的另一个重要举措是增设奖学金，让渴望学习汉语的人拥有更多机会。另一方面印度应该在各地举办更多场次的汉语水平考试。基于目前印度的汉语教学情况，可以考虑将新德里选为汉语水平考试的定点城市，毕竟这座城市中开设汉语专业的学校数量为印度之最。考点可以设置在德里大学或尼赫鲁大学，因为这两所学校分别拥有东亚研究系和国际学院东亚系，且开设汉语课程。

（四）培养高水准本土教师队伍，助力汉语教育可持续发展

想在印度的大学里教授汉语，需要具有硕士学位、主修汉语专业、具备国家资格考试证书（NET），这三个条件缺一不可。这导致通过资格考试的汉语教师数量比较有限，无法与汉语学习者数量的井喷式增长相匹配。不少印度学校便开始着手探索与中国学校的合作之路。例如，印度的泰戈尔国际学校就与中国上海的普元中学展开了合作。通过视频授课，两校师生进行着频繁而密切的交流。中印两国现阶段正在就如何培养印度的本土汉语教师展开讨论，印度也已经把相关计划写进草案。据悉，印度中等教育中央委员会准备遴选一些汉语专业毕业的大学生到中国进行 4 至 6 周的培训，而后再回到印度担任汉语老师。

（五）加强中印文化交流及，增加中外语言交流合作中心（孔子学院）的数量

中国政府应该多组织类似"汉学家与当代中国"座谈会、青年汉学家研修计划等多个汉学品牌项目走进印度，以及建立当代汉学官网，利用"互联网＋"等技术服务中印汉学研究等。中国政府可以邀请印度汉学人才积极利用上述交流平台，促进中印文化交流和人心相同，助力印度汉语教学高校发展。印度政府应该鼓励印度青年学者积极学习了解中国文化，

向中国学习。

中印双方应该建立更多的文化中心为促进交流、增进理解提供文化平台。当前世界重心迈步向东方转移，印度汉学家和学者应多运用中国的一手资料，多到中国实地考察，改变通过西方媒介和西方视角了解研究中国的模式。

中国政府可以帮助印度培养更多的年轻汉学家，每年留出一定名额给印度大学，让其选拔优秀青年汉学家赴中国高校进修学习，进一步促进中国文化在印度的传播和交流。中国国家汉办应该鼓励更多的中国知名高校去印度建立中外语言交流合作中心（孔子学院）和孔子课堂，两国合作办学。需要增加印度汉语教师志愿者的数量，印度政府应该定期组织印度本土汉语教师来中国学习进修，提升自身素质，学习先进教学方法。中国政府也要经常组织中国汉语研究专家和教学专家补印度进行专题讲座，为印度汉语教学注入新鲜血液。

中国和印度都应当对汉语教学在印度的发展给予足够重视。让人欣慰的是，汉语教学已经被纳入了印度的小学教育体系，此举必能深化两国在文化领域的交流，也可进一步促进双方在经贸等方面的协同发展。2006 年确定为中印友好年，中印关系前景可期，语言交流将进一步增进中印文化深度融合和互鉴。相信印度汉语教学现状的改善和提升也将极大地促进中印两国的人文交流，为两国人民搭建友谊的桥梁。

参考文献

[1] 赵守辉.印度国际大学中国学院的汉学研究和汉语教学 [J].世界汉语教学，1996（1）：106 – 108.

[2] 谷俊，杨文武.印度汉语教学的发展状况、问题及对策思考 [J].南亚研究季刊，2011（1）：102 – 108.

[3] Brij Tankha.印度的中国学研究正在改变的范式 [J].国外社会科学，2007（4）：75 – 78.

[4] 郁龙余.中国学在印度 [C].学术研究，深圳大学文学院，2000.

［5］国家汉办.孔子学院/课堂. http：//www. hanban. org/confuciousin-stitutes/node＿ 10961. html.

［6］杜相泽，廖政军，王磊.愿你们做中印文化交流的使者（温家宝总理与泰戈尔国际大学师生交流侧记）［N］.人民日报，2010.

［7］黄淑敏.印度国际大学中国学院汉语教学发展状况及思考［J］.时代文学，2014（6）：206－208.

［8］刘学敏.南亚汉语教学之管见——记印度尼赫鲁大学东亚语言中心中文班［J］.世界汉语教学，1991（4）：256－257.

［9］吴晓林，张春斌，孙艳君，赵培举.印度来华留学生汉语教学的有效途径探析［J］.佳木斯大学社会科学学报，2017（6）：190－192.

［10］廖政军.印度汉语教学需求旺与资源少并存［EB/OL］.人民网，http：//world. people. com. cn/n/2012/0809/c1002－18708977. html.

［11］印度政府教育部网（2018）.［EB/OL］. https：//mhrd. gov. in/sites/upload＿ files/mhrd/files/statistics－new/ESAG－2018. pdf.